ちくま新書

# 教育格差

——階層・地域・学歴

松岡亮二
Matsuoka Ryoji



1422

# 教育格差——階層・地域・学歴【目次】

はじめに　011
クイズの時間です／前口上（prologue）／本書の構成／現状を把握するために／長期的な「答え合わせ」とメカニズム解明／今を生きる子供たちのために／「現実」と向き合う

第1章　終わらない教育格差　029

1　親の学歴と子の学歴　031
2015年調査データで教育格差を概観する／いつの時代にも「子どもの貧困」がある／「子どもの貧困」と教育格差

2　出身地域による学歴格差　042
「生まれ」としての出身地域／若年層において地域格差は拡大しているのか／居住地域「分断」化――格差拡大の兆し

3　意識格差――「大衆教育社会」から「階層化社会」へ　052
階層と「教育熱」／「教育熱」の地域格差／「教育意識」の地域格差はなぜ生まれるのか／近隣

の「教育意識」は重要な教育「環境」
4 階層と「不利な状況」の打破 064
「機会」を活用できる者の「生まれ」は偏っている／受験に不利な高校からの大卒／非三大都市圏からの大卒／「私の家の経済状態は〝ふつう〟だったけど大卒になった」？／教育サービスを利用せずに大卒になったのは「誰」か／両親非大卒から大卒となった層にも「生まれ」の偏りがある
5 時代を超えて確認される格差構造 079
教育格差の時代の趨勢／社会経済的地位（ＳＥＳ）の定義
第2章 幼児教育――目に見えにくい格差のはじまり 083
1 これまでにわかっていること 084
教育研究先進国の知見／日本の研究
2 異なる子育てロジック 087
「意図的養育」と「放任的養育」／21世紀出生児縦断調査／子育てと子供の発達・行動・性格／保育所・幼稚園の利用格差／習い事の開始時期／メディア（テレビ・ゲーム）時間の抑制／就

学前の準備格差

第3章　小学校——不十分な格差縮小機能　107

1　子育ての階層格差〈個人水準の格差〉　109
日本の「意図的養育」／拡大する経済資本格差／相続される文化資本／入学時点で確認できる学力格差／目指す教育ゴールの違い／多種多様な学習機会の格差／学校制度の中で評価されるための追加的学習機会／学習努力という経験格差の拡大／メディア消費経験の蓄積量格差／すべての親が等しく学校関与するわけではない

2　学校・地域の格差〈集合水準の格差〉　135
社会経済的地位（SES）の地域・学校間格差／公立校であっても学力の学校間格差は大きい／「みんな」が目指す教育のゴールは同一ではない／習い事の地域・学校間格差／通塾するのが「ふつう」？／どれぐらい勉強するのが「ふつう」なのか／拡大するメディア消費時間の学校間格差／親が顔を出す学校・あまり出さない学校／異なる「ふつう」の中で育つ小学生

第4章　中学校――「選抜」前夜の教育格差　159
小学校時代の経験蓄積格差
1　階層格差〈個人水準の格差〉　163
学力格差の平行移動／身体化される「意思」／受験学年でも「みんな」が通塾しているわけではない／受験前の「生まれ」による努力格差／受験学年のメディア消費／親と学校の「つながり」格差／「学校で何を勉強しているの？」
2　学校・地域の格差〈集合水準の格差〉　176
社会経済的地位（ＳＥＳ）の地域格差／公私立校間と公立校間の学力格差／教育熱のサウナになる学校とならない学校／学習塾大国における分断線／学習努力の公立中学校間格差／メディア消費量の基準の違い／親の学校関与は学校間で異なる／受験までの「ふつう」な中学生活？
第5章　高校――間接的に「生まれ」で隔離する制度　199
制度的に作られる学校間ＳＥＳ格差

1 「能力」による生徒の分離――学校間のSES格差 202
「生まれ」と教育熱サウナ／制度による過熱化と塾・予備校利用／拡大する学習行動の格差／時間の使い方の規範の違い／授業の雰囲気・学習姿勢・帰属意識／親の支援・教師の期待・退学
2 制度的に拡大化された教育「環境」の学校間格差 226
学校の特徴は「生まれ」を基盤としている／人生の分岐点

第6章 凡庸な教育格差社会――国際比較で浮かび上がる日本の特徴 231
1 すべての社会に格差は存在する 233
隣の花は赤い／どの社会も大卒は高収入
2 義務教育の「答え合わせ」 236
平均値の高い日本／国際的に凡庸な教育格差／「生まれ」による期待格差
3 「効率」を追求する高校教育制度 246

学校SESと学力の強い関連／学習努力量の格差／教員の学業に対する期待／学力水準が高く、格差の度合いが平均的な日本社会

第7章　わたしたちはどのような社会を生きたいのか　253

1　建設的な議論のための4カ条　256
4カ条その①価値・目標・機能の自覚化／「大きな学校」と「小さな学校」／すでに恵まれた生徒への税金による追加支援／「正しさ」に酔わないために／4カ条その②「同じ扱い」だけでは格差を縮小できない現実／4カ条その③教育制度の選抜機能／4カ条その④データを用いて現状と向き合う／学校群制度／「ゆとり」教育／高校教育改革／失われた可能性／「重たい」教育論議／現状のままでよいわけでもない／「生まれ」と「選抜」基準

2　〈提案1〉分析可能なデータを収集する　288
「生まれ」による格差とその拡大の兆しを前にして／教育制度内で分析可能なデータを蓄積していない／現在の子供たちと次世代のためにできること／「効果」検証の難しさ――相関と因果／子供たちの可能性を少しでも引き出すために／「誰」に効果があるのか／研究知見に基づいた実践の拡散を

3 〈提案2〉教職課程で「教育格差」を必修に！ 303
教師が再生産に寄与？／「教育格差」を教えない教職課程
4 総括――未踏の領域 311
岐路に立つわたしたち／人類史上存在しなかった社会を夢見よう／埋もれたままの「才能」
おわりに 321
未完のままの締め口上（epilogue）／『教育格差』の後／本書の成分／謝辞
註記 334
引用文献 i

# はじめに

## †クイズの時間です

みなさんは日本の教育について、どれぐらい知っているでしょうか。肩の力を抜いて、次の3択問題に答えてみてください。

【質問1】親の学歴により、習い事や教育サービスなどの利用格差が顕著になるのは……

小学校就学前
小学校低学年
小学校中学年

【質問2】公立の小学校同士の間で学力格差が確認できるのは……

1年生から
4年生から
6年生から

【質問3】家庭の文化資源（蔵書数）による学力格差は、小学6年から中学3年までのあいだ学年が上がるにつれ……

拡大する
変わらない
縮小する

【質問4】戦後、教育格差（親の学歴と子の学歴の関連の強弱）は2000年頃から大きく……

拡大した
変わっていない

縮小した

【質問5】相対的貧困にある子供の数は1980年代と比べると2010年代に大きく……

増えた

変わっていない

減った

【質問6】授業以外でまったく学習をしない15歳（日本の高校1年生相当）の割合が最も高い国は……

アメリカ合衆国

フィンランド

日本

【質問7】日本の教育格差は国際（OECD）平均と比べて……

大きい
変わらない
小さい

全部で何問正解だったか、自己採点してみてください。詳しい説明は各章に譲ります。

【解答】質問1：小学校就学前（第2章）。質問2：1年生から（第3章）。質問3：変わらない（第4章）。質問4：変わっていない（第1章）。質問5：変わっていない（第1章）。質問6：日本（第6章）。質問7：変わらない（第6章）。

3択なので適当に選んでも正解する確率は3分の1——わたしたちのように様々な情報に曝《さら》されていないチンパンジーであっても3問のうち1問は正解するはずです（『FACTFULNESS』ロスリングほか2019）。もし全問不正解もしくは1問正解であるのならば、それはデータが示す教育の実態とあなたの考えには大きな乖離《かいり》があることを示唆しています。2つや3つの正答でも、チンパンジーがウキッと何も考えずに選んだのとほとんど変わりません。

教育は自分の経験に基づいて自説を持ちやすい分野です。それに、メディアから流れてくる情報の嵐の中で冷静さを保ち、視界が歪まないようにすることは簡単ではありません。本書を通して、日本の教育格差の全体像を俯瞰し、実態理解に基づいた建設的な議論がされるようになることを願っています。

## †前口上（prologue）

人には無限の可能性がある。

私はそう信じているし、一人ひとりが限りある時間の中で、どんな「生まれ」であってもあらゆる選択肢を現実的に検討できる機会があればよいと思う。なぜ、そのように考えるのか。それは、この社会に、出身家庭と地域という本人にはどうしようもない初期条件（生まれ）によって教育機会の格差があるからだ。この機会の多寡《たか》は最終学歴に繋がり、それは収入・職業・健康など様々な格差の基盤となる。つまり、20代前半でほぼ確定する学歴で、その後の人生が大きく制約される現実が日本にはあるのだ。[1]

これは近年だけの話ではない。戦後日本社会には、程度の差こそあれ、いつだって「生まれ」による最終学歴の格差——教育格差があった。高度経済成長期にもあったし、1970年代の安定成長期にもあった。みなさんの感覚とは一致しないかもしれないが、1980年代後半のバブル景気に浮かれた時代にも存在した。もちろん、格差論が注目されるようになった2

000年代にもあったし、「子どもの貧困」を扱う報道が珍しくなくなった2010年代も同様だ。そう、戦後日本社会に育ったあらゆる人にとって、教育格差は他人事ではなく、「古き良き時代」が存在したことはないのである。[2]

生まれ育った家庭と地域によって何者にでもなれる可能性が制限されている「緩やかな身分社会」、それが日本だ。現行の教育制度は建前としての「平等」な機会を提供する一方、平均寿命が80歳を超える時代となっても、10代も半ばのうちに「身の程」を知らせる過程を内包している。「生まれ」による機会格差という現状と向き合い積極的な対策を取らなければ「いつの時代にも教育格差がある」ことは変わらず、わたしたちはこの緩慢な身分制度を維持することになる。それは、一人ひとりの無限の可能性という資源を活かさない燃費の悪い非効率な社会だ。

ただ、わたしたちは毎日とても忙しい。目の前にある仕事や家事をするだけで時間は過ぎていくし、疲労の蓄積は睡眠を求める。手が空《あ》いた細切れの時間を束ねて考えることができるほど、社会や制度の在り方は小さなテーマでもない。どうしても今日考えなければならない理由は特に見つからないし、先送りしても自分や身近な人が実際に吐血して倒れるわけでもない。

結果的に教育機会格差が存在する社会状況に根本的な変化を求める大きなうねりは発生しないまま、昨日のコピーのような今日が過ぎ去る。そう、このままだったら、また同じことの繰り返しになるはずなのだ。いや、「生まれ」による格差拡大傾向を示す兆しも散見されるから、昨日の忠実な複製であればまだよいだろう。まして、何もせずに格差が自動的に縮小する理由は見当たらない。良くても維持、おそらくは劣化したより厳密な「生まれ」による身分社会になっていく。

こんな現実の中で教育社会学の研究者である私にできることは、入手可能な質の高い様々な調査データを理論と先行研究に基づいて分析し論文にすることだ。そう信じてアメリカ合衆国で博士号を取得後、２０１２〜１９年の間に国内外の学術誌で20編の査読付き論文[3]を発表してきた。ただ、これだけではいつまで経っても物事は変わりそうにない。そもそも16編は英字論文であるし、同業である研究者に向けて書いているので、一般のみなさんに届くわけもない。そこで、過大評価も過小評価もせずに現時点でわかっている教育格差の全体像を一人でも多くのみなさんと共有することで、既視感だらけの教育論議を次の段階に引き上げることができればと本書を執筆することにした。

## †本書の構成

まずは、研究知見をどのように理解すればよいのか、その考え方を手短に解説しよう。その上で、第1〜7章にわたって様々なデータを用いて教育格差の全体像を描いていく。各章で用いるデータ、その特徴と主な使用項目を表0にまとめた。

第1章では、2015年の大規模社会調査の個票データを用いて、どの年齢層であっても「生まれ」によって（最終）学歴が異なること――戦後、教育格差が常に存在してきたことを示す。ここでの「生まれ」とは出身家庭の社会階層（以下、出身階層）と出身地域のことで、本人が選んだわけではない帰属的（ascriptive）特性を意味する。どのような社会的属性（出身階層・出身地域）を持つ人――「誰」が大卒になってきたのかを確認する。

第2章は未就学段階（出生〜保育所・幼稚園）で立ち上がる格差を大規模追跡調査データによって描く。第3章は小学校、第4章は中学校について、様々な観点で、義務教育であっても出身階層と学校・地域によって、機会と結果に大きな格差があることを提示する。「生まれ」という観点で見ると「公立学校には多様な児童・生徒がいる」のは幻想に過ぎないし、「公私立格差」や「通塾格差」は重要であるが複雑な格差構造の一部分に過ぎないことがわかるはずだ。第5章は学校間格差が大きい高等学校について、データで制度的特徴を浮き彫りにする。「生まれ」と学力に強い関連があるまま高校受験という教育選抜を行うので、結果的に学校間に大きな出身階層格差が生じる。進学校は「勉強ができる」と同時に「恵まれた家庭で育った」生徒の集まりなのだ。

第2〜5章では、このように各教育段階について様々な格差の実態を包括的に描く。近年の

## 表0　本書で用いたデータ

| 章 | 対象 | 名称 | 特徴 | 主な項目 |
| --- | --- | --- | --- | --- |
| 1 | 戦後の全世代 | 社会階層と社会移動に関する全国調査（SSM） | 大規模社会調査 | 父学歴・本人学歴・出身地域・世代 |
| | | 階層と社会意識全国調査（SSP） | | 教育意識 |
| | | 国勢調査 | 全数調査 | 住民大卒者割合 |
| | 1980年代〜2018年 | 読売新聞・朝日新聞 | 記事データベース | 子どもの貧困 |
| 2 | 出生〜幼児教育 | 21世紀出生児縦断調査（平成13年出生児） | 全国調査・大規模・対象者を毎年追跡（生後6か月〜中3） | 子の発達・保育園と幼稚園・習い事・メディア消費 |
| 3・4 | 小学校・中学校 | | | 世帯年収・文化資本（親の学歴など）・習い事・塾・学習時間・メディア消費 |
| | | 国際数学・理科教育動向調査（TIMSS） | 全国調査（小4・中2） | 文化資本・学力・大学進学期待・塾・親の家庭内関与（中2） |
| | | X市 | 大都市の公立校（小4・小6・中3） | 文化資本・学力・大学進学期待・習い事・塾・学習時間・メディア消費・親の学校関与 |
| | | 埼玉県学力・学習状況調査 | 学年間で比較可能な学力（小4〜中3） | 学力・文化資本 |
| | 中学校のみ | 親と子の生活意識に関する調査 | 全国調査・中学3年 | 大学進学期待・塾・学習時間 |
| 5 | 高等学校 | OECD生徒の学習到達度調査（PISA） | 全国調査（高校1年） | 親の学歴・学力・大学進学期待・塾と予備校・学習時間・時間の使い方・学校文化・親の支援・教師からの期待・中退 |
| 6 | OECD加盟国など | | 国際比較 | 親の学歴・学力・大学進学期待 |
| 7 | 高校 | スーパー・サイエンス・ハイスクール（SSH）支援事業 | 採択校の高校ランク | 採択指定回数・高校ランク |
| | 大学の教職課程 | 小学校教員免許取得が可能な四年制大学通学課程 | 選択必修科目の全シラバス | 教育格差の扱い回数 |

データを用いているが、戦後日本社会で育った人にとって共通していることも多いはずだ。同じテーマについて各教育段階で格差の程度が変わっていく姿を、みなさんが潜《くぐ》り抜けた教育経験を思い出しながら読んでいただきたい。

第6章では、他国と比較しながら日本の教育制度の特徴を簡潔にまとめ、その上で、国際比較データで日本の教育格差について俯瞰する。日本の義務教育制度が格差を縮小するほどの力がないこと、それに高校教育が世界的に特異であることを確認する。

時代の趨勢《すうせい》（第1章）、各教育段階の格差（第2〜5章）、そして国際比較（第6章）と多角的なデータを踏まえた上で、最終章である第7章では、わたしたちに何ができるのか具体的に論じる。対策を考える際に土台とすべき観点をまとめ、2つの具体案を提示する。

## †現状を把握するために

実証知見を確認する前に、研究結果を適切に解釈するために最低限踏まえておくべき考え方をまとめよう。まず、この1億を超える人口で構成される社会はあまりに複雑で、「現状」把握は常に不足している。

たとえば、JR新橋駅前のスーツ姿の男性にインタビューしても、その意見は日本全体を代表しない。数を多く取ったところで、新橋駅を利用しているサラリーマンの意見と言えるかも疑わしい。なぜならインタビューする時間帯によってそこにいる人たちの特性は異なるだろうし、見知らぬ他者に話しかけられて応ずる人の回答に限定されるからだ。多くのオンライン調査も同様で、モニター登録者や特定のページの閲覧者かつ調査に回答する人たちの見解に過ぎない。人々が何を考えているか知りたければ、あらゆる地域・年齢・性別から声を拾えるように無作為に抽出しなければならないし、恣意的《しいてき》な回答を引き出さないような設問の工夫、それに調査対象者の特性に偏りがない回収も必要となる。

社会調査の計画・実施には専門的な知識と経験、多くの関係者の時間と労力、それに多額の費用がかかる。結果として、信頼できる、それも日本全体の「現状」を俯瞰するような調査は数少ない。本書が利用する「社会階層と社会移動に関する全国調査」（ＳＳＭ）[4]以外では、かなり限られる。[5]

たとえば、わたしたちは、１９７０年代の人々が何をどう感じていたのかを知る術を、ほとんど持たない。もちろん、当時のテレビ、新聞、雑誌などによる言説の変化などを追いかけることはできるが、それはだいぶ限定されたものだし、メディアで発信するのは基本的に高学歴「エリート」だ。これらは特定の層の人たちが取材し解釈した結果であるし、海外からの影響も含めて時代の空気によって何に着目するかもだいぶ変わってしまう。現在、無作為で選んだ人々に「70年代、〇〇についてどう思っていましたか」と尋ねることはできるが、記憶は不確かであるし、当時の高齢者などすでに亡くなった人々の見解はわからない。

これは教育分野でも同じで、過去、それに現在の多くのことはわかっていない。たとえば、学力がどう変わってきたかも、まっとうな調査手法に基づいたものは、ここ数年のものを除くと存在しない。文部科学省による全国学力調査（全国学力・学習状況調査）は２００７年より毎年行われているが、問題難易度が年度間で比較可能ではないので、平均点が上下しても「学力が変わった」とはいえない（川口２０１４など）[6]。学力低下が議論の的によくなるが、２０１０年代以前から実施されていて信頼できる全国規模の学力調査は国際機関が主導するＴＩＭＳＳとＰＩＳＡだけである[7]。だから、たとえば２０１０年代の中学生とその親世代にあたる１９８０年代の中学生のどちらのほうが高学力なのかはわからない。「昔と違って最近の子供は……」と言ったところで、社会科学的に裏づけのある比較可能なデータは存在しないのだ。

要するに人間社会はあまりに複雑で、すべてを把握することはそもそもできず、不足した人材と予算の中で調査研究が行われてきたので、信頼できるデータは数多くない。妥当な手法で行われた調査であっても、質問数と回答選択肢を増やしすぎると調査対象者の負担が大きくなるので、限られた事項しか把握できない。そう、みなさんが抱く多様な疑念すべてに応えることができるほど「現状」はわかっていない――わたしたちはわたしたちを知らないのだ。

さらに話を複雑にするのが、因果関係の特定の難しさである[8]。たとえば、学習時間と合格した大学の偏差値に相関関係があることがわかっても、それが因果関係なのかどうかはわからない。長い時間学習するから合格したのか、それとも長い時間学習するような性格だから合格したのか。様々な可能性があり、特に教育分野では因果関係の厳密な特定はかなり難しい。[9]

ただ、観察データで因果関係の特定が難しいから――わからないことだらけだから意味がないかというと、そうでもない。意味のある調査はできる。国内外の理論や実証研究の知見を基に、観察する項目の精密化や偏りがない回収など調査実施の地道な改善の積み重ねの上で、結果に留保を付けつつ誠実に解釈すれば有意義なはずだ。

## †長期的な「答え合わせ」とメカニズム解明

本書についていえば、第1章は、主に大規模な社会調査であるSSMの2015年データ（2015SSM）を用いている。これは調査した時、その一時点の観察データだ。観察できていない要素が多くあるので、SSMデータによれば父と子の学歴に関連はあるが、これは相関関係（父子の学歴が同一もしくは近似している）としか言えない。父の学歴（以下、父学歴）と相関する観察されない要因が子の学歴（以下、子学歴）に影響を与えている可能性を排除できないので、因果関係（父学歴が子学歴に影響している）を立証しているわけではない。しかし、[10]「2015SSM」は2015年時点で20歳から79歳までの日本全国の住民を母集団とした無作為抽出による大規模調査であるので、その結果は幅広い年齢層と全国を代表するという強みがある。[11]

第1章で示すように、どの世代であっても父子の学歴に関連がある――父学歴という本人が選択したわけではない「生まれ」によって子の最終学歴が異なるという実態を、全国調査で示す意義は大きい。なぜならこの親子学歴の関連は、たとえば、現在の60歳もかつては20歳の若者だったわけで、40年前の研究者の視点からすれば「若者」がどのような人生を実際に送ったのかの「答え合わせ」なのだ。社会は複雑なので予測は難しいが、このような「答え合わせ」をするのにSSMデータは極めて有用だ。

それに、これまでの研究によって、どのように父学歴が子学歴に影響を与えるのか――関連メカニズムが示されてきたので、援用しながらデータの解釈はできる。たとえば、父が大卒であれば、それが子に期待する学歴の基準となり、学習塾の利用にも積極的となり、子も進学高校を経由して大卒となる。この一連のメカニズムを支持するようなデータであれば、いくつも存在する。換言すれば、親の学歴（以下、親学歴）が子学歴に与える因果的影響を立証することはできないが、親子学歴に関連があるという実態（what）を示し、様々な理論や研究を援用しながら、なぜ（why）／どのようにして（how）関連が生じたのか――学歴再生産メカニズムを解明する「試み」をすることはできる。

## †今を生きる子供たちのために

学歴の世代間再生産をデータによって明らかにすることは長期的な「答え合わせ」として重要である。しかし、10代から20年経ってから、「あなたの世代でも生まれによる教育格差がありました！」と報告されたところで当人にとっての学歴獲得競争はとっくに終っている。中年の入り口に立ってから「あれはスタートラインが大きく異なる競争でした」と言われたところで、「なるほど、では生まれたところからやり直しましょう！」と願っても叶うことはない。そう、「答え合わせ」に学問的な意味はあるが、当事者にとってはすでに手遅れなのだ。

20年後に「前の世代と同じく教育格差が存在した」と「答え合わせ」するのを待つのではなく、現在の教育実践・政策の参考になるように短期的な格差とその生成メカニズムを明らかにする必要がある。そのためには、できるだけ具体的な分析が望ましい。たとえば、第3・4章で示すように親学歴によって小中学生の大学進学意欲に格差がある。これは世代間の学歴再生産メカニズムの重要な1つであるが、なぜ（why）親学歴と子の大学進学意欲に関連があるのかがわからないと、有効かつ効率的な対策は打てない。そこで、国内外の研究に基づいた上で様々な信頼できるデータを用いて、格差の実態（what）と考えられる生成メカニズム（why/how）について、生徒の家庭環境だけではなく、学校（制度）や地域という集合的水準にも着目した分析結果を紹介する。

これらの研究は、現時点で入手可能な国内では未だ数少ない質の高いデータを用いているが、SSMデータと同じく観察データによる限界を抱えている。[12] ただ、本書で紹介する実証知見は、基本的に査読を経て国内外の学術誌に掲載された私の論文に立脚している。私が論文で明示的に扱っていない事項は、日米の教育社会学の大学（院）生向け教科書や論文集に掲載されているぐらい蓄積のある手堅い知見に基づいて、近年の日本のデータで再現している。研究の限界と向き合いながら、できるだけ誤解のない範囲で知見を共有したい。

### †「現実」と向き合う

最後に、私の研究動機を明確にしておきたい。一言でまとめると、「改善のための冷静な現状把握」である。よって、殊更《ことさら》に格差を過大（あるいは過小）に見せることに興味はない。実際のところ、本書では一貫して親学歴について大卒・非大卒という大まかな分類を用いている。し、第2〜6章では、短大を含む親大卒者数別に3つの層を比べている。同じデータを使っても、親学歴の「大卒」を有名大学や大学院に限定し、高卒との比較に焦点を合わせれば、事実に基づいて格差を大きく見せることができる。しかし、比較的人口に占める割合が低い層同士を比べると、格差の実態について誤解を生む可能性がある。

現状をそのまま把握しなければ適切な対策を考えることはできない。たとえば、自然治癒力を超える重篤《じゅうとく》な病気を医者に診てもらうとき、過剰、もしくは過少に痛みやその期間を伝えることは適切な診断にとって邪魔でしかないだろう。医者に痛みについて同情してもらったり、患者である私が弱音を吐いたり強がったりしたところで、命を削る病という現状は変わらないし、時間の経過は放置を意味するので悪化にしか繫がらない。そこに必要なのは現状把握に基づく冷静かつ具体的な診断であり、実施可能な治療の選択肢である。

同様に、私の望みは社会の両極端を比較して扇動的に問題を提起するのではなく、この社会に生きる全員が関わる現実を理解し、意味のある対策の計画・実施に繫げることだ。換言すれば、実際に結果を出すために――「現実」を変えるために、格差の実態とその生成メカニズムをそのまま理解したい、ただその一念である。

本書では執筆時点でわかっている「現実」を紙面が許す限りまとめた。教育格差という社会の根幹を揺るがすテーマであるだけに、データの質と量も含め研究そのものはまだあまりに不十分だ。このままでは「現実」を理解しないまま教育実践・政策が行われ、それらが効果的だったのか厳密には問われないまま時間ばかりが過ぎていく。

これまでがそうだった。まっとうなデータを取得せず、実践と政策に効果があったかわからないまま月日ばかりが流れてきた。10年ごとに実施されるSSMは淡々と緩やかな身分社会が再生産されていることを確認するが、その実態が政策に影響を与えるほど広く共有されることはなかった。「現実」を冷徹に把握する仕組みが大きな規模で動き出さないまま、また時間ばかりが過ぎていく。多くの人たちの可能性は時間の流れと共に消えてきたのだ。

私はこの現状を変えたい。一人でも多くのみなさんと研究知見を共有することを通して、緩やかな身分社会の再生産という「現実」を、一人ひとりが可能性を追求できる社会へと変えることができればと切に願う。

＊本書の表の数値は、見やすくするためすべて小数点以下を四捨五入してあるので合算や差が一致しない箇所がある。

第1章

# 終わらない教育格差

戦後70年、日本社会が大きく変わってきたことに異論がある人はいないだろう。焼け野原だった都心には高層ビルが立ち並び、一昔前であればブラウン管の中にしか存在しなかった世界各国の野菜やフルーツも近所のスーパーで売っている。ファッション、音楽、スマートフォン、街中を歩く海外からの観光客——わたしたちの目に映る多くのものは、この70年で大きく変わった。農業従事人口の大幅な減少に代表されるように産業構造も大きく転換し、人々の仕事は変わり、教育を長い年数受ける人も増えた。1950年代から後期中等教育が急拡大し、1970年代の半ばには高校進学率が9割を突破し（文部科学省2018a）[13]、四年制大学への進学率も1990年代以降緩やかに上昇し2009年[14]に50%を超えた（文部科学省2018b）。

一方で、生まれ落ちた社会階層によって人生が制限されているという観点では、大きく変わってきたわけではない。親の社会階層が子に引き継がれる階層再生産[15]の研究は、総じて、相対的な格差が多少の変容はあれ基本的には変わらず存在していることを示している。この傾向は2015年データの分析においても確認されている（Ishida 2018）。終戦からの高度経済成長、安定成長期、バブル経済とその崩壊、長期景気低迷と、社会は大きく変わってきた。まさに激動の70年だったわけで、主観的には、職種構成の変化に伴い「生まれ」は関係なくなったと感じる人もいるかもしれない。しかし、出身階層によって人生の可能性に幅があることに変わりはない。

## 1　親の学歴と子の学歴

では、親子の学歴の関連はどう推移してきたのだろうか。

限られたエリート層だけではなく「みんな」が高校に進学するようになった1970年代の日本は、誰もが教育を求め、すべての人に教育が開かれているというイメージが定着した「大衆教育社会」になったとされる（苅谷1995）。全体として平均的に教育年数が増えるため、出身階層による教育格差は見えづらくなった。しかし、ほとんど「みんな」が高卒となれば、それは平均的な学歴となるし、相対的に有利な条件を持っている層は大学に進学する。換言すれば、絶対的な水準として「みんな」の教育年数が伸びたところで、相対的な差は残るのだ。

実際のところ、日本社会が急激に変わり平均的に高学歴化したところで、父の学歴と子の学歴の関連の強さは大きく変わったとは言い難い。もちろん、多少の変動はある。たとえば、2005年時点の30代（2015年時点の40代）については40代や20代よりも父親の学歴の影響が比較的弱いことが示されている（近藤・古田2009、2011）。ただ、そのように縮小している時期であっても格差がないわけではない。他の世代と比べると相対的に出身階層と到達学歴の関連が弱いというだけである。

## †2015年調査データで教育格差を概観する

本書の冒頭で言及している先行研究は、様々な条件を考慮した複雑な統計モデルによって分析されている。個々の手法や推定値などを紹介しても、社会科学の論文を読み慣れていないとそれらが何を意味しているのか感覚的な理解は難しい。厳密な研究によって出身階層と到達学歴の関連パターンが、戦後、多少変動しながらも基本的に安定して推移していること――「いつの時代にも教育格差がある」ことを踏まえた上で、ここでは、分かりやすい簡略化した結果を示そう。

データはすでに「はじめに」で触れた2015年SSMだ。[16] 計量社会学者による研究会が実施してきたSSMは、1955年から10年ごとに行われてきた戦後日本社会の階層を把握できる貴重な調査である。同一個人を追跡するのではなく調査のたびに対象者が無作為に選ばれる横断調査だが、質問項目の多くは文言も含め以前の調査を引き継いでいるので、日本社会の変容と調査時点における全体像を俯瞰するのに適している。なお、すでに言及したように、この分析の目的は因果関係の立証ではない。「生まれ」により最終学歴に格差があるという「答え合わせ」を目的としている。

ここで扱うのは、本人には変えることができない「生まれ」――帰属的（ascriptive）特性

表 1-1　2015 年調査時点の年齢層

| 年齢層 | | 生まれ年 | 15 歳時 | 時代 | 父大卒割合（%） |
|---|---|---|---|---|---|
| 若年 | 20 代 | 1986〜95 年 | 2001〜2010 年 | 「階層化」 | 35 |
| | 30 代 | 1976〜85 年 | 1991〜2000 年 | | 29 |
| 中年 | 40 代 | 1966〜75 年 | 1981〜1990 年 | 「大衆教育社会」 | 18 |
| | 50 代 | 1956〜65 年 | 1971〜1980 年 | | 14 |
| 高年 | 60 代 | 1946〜55 年 | 1961〜1970 年 | 教育拡大期 | 10 |
| | 70 代 | 1936〜45 年 | 1951〜1960 年 | | 9 |

出所：2015SSM

である出身階層と出身地域による教育格差だ。まず、調査時点の年齢を基準に3つの大まかな年齢層で考える。戦後間もない時期に子供であった教育拡大期に育った高年層（60代・70代）、「大衆教育社会」時代に学歴を得た中年層（40代・50代）、そして社会が「階層化」――「生まれ」による教育格差（苅谷２００１）が指摘されるようになった若年層（20代・30代）だ。[17] 中年層と高年層は男女で最終学歴が大きく異なるので、３つの年齢層と性別で6つの分類とする。表１-１に生まれ年、15歳時の年代、父親の大卒割合[18]をまとめた。

学歴は様々な格差の分断線とされる大卒・非大卒（吉川２００９、２０１８）を基準とする。なかでも、若年層の大学進学率、それも四年制大学[19]（四大）への進学率が上がっているので、男性は大卒（四年制大学・大学院）とそれ以外（短大も含む非大卒）だけで検討する。女性については短大卒以上についてみていこう。[20] なお、若年層であってもその父親の進学率はまだあまり高くないので、父親が大卒（以下、父大卒）には短大や旧制高等

表1-2　父親学歴別・四大卒以上の割合（%）〈男性〉

| 年齢 | 父・大卒（a） | 父・非大卒（b） | 差（a−b） |
|---|---|---|---|
| 20代 | 80 | 35 | 45 |
| 30代 | 69 | 31 | 39 |
| 40代 | 80 | 27 | 53 |
| 50代 | 78 | 34 | 44 |
| 60代 | 74 | 24 | 49 |
| 70代 | 56 | 19 | 37 |

図1-1　父親学歴別の最終学歴〈男性〉

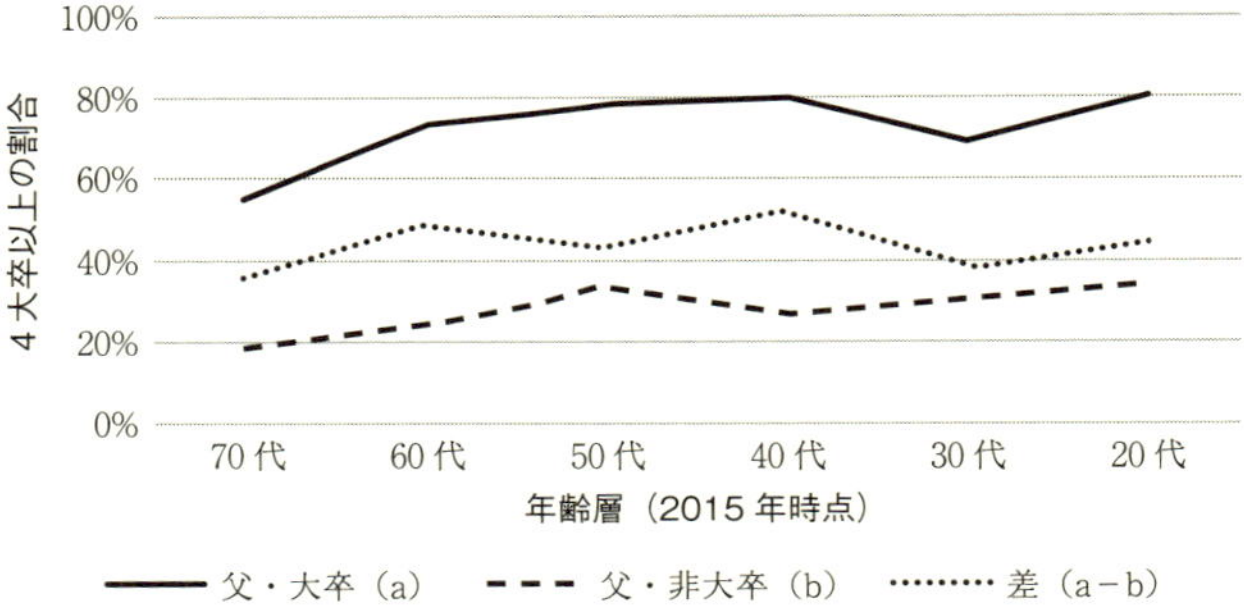


出所：表1-2・図1-1ともに2015SSM

表 1-3　父親学歴別・短大卒以上の割合（%）〈女性〉

| 年齢 | 父・大卒（a） | 父・非大卒（b） | 差（a−b） |
|---|---|---|---|
| 20 代 | 76 | 35 | 40 |
| 30 代 | 74 | 36 | 38 |
| 40 代 | 74 | 34 | 40 |
| 50 代 | 67 | 30 | 37 |
| 60 代 | 57 | 14 | 43 |
| 70 代 | 32 | 6 | 26 |

図 1-2　父親学歴別の最終学歴〈女性〉

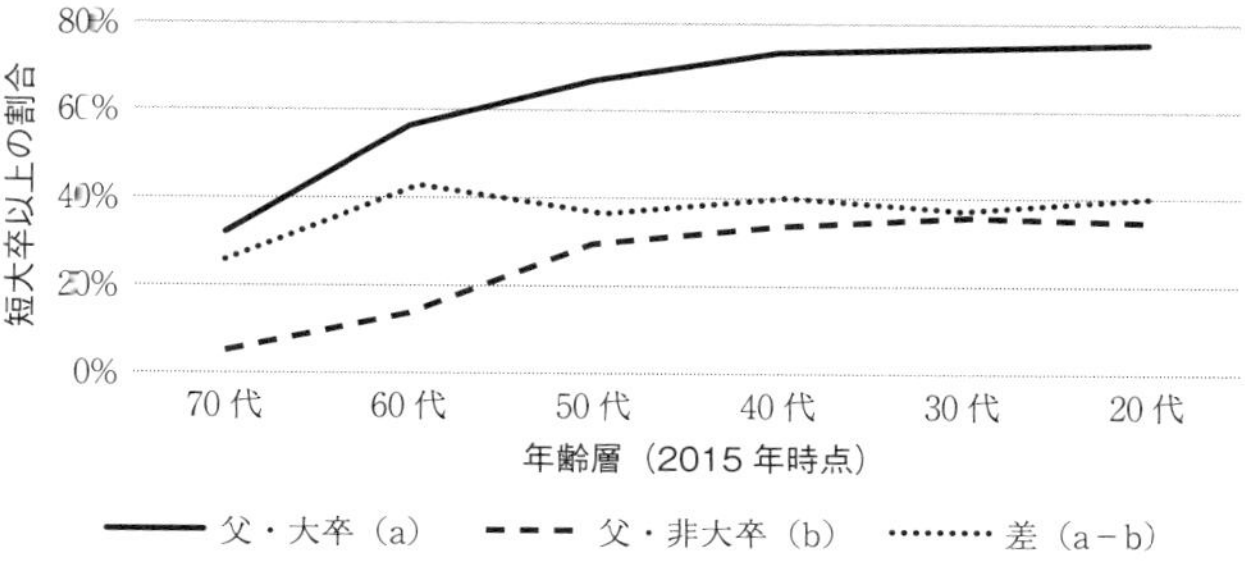


出所：表 1-3・図 1-2 ともに 2015SSM

学校など同等のものを相対的に有利な条件として含んでいる。

表1－2と表1－3については、3つの年齢層でも傾向は変わらないが少し細かい10歳刻みの結果を示し、視覚的に分かりやすいようにそれぞれ図1－1と図1－2を作成した。父が大卒であると本人（子）が大卒である傾向が確認できる。[21] 年齢層や男女によって多少の変動はあるが、父が大卒か非大卒かという単純な分類だけで明瞭な差がある。もちろん、年齢層によって父親の大卒割合は変わってきている（表1－1）。70代の父の大卒割合は9％に過ぎないが、20代では35％まで上昇する。よって、10人に1人しか父が大卒でない70代と、10人のうち3・5人が父大卒である20代とでは、父大卒の持つ相対的な有利さ・意味合いは異なる。しかし、父の大卒割合が大きく上昇してきても、父が大卒か非大卒かの区分によって子の学歴には未だに大きな格差がある。なお、母の学歴[22]や15歳時点の豊かさなど別の指標を使っても「生まれ」の有利不利を表すことはでき、同じような最終学歴格差を確認できる。[23]

大卒の親は収入や子に対する教育期待も高いので（第3・4章）、2つの表の結果は父親の学歴が直接的に子の学歴に与える因果効果を示しているわけではない。ただ、これらのデータは「答え合わせ」として適切だ。生まれたときに父が大卒か非大卒かで、二十数年後に大卒となっているかどうかの割合が大きく異なったという結果を表しているのである。たとえば、20代（1986～95年生まれ）男性であれば父大卒だと80％、非大卒だと35％が大卒となった。敢えて極端に喩《たと》えるのであれば、生まれた時点で当たる確率80％と35％の宝くじのどちらかを渡されていたようなものだ。どちらも同じ条件だと考える人はいないだろう。

今後、入学難易度の低い大学を卒業する父親の割合が増加すると、この分類法では「大卒」が意味する有利さが薄まり、親子の学歴再生産傾向は縮小したかのように見えるかもしれない。しかし、相対的な格差は時代を超えて現在に至るまで残ってきたわけで（Fujihara & Ishida 2016）、それは実質的に学歴再生産が弱まったことを意味しないし、今後もしないだろう。それに、もっと細かい分類にすれば異なる姿が立ち上がってくるはずだ。たとえば、親子それぞれが四大卒であっても入学難易度を示す偏差値別にすると、有名大学卒の再生産傾向は時代によってあまり変わらないと考えられる。[24]

## †いつの時代にも「子どもの貧困」がある

いつの時代にも存在するのは社会全体の「教育格差」だけではない。近年注目されている「子どもの貧困」も同様である。どちらも戦後一貫して存在してきた現象だが、高度経済成長の陰に隠れて見過ごされてきたといえる。「教育格差」の一部である「子どもの貧困」についても前項と同じデータで検討することで、実態を確認しよう。

貧困の定義には絶対的貧困と相対的貧困がある（阿部２００８）。「所得が1日あたり○ドル以

図1-3 「子どもの貧困」記事数の推移

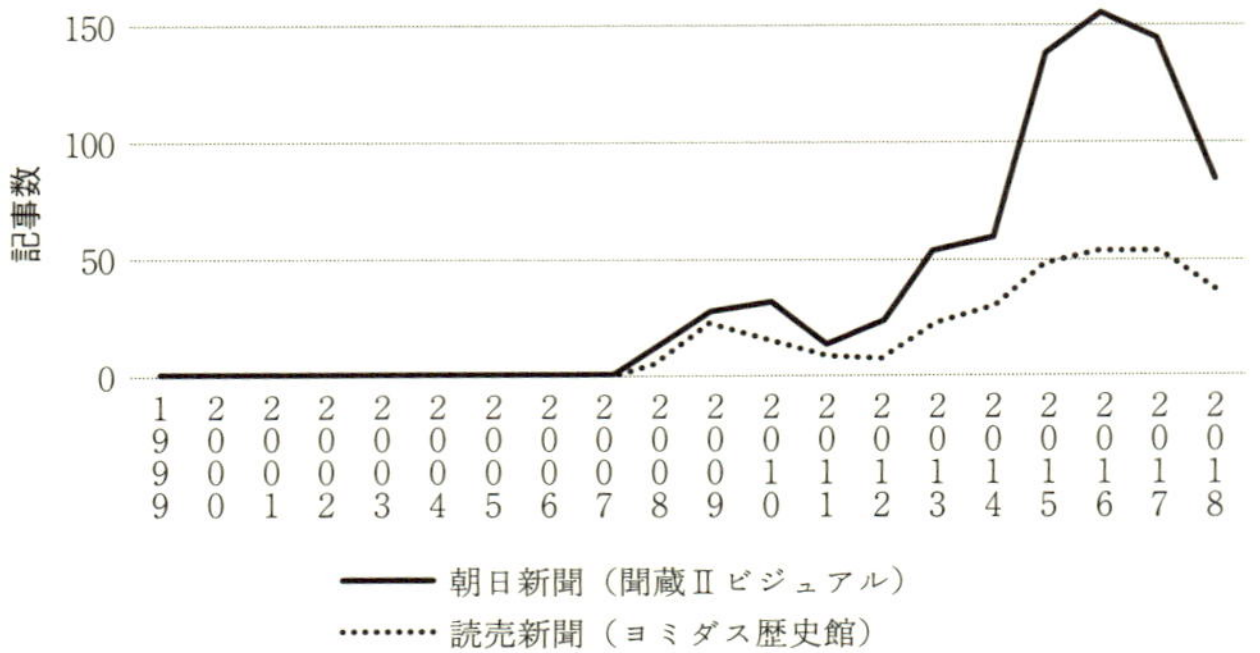


下」のような基準値を下回ると絶対的貧困で、所得が全体の中央値の半分よりも低いと相対的貧困とされる。日本で「子どもの貧困」として注目が集まったのは子がいる世帯の相対的貧困で、2008年刊行の同名の書籍（阿部2008）は時代の空気感と合致したのか広く読まれることになった。

実際のところ、同年を境に、「子どもの貧困」を見出しまたは本文に含む新聞記事数は急激に増えている（図1-3）[25]。国内で部数が多く政治的立場が異なる2紙であるが、どちらも2008年より前に見つかる「子どもの貧困」についての記事（のほとんど）は、海外の悲惨な事例に留まっている[26]。

ただ、二大紙の記者たちの目に映らなかったとしても、貧困線（所得の中央値の半分）を下回る家庭で育つ子どもはいつの時代にも存在してきた。そう、「子どもの貧困」は最近だけの話ではない。メディアの報道量や一般的認知度にかかわらず、「子どもの貧困」は常にあったのだ。[27]

たとえば、新聞では記事として報じられていないが、2015年時点の中年層（40代・50代）が15歳だった1970年代・80年代にも「子どもの貧困」は存在した。厚生労働省（2011）によると1985年（昭和60年）の貧困率は10・9％、1988年（昭和63年）では12・9％だ。近年より低率であることは確かだが、当時は「子ども」の人口規模が大きかったことを忘れてはならない。1985年に15歳の学年人口は188万人[28]なので、この貧困率が該当学年にそのまま当てはまるとすると約20・5万人だ。同様の計算を1988年の15歳の学年人口204万人と「子どもの貧困」率12・9％にあてはめると、約26・3万人となる。過去最悪とされる2012年の相対的貧困率は16・3％だが、当時15歳の学年人口は120万人なので貧困層の実数は約19・6万人だ。絶対数では、2012年は1985年とあまり変わらないし、1988年と比べると少ないのである。[29]「率」が高まったことは当然重要な問題だが、経済が安定成長している時代であればだいたい同じか、むしろ多く存在した貧困線を下回る「子ども」たちが直面した不利さに注目する必要はなかったのだろうか。[30]

「子どもの貧困」という教育格差を憂い、その実態を伝える記事が2008年以降増加したにしても、それは長きに亘《わた》って見過ごされてきたことの裏返しだ。教育現場を取材した記者は数多いだろうが、少なくとも2社の紙面には出てこなかったのだ。

## †「子どもの貧困」と教育格差

1970・80年代の「子ども」たちはすでに2015年時点で40代・50代なので、「子どもの貧困」を経験した層の最終学歴を「答え合わせ」することができる。ただ、データの限界は常にある。子ども時代に貧困線を下回る状態にあったことを直接観測し学歴まで把握した上で信頼できる代表性のあるデータはおそらく存在しない。そこで2015年SSMを用いて、代理的に経済的な貧困層を作成しよう。

ここでは経済的側面を示す15歳時点の所有物（家にあったもの）に着目する。設問は15歳当時、家にあったものとして持ち家、乗用車、クーラー・エアコン、カメラ、電子レンジ、学習机、ピアノなど19項目の有無を聞いている。学歴達成に繋がりそうなものもあればそうでないものもありバラバラではあるが、ここは単純に物質的な量の多寡を相対的に示す（代理的な）指標として用いる。中年層より若年層のほうが所有物数の平均が増えるので、だいたい下位15%となるよう、中年層では8個まで、若年層では11個までを貧困層とした。当然、どのように「15歳時点の貧困層」を定義するかによって数値は変わるが、15歳当時の「くらしむき」や親の学歴・本の冊数など経済・文化的項目を使うのであればどのように分類しても基本的な傾向は変わらない。

表1－4の結果は、父親の学歴による学歴格差と同様のパターンを示している。簡素化するために表には記載していないが、若年層（2015年時点の20・30代）の18％（男性）は、15歳時点で19の所有物のうち11までしか持っていないので相対的下位に位置する。この「子どもの貧困」層のうち四大卒となったのは23％で、非貧困層（残りの82％の人たち）の47％と比べると大きな差がある。これは中年層（40・50代）でも同じで、所持品が8個までを相対的貧困層（中年層の19％の人たち）とすると、そのうち大卒割合は18％で、非貧困層（残りの81％の人たち）の44％よりだいぶ低い。女性では同じ貧困層の定義では貧困該当者割合が異なり、若年で14％、中年で15％が貧困層に含まれている。各年齢層と非貧困層（若年86％、中年85％）と比較すると、短大を含む大卒割合に格差がある。[31]

表1-4　15歳時の所有物数と大卒割合（％）

| 年齢層 | 性別 | 男（四大以上） | 女（短大以上） |
| --- | --- | --- | --- |
| 若年 | 貧困 | 23 | 18 |
| | 非貧困 | 47 | 52 |
| | 合計 | 42 | 47 |
| 中年 | 貧困 | 18 | 11 |
| | 非貧困 | 44 | 40 |
| | 合計 | 39 | 36 |

出所：2015SSM

以上の結果をまとめると、近年に比べれば注目されなかった経済安定成長期の1970・1980年代にも「子どもの貧困」は実数として多く存在したし、貧困層と非貧困層の大卒割合の格差は明らかである。[32] 1990・2000年代に「子どもの貧困」を経験した若年層でも同じだ。

もちろん、2010年代に「子どもの貧困」であった層と非貧困層の学歴格差がより大きくなる可能性はある。しかし、2015年時点で若年・中年の年齢層であっても「子どもの貧困」は大卒学歴の有無と無関係だったわけではない。メディアや行政が注目しようが見過ごそうが、相対的貧困による教育格差は存在してきたのである。[33] そう、いつの時代にも子どもの貧困による教育格差はあるのだ。

## 2 出身地域による学歴格差

### †「生まれ」としての出身地域

個人の出身家庭の階層（親の職業・学歴・年収など）と絡み合いながら重要な役割を担う、もう一つの本人にはどうしようもできない初期条件は出身地域だ。[34] 出身地域による大学進学格差は多くの研究（中澤2011、朴澤2016など）で示されてきた。学校基本調査による都道府県データを用いた5年間隔の分析（上山2012）によると、1975年から1990年まで地域格差は縮小し、その後は拡大傾向にある。[35]

ここでは2015年SSMを利用して大まかな地域格差の趨勢を確認しよう。[36] まず、男性の大卒（四年制大学・大学院）割合を年齢層・地域別に示した（表1－5・都市圏別について図1－4）。15歳時点で居住していた地域――三大都市圏（東京、千葉、神奈川、埼玉、愛知、京都、大阪、兵庫）か否か・都市規模（大都市・市部・郡部）それぞれの分類で地域格差が確認できる。すなわち、都道府県が三大都市圏、また、市区町村が大都市であった人々の大卒割合が高い。

年齢層別の推移で特徴的なのは、三大都市圏と大都市における40代の大卒割合の落ち込みだ。これは当時の大都市圏にある大学の定員抑制政策（天野1994、小林2009）によるものだと考えられる（朴澤2016）。その後の世代では、大卒者割合はどの地域でも高まっている。三大都市圏と非三大都市圏（残りの39道県）で比較すると、すべての年齢層で最も地域格差が縮小しているのは40代（8％）で、30代（11％）、20代（13％）と拡大傾向にあるようにみえる。ただ、格差が縮小した40代であっても一定の地域差がある。なお、大都市と郡部の差も同じ傾向を示している。総じて、出身地域による学歴格差はどの年齢層にも存在しているといえる。

女性は若年層にかけて高学歴化が進んだ（表1－6・都市圏別について図1－5）。40代から20代にかけて地域格差が拡大傾向にあり、なかでも、30代から20代にかけて三大都市圏と大都市における上昇幅が大きい。[37] たとえば、三大都市圏と非三大都市圏の大卒割合の差は40代（6％）、30代（9％）、20代（26％）と、特に30代から20代にかけて大きく拡大している。[38] 大都市と郡部の差でみても同じ傾向だ。

表 1-5　出身地域別・都市規模別の大卒（4 年制以上）割合（%）〈男性〉

| 年齢 | 三大 (a) | 非三大 (b) | 差 (a−b) | 大都市 (c) | 市部 | 郡部 (d) | 差 (c−d) |
|---|---|---|---|---|---|---|---|
| 20 代 | 58 | 45 | 13 | 63 | 51 | 39 | 23 |
| 30 代 | 50 | 39 | 11 | 52 | 44 | 31 | 22 |
| 40 代 | 40 | 32 | 8 | 43 | 39 | 20 | 23 |
| 50 代 | 51 | 35 | 16 | 53 | 44 | 27 | 26 |
| 60 代 | 41 | 24 | 16 | 49 | 31 | 17 | 32 |
| 70 代 | 31 | 20 | 11 | 40 | 26 | 10 | 29 |

図 1-4　出身地域別の最終学歴〈男性〉

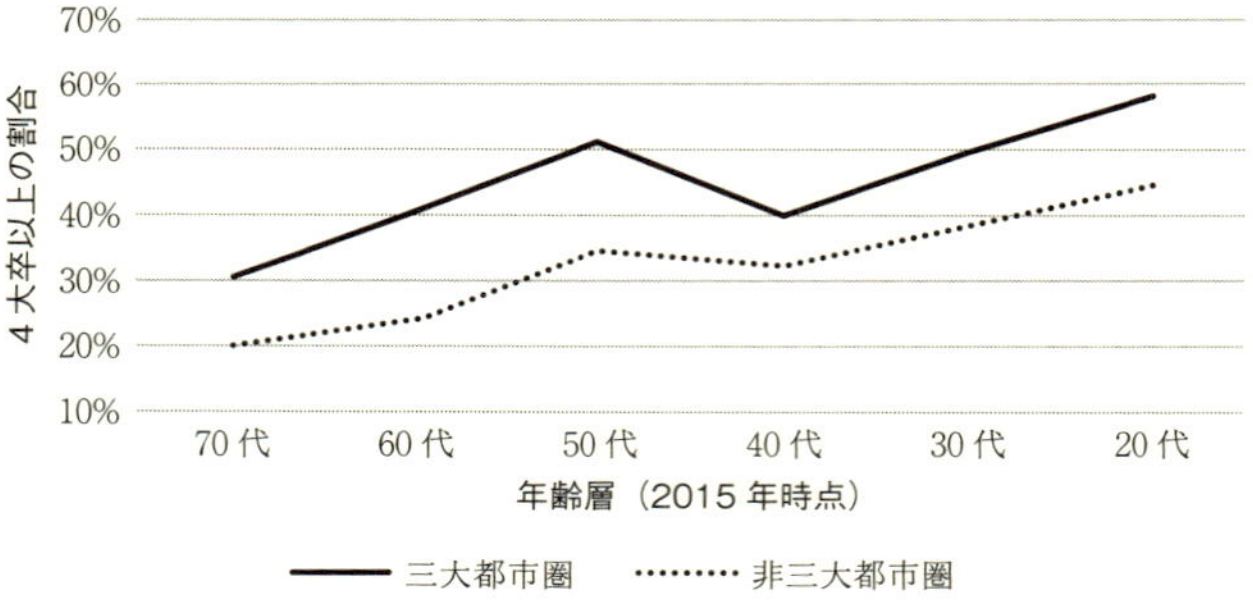


出所：表 1-5・図 1-4 ともに 2015SSM

表 1-6　出身地域別・都市規模別の大卒（短大以上）割合（%）〈女性〉

| 年齢 | 三大(a) | 非三大(b) | 差(a−b) | 大都市(c) | 市部 | 郡部(d) | 差(c−d) |
|---|---|---|---|---|---|---|---|
| 20代 | 65 | 39 | 26 | 64 | 50 | 36 | 28 |
| 30代 | 52 | 44 | 9 | 52 | 49 | 37 | 15 |
| 40代 | 45 | 39 | 6 | 50 | 40 | 37 | 13 |
| 50代 | 40 | 33 | 8 | 44 | 38 | 24 | 20 |
| 60代 | 24 | 17 | 7 | 29 | 20 | 12 | 18 |
| 70代 | 13 | 6 | 7 | 18 | 8 | 4 | 14 |

図 1-5　出身地域別の最終学歴〈女性〉

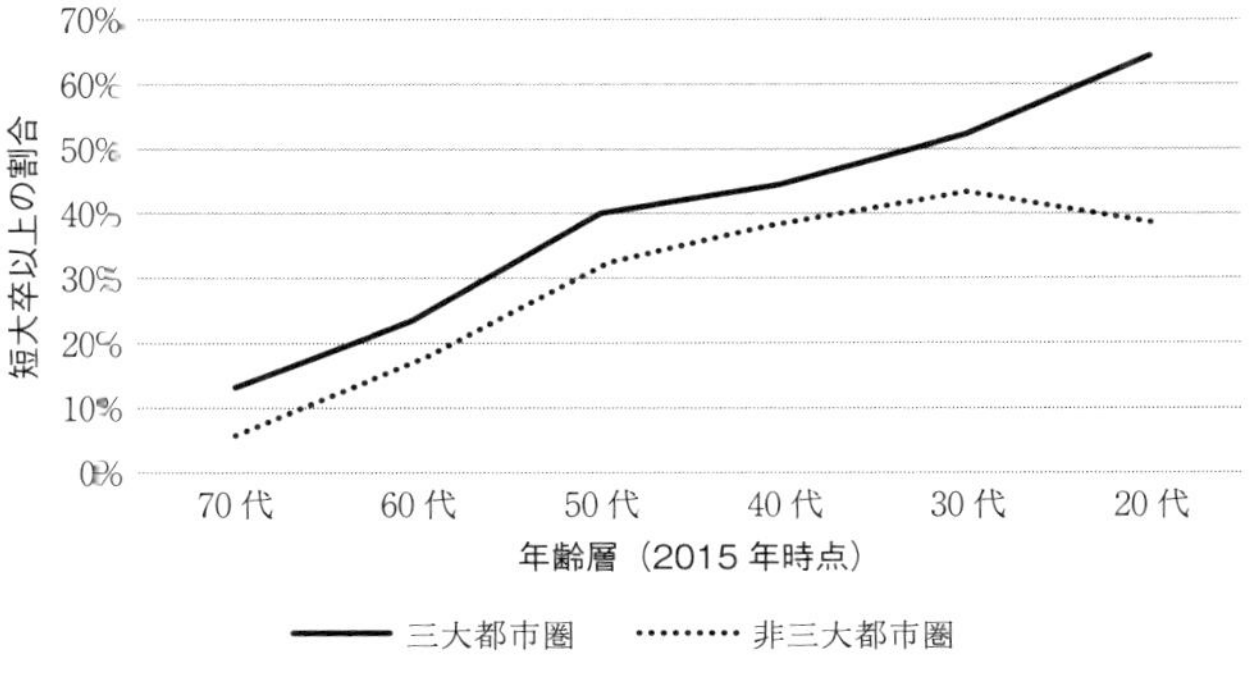


出所：表 1-6・図 1-5 ともに 2015SSM

## †若年層において地域格差は拡大しているのか

「地域」は様々な特性と関連がある。よって、三大都市圏出身者の大卒割合が高いのは、高階層の個人が多く居住していただけかもしれない。そこでSSMで指標化できる範囲で、親学歴、国私立中学通学、中学3年時成績などを考慮した（条件を揃えた）上で三大都市圏出身であることに意味があるのか、それに、若年層において地域格差が拡大しているのかを確認した。

分析の結果（松岡2018b）を簡単に紹介すると、男性については、三大都市圏出身が四年制大学（以上）卒と関連していて、年齢層による差はない。換言すれば、個人の階層（父母学歴・父専門職）[39]とは別に、三大都市圏出身であると四大卒以上になる傾向があり、それはどの年齢層でも変わらない。「階層化」（苅谷2001）が指摘されるようになった近年に子供時代を過ごした若年層（20代・30代）と戦後間もない時期に育った高年層（60代・70代）だけではない。高度経済成長と急激な教育の大衆化を背景に9割中流意識と共にすべての人に教育機会が開かれているイメージが定着した「大衆教育社会」（苅谷1995）に子供時代を過ごした中年層（40代・50代）においても地域格差は存在した。そう、「いつの時代にも地域格差がある」のである。

換言すれば、格差論が隆盛する2000年代以前に子供時代を過ごした世代であっても、若年層と同じく出身地域による有利不利があったのだ。「大衆教育社会」時代は、前述のように三大都市圏の大学受験競争が最も激化した地域格差縮小期（朴澤２０１６）でもあったが、出身地域格差は存在していたのだ。都市規模で分類しても同じ傾向が確認できる。

日本の義務教育は財政力の低い県に対する国による支援、へき地教育振興法、ナショナル・カリキュラムである学習指導要領など（苅谷２００９）、国際的には平等な教育機会（Cummings 1980など）を提供する標準化された制度として評価されている（恒吉２００８）。しかし、この分析結果は、そのような地域格差を縮小する制度があっても、15歳時点の居住都道府県によって大卒学歴の獲得に格差が存在することを示している。

一方、女性の30〜70代については、三大都市圏出身であることは（短大以上の）大卒学歴と関連していない。しかし、中年層（40・50代）と比較して、20代においてのみ三大都市圏出身であると短大を含む大卒となる傾向が確認できる。表1-6・図1-5にあるように、30代から20代にかけて三大都市圏と大都市の出身者の大卒割合が高まっている。[40] これは大卒学歴の男女格差が都市部においてのみ急速に縮小し、[41] 結果的に、女性同士の比較で都市部と地方の格差が拡大したことを意味する。[42] 三大都市圏・大都市の女性の高学歴化は男女格差縮小の観点からすれば望ましいが、地方の女性が取り残されている女性の地域格差が拡大しているのである。なお、都市規模で分析すると、大都市出身者は進学率の低い郡部と比べてどの年齢層でも大卒となる傾向があった。

総じて、地域による学歴格差は、出身階層による学歴格差と同じ傾向である。男性については「いつの時代にも地域格差」があり、さらには、40代から20代にかけて徐々に拡大傾向にあるようにみえる。[43]女性については三大都市圏において大学教育に対する加熱傾向が見られ、結果的に20代において他地域との格差が拡大している。また、都市規模分類であれば女性についても「いつの時代にも地域格差がある」といえる。地方出身で非大卒であると都市部で仕事を得ることが難しいだろうし、三大都市圏や大都市の出身で大卒となった後で地方や郊外に移動する可能性が低いのであれば、地域間の流動性が弱いことになる。よって、世代を超えた出身地による学歴格差再生産の強化が懸念される。

## †居住地域「分断」化――格差拡大の兆し

長期的な教育における地域格差の趨勢、それに近年の（より地理的に小さな単位の）近隣効果研究[44]の知見を合わせて考えると、今後、女性のみならず男性の教育達成についても、地域格差の拡大が懸念される。背景にあるのは、学歴による居住地域の分断化の拡大である。具体的に論じるために、1960年から2010年までの学歴が項目に入っている（10年おきの）年度の国勢調査を用いて、15歳以上人口における短期大学以上（表1－7・図1－6）[45]の学歴所持者（以下、大卒者）割合の推移をまとめた。三大都市圏と非三大都市圏の分類は前述の分析と同じである。

全体的に高学歴化しているが、三大都市圏と非三大都市圏の大卒者割合の差が、年を追うにつれて拡大していることがわかる。[46] なお、47都道府県で最も大卒者割合の高い東京都を大都市の代わりに表に含めた。東京都と非三大都市圏の差はかなり顕著だ。また、都道府県単位でも、図表のような格差拡大の趨勢が見られる。都道府県別のデータを見てみると、大卒者割合の最小値の青森県（2000年のみ秋田県）と最大値である東京都の差は、1960年では11％であったものが増加し、2010年には33％となる（表は省略）。無論、東京都を23区に限定すれば差はより大きくなる。

この地方格差の背景には、大卒者を雇用する企業の地域間偏在などがあると考えられる。これは、2010年代の児童・生徒は、たとえば「大衆教育社会」が形成された1970年代や政府が新自由主義的政策に舵を切り出す1980年代の児童・生徒（2015年の40代・50代）よりも、大きな地域格差下において学歴獲得競争に参加していることを意味する。具体的には、三大都市圏や大都市（東京都の区部など）に居住している児童・生徒は、他地域と比べて、より大卒の成人に囲まれていることになる。近隣効果研究を踏まえると、大卒ロール（役割）モデルとの交流・ネットワークの形成、それに大卒を前提とする規範の内在化などが大学進学への期待を持つことに繋がると考えられる。

近隣住民の大卒者割合に大きな差があり、その差が近年において拡大していることは、義務教育段階で公立学校を学習指導要領や財政支援などで全国的に標準化しても是正できない広い意味の教育環境格差の存在とその拡大を意味する。大学進学を規範とする空間で育つ児童・生徒がいる一方、そのような教育環境にない児童・生徒がいるのだ。また、住民の大卒者割合によって、公立学校に対する期待や学習塾など教育サービスへのアクセスのしやすさも異なるだろう。

大卒者が三大都市圏・大都市に居住することは、学歴と合致する就業先の偏在を考えれば個人にとっては最適な選択であろうが、それは住民の社会経済的な地域格差拡大——世帯収入や学歴などの社会経済的背景による居住域の分離（socioeconomic residential segregation）を意味する。これは児童・生徒の学歴達成を左右し得る教育環境の差となる。

この国勢調査の結果（表1-7・図1-6）による大卒住民割合の格差拡大と本章で示した20代女性の地域格差拡大は、同じ方向を指している。すなわち、どこで（生まれ）育つのか——児童・生徒の選択によらない帰属的特性である出身地による教育格差の拡大である。2015年段階の子供たちが10年後や20年後に成人したとき、これらの地域格差が、大学進学への期待の格差の拡大を介して、より大きな学歴格差として現れる可能性があるのだ。そうなれば、

表 1-7　15 歳以上人口における短大以上の大卒者割合（%）の推移

| 実施年 | 三大（a） | 非三大（b） | 差（a－b） | 東京都（c） | 差（c－b） |
|---|---|---|---|---|---|
| 1960 | 9 | 4 | 5 | 14 | 10 |
| 1970 | 13 | 6 | 7 | 19 | 13 |
| 1980 | 20 | 11 | 9 | 27 | 16 |
| 1990 | 28 | 17 | 11 | 36 | 19 |
| 2000 | 35 | 22 | 13 | 43 | 20 |
| 2010 | 43 | 28 | 15 | 52 | 24 |

図 1-6　住民の最終学歴の推移

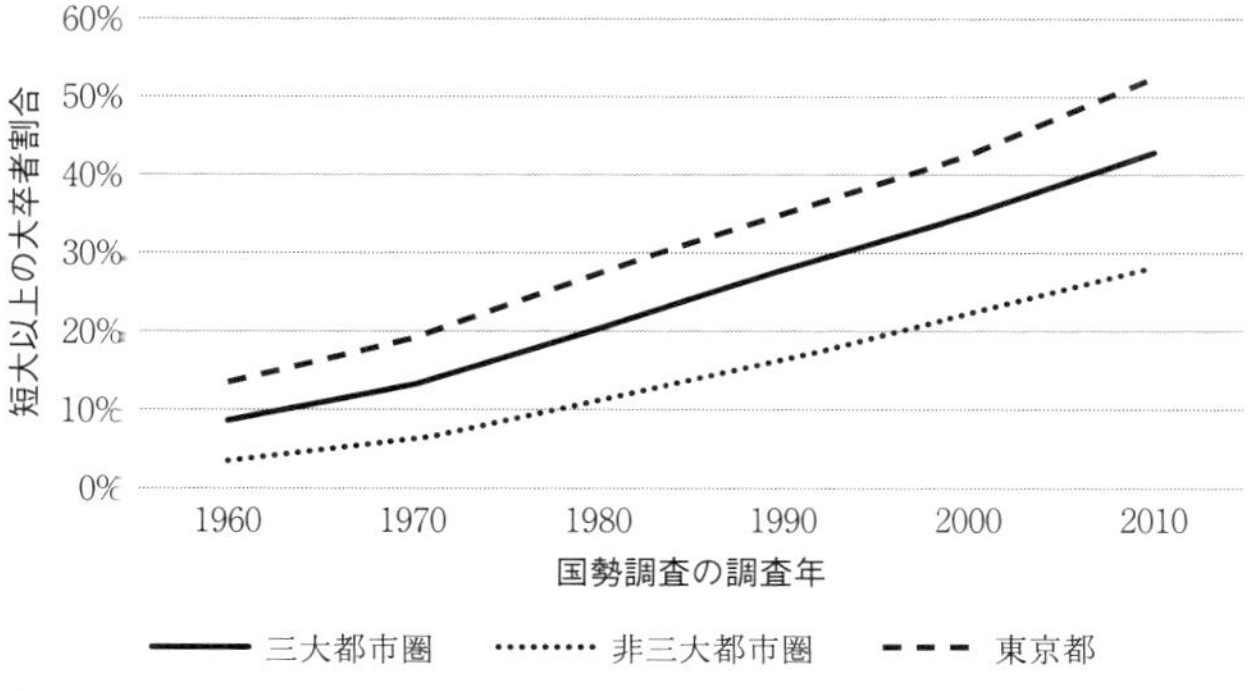


出所：表 1-7・図 1-6 ともに国勢調査

地域による教育格差の実態は調査による分析結果を超えて多くの人びとに共有され、意識の上での分断も深刻化することになるかもしれない。

## 3　意識格差──「大衆教育社会」から「階層化社会」へ

前節では出身階層と最終学歴の関連が安定的に推移してきていることを確認した。また、個人の階層を考慮しても「いつの時代にも地域格差」があった。本節では、このような格差が立ち上がるメカニズムの一つとして、「教育熱」[47]の変容を実証的に示そう。

### †階層と「教育熱」

15歳のほぼ全員が高校に進学するようになった1970年代半ばには「大衆教育社会」になり、階層性は目立たなかったとされる（苅谷1995）。しかし、これは階層による教育熱に格差がなかったことを意味しない。事実、1995年に実施されたSSM（以下、1995年SSM）の分析（本田＝沖津1998、吉川2000・2006、中村2000）によれば、SES（社会経済的地位、詳しくは本章末を参照）の代理指標によって教育意識──高い教育に対する価値志向に格差があった。すなわち、高SESだと教育に高い価値を置く傾向が確認されていた。同じ時期に、苅谷（1995）は「大衆教育社会」の「ゆらぎ」を指摘し、日本がSESによる影響が強まる階層化社会になりつつあると警鐘を鳴らしていた。

2015年時点の中年層（40代・50代）が15歳だった1970年代・80年代は、「みんな」が高校に通うようになり大学進学率の上昇と共に受験産業にも活気があった時期だ。確かに現在（2010年代）と比べれば「生まれ」による教育熱格差は小さかったかもしれない。当時と現在（2010年代）の教育熱を比較することができればよいのだが、残念ながら代表性のある1970年代・80年代のデータがない。

設問がまったく同じ文言で比較可能なのは、1995年SSMとなる。70年代や80年代と比べると教育熱の階層差が強まってきているかもしれないが、まだ、「大衆教育社会」の「ゆらぎ」（苅谷1995）が指摘される段階でもある。よって、1995年SSMを格差社会「前夜」のデータという理解で、2000年代以降の調査と比較検討しよう。

教育熱を測る質問項目は「子どもにはできるだけ高い教育を受けさせるのがよい」で、特に自分の子供には限定しない表現となっている。[48] 調査対象者は4つの選択肢（「そう思う」「どちらかといえばそう思う」「どちらかといえばそう思わない」「そう思わない」）の中から1つを選ぶ。「そう思う」と「どちらかといえばそう思う」を合算した回答者の割合をその同意率とする。[49]

なお、1995年SSMと2010年SSP（SSMとの比較を前提とした大規模意識調査[50]）

では、調査員が無作為抽出された対象者から面接方式で聞き出している。2005年SSMと2015年SSMも同項目を含んでいるが、調査員が対象者に質問票を届け、後に回収する留置法という形式で実施された。調査員を対象とする面接法と対象者が紙に書き込む留置法では回答傾向が変わることがあるので[51]比較は同じ調査法だけで行う。

分析の結果（表1－8）[52]、本人の学歴（大卒・非大卒）による教育価値志向格差が確認できる。1995年と比べると2010年の非大卒層は同意率が増えているが、統計的に有意な（偶然とは言い難い）水準で学歴間の格差がある。留置調査の2005年から2015年は変化がなく学歴差はそのまま残っている。

①格差社会「前夜」である1995年にも学歴による意識差がある。

表 1-8　本人学歴による教育価値同意率

| | 年度 | 調査 | 大卒 %（a） | 非大卒 %（b） | 平均の差（a−b） |
|---|---|---|---|---|---|
| 面接 | 1995 | SSM | 68 | 54 | 15 |
| | 2010 | SSP | 70 | 58 | 11 |
| 留置 | 2005 | SSM | 75 | 55 | 20 |
| | 2015 | SSM | 76 | 53 | 24 |

分析対象：男女・25〜59歳

②2000年代以降も傾向は変わらない。

もう一つ時代間で比較可能な教育意識項目がある。設問は「子どもには、学校教育のほかに家庭教師をつけたり、塾に通わせた方がよい」で対象者は「そう思う」から「そう思わない」までの4つの選択肢の中から選んでいる。1995年SSMと2015年SSPは面接法、2005年SSMと2015年SSMは留置法を用いている。本節では「そう思う」と「どちらかといえばそう思う」を合算し志向率とした。

表1-9　本人学歴による教育サービス利用志向率

| | 年度 | 調査 | 大卒 %（a） | 非大卒 %（b） | 平均の差（a－b） |
|---|---|---|---|---|---|
| 面接 | 1995 | SSM | 30 | 32 | －2 |
| | 2015 | SSP | 50 | 45 | 5 |
| 留置 | 2005 | SSM | 42 | 32 | 10 |
| | 2015 | SSM | 42 | 32 | 10 |

分析対象：男女・25〜59歳　　＊灰色部は統計的に有意な差はない

分析結果（表1－9）によれば、1995年では大卒と非大卒の意識の差は統計的に有意ではない。しかし、同じ面接調査の2015年SSPでは差が確認できる。大卒・非大卒の両方で平均値が上がっているが、大卒層のほうがより高くなっている。また、留置調査では学歴による意識差はどちらの年度でも存在する。

①1995年時点では教育サービスの利用志向に学歴差はなかった。

②2000年代以降は大卒層がより積極的になることで格差が現れた。

### †「教育熱」の地域格差

地域は前節と同じく三大都市圏と非三大都市圏で分ける。表

表 1-10　教育価値同意率の地域格差

| | 年度 | 調査 | 三大 %（a） | 非三大 %（b） | 平均の差（a－b） |
|---|---|---|---|---|---|
| 面接 | 1995 | SSM | 55 | 59 | －4 |
| | 2010 | SSP | 68 | 62 | 6 |
| 留置 | 2005 | SSM | 65 | 59 | 6 |
| | 2015 | SSM | 68 | 59 | 9 |

分析対象：男女・25～59歳

1－10に三大都市圏と非三大都市圏それぞれの居住者の同意率をまとめた。階層格差と同じく、すべての地域格差の有無は、本人の年齢、性別、大卒学歴を調整し（条件を揃え）ても結果は変わらない。すなわち、本項で紹介する地域間格差の変化は、都市部の大卒者割合の上昇や地方の高齢化など住民の特性（年齢・性別・学歴）によるものではない。

1995年段階では三大都市圏と比べて非三大都市圏の平均値のほうが高いが、この地域格差は2010年で逆転する（Matsuoka 2019b）[54]。三大都市圏居住者のほうが非三大都市圏の住民よりも教育熱が高くなるのだ。また、留置法で行われた2005年と2015年SSM調査の分析結果によると、両方とも三大都市圏の平均値のほうが高い。

①1995年時点では大学数に象徴される教育環境が周囲に少ない非三大都市圏居住者のほうが教育に対して高い価値志向があった。

②2005年までの間に、三大都市圏と非三大都市圏の価値志向が逆転した。

教育サービス利用志向については、まず、1995年時点では、2つの地域に意識差はない（表1－11）。しかし、それから20年後の2015年においては、三大都市圏の志向率が非三大都市圏のそれより高くなっている。なお、1995年と2015年の調査間で比較すると、三大都市圏も非三大都市圏もそれぞれ同意率が上昇している。「家庭教師や塾」など教育市場のサービスを利用することに対する肯定傾向が、どちらの地域においても強まったことを意味するが、特に三大都市圏の上昇幅が大きかった。留置法の2005年と2015年SSMの結果によると、2005年段階ですでに地域格差が確認できる。[55]

表1-11　教育サービス利用志向率の地域格差

| | 年度 | 調査 | 三大 %（a） | 非三大 %（b） | 平均の差（a－b） |
|---|---|---|---|---|---|
| 面接 | 1995 | SSM | 31 | 32 | −1 |
| | 2015 | SSP | 50 | 44 | 5 |
| 留置 | 2005 | SSM | 40 | 32 | 8 |
| | 2015 | SSM | 42 | 31 | 10 |

分析対象：男女・25〜59歳　　＊灰色部は統計的に有意な差はない

①1995年時点では教育サービス供給量が少ない非三大都市圏であっても、塾・予備校産業が発展した三大都市圏と変わらない程度の教育市場利用志向だった。

②1995年と比べると2015年時点では両地域の同意率が上がったが、三大都市圏の上昇幅のほうが大きい。

③2005年時点で三大都市圏の利用志向が非三大都市圏より高い。

④2つの調査法の結果を合わせて考えると、1995年から2005年の間に、地域格差が現れたと考えられる。

個人水準の階層という見えづらい格差はあったものの格差「前夜」であった1990年代は、地域格差が明瞭ではない[56]「大衆教育社会」であったようだ。しかし、2000年代に入ると、個人の階層だけではなく地域による格差も確認できる。学習指導要領などで標準化された義務教育制度も、高い進学率の高校教育も未だに存在するが、育つ地域によって教育サービス利用志向が異なる格差時代になったといえる。

「大衆教育社会」は相対的なものだ。確かに教育の急拡大を見てきた世代にとっては、教育熱に地域格差がないわけで、「みんな」が高い教育を求めるようなイメージを持ったかもしれない。しかし、出身階層によって差があったわけで、「みんな」が高い教育を求めたというほどでもなかったことには留意したい。

まとめよう。

①1990年代は教育熱の階層格差のみで[57]、教育サービス利用志向の格差は確認できなかった。
②2000年代以降は階層だけではなく地域についても教育熱格差がある。
③2000年代以降は教育サービス利用志向についても階層と地域による格差が現出した。

そう、日本は階層格差と地域格差が存在する教育意識格差社会になったのだ。

## †「教育意識」の地域格差はなぜ生まれるのか

何が教育に対する価値志向の地域格差の背景にあるのか。このメカニズムについて2つの研究を行ったので手短に紹介しよう。

2010年SSPを用いた研究（Matsuoka & Maeda 2015a）では、前述の2項目（教育熱と教育サービス利用志向）にもう1項目を加えた「教育意識」の高低の背景にあるものを探った。この研究では三大都市圏と非三大都市圏のような大きな分類ではなく、より詳細に、調査地点間の差異を検討している。

2010年SSPでは、人口層別に250地点が無作為抽出され、さらに各地点から無作為に対象者が選ばれている。人口密度によって地点の地理的範囲は異なるが、都市部や郊外の住宅街であれば「〇丁目」程度の「ご近所」としてイメージできるぐらいの広さだ。対象者は実家の相続・地価・家賃、それに通勤・通学時間、子育て環境などを考慮してそこに住んでいるわけで、地点間の社会経済的特徴は大きく異なる。

直截的《ちょくせつてき》に言えば、階層が似た人が同じ地点に集まる。そして、同質性が高い人たちが集まることで、そこには町の規範性を伴う文化が立ち上がる。たとえば、「この町に住んでいる中学生は2年の秋ぐらいから学習塾に通うのが「ふつう」というように。わたしたちは社会的な生き物で、その場（ここでは住んでいる町）の「当たり前」（規範）を基準として選択や意識が変わると考えられるのだ。このような同質性に対して市場も反応する。学習塾チェーンはどこの町にも教室を開くわけではなく、教育熱が高い地域であれば需要があると判断するはずだ。そして通える範囲に塾があり、同級生の多くが通うことに促されて通塾する子もでてくる。一方、教育熱が低い地域には塾の選択肢も少なく、そもそも通塾していることが特殊な地域であれば、他地域では通塾しているような児童・生徒であったとしても通塾しない可能性が高まるだろう。

要するに、集合的な階層——近隣階層によって、人々の選択、行動、意識が変わると考えられるのだ（Galster 2012など）。分析手法[58]の詳細は論文（Matsuoka & Maeda 2015a）に譲るとして、ここでは結果を簡単に紹介しよう。

まず、東京23区と政令指定都市は、その他すべての地域と比べて教育意識が高い。これは2010年に実施された調査の結果なので、不思議なことではないだろう。報道などから思い浮かべる「教育格差社会」の姿だ。ただ、この大都市における教育熱を説明するのは「大都市だから」ではなく、「近隣の大卒（者）割合」である。住民（ご近所さん）における大卒割合の高低が、教育意識の背景にあるのだ。これは地点間の結果なので、調査回答者本人が大卒かどうかとは別である。本人が大卒であれ非大卒であれ、大卒割合が高い地域に住んでいると、高い教育や塾の利用などに対して肯定的に回答しているといえるのだ。[59] 近所の大卒割合が規範となり、望ましい教育達成の基準値が変わると解釈できる。

さらに2010年SSPよりも調査規模の大きい2015年SSPを用いた研究（Matsuoka 2019b）では、大卒割合と教育熱の関連を繋げるものが何かを検討した。その結果、近隣の大卒割合と教育意識を媒介するのは、近隣の「身体化された文化資本」だった。文化資本については第3章で解説するので、ここでは、「高い教育を得ることを無意識のうちに当然視する町の文化的規範」くらいの理解で構わない。高い大卒割合を土台とした教育を肯定する雰囲気があり、それが教育熱に繋がっている——高い教育という、この社会において「望ましいもの」と親和的な文化のある近隣とそうでない近隣が日本の中にある、ということを意味する。換言すると、大卒割合によって町の文化的雰囲気が異なり、それが教育意識の高低の基盤となっている。教育熱の高い地域に住む子供たちは、周囲の大人から高い教育を受けることが良いことであるというメッセージを意識的・無意識的に受けながら育つことになるのである。

もちろん、様々な「文化」があってよい。ただ、現在の社会制度の中で「成功」するのに役立つ「文化」とそうでないものがあるのが現実だ。大卒割合によって近隣「文化」が異なることは、教育格差にとって大きな意味を持ち得る。

教育意識の近隣間格差は、文部科学省が学習指導要領や財政的支援によって公立小中学校を標準化し、日本全国どこでも同じ教育を提供しようとしても、どんな近隣にあるかで、その中身が変わってしまうことを意味する。

大卒割合の高い地域の公立学校であれば、子供たちは将来大学に進学することを前提に学校の勉強に取り組むだろうし、親は大学進学に繋がる教育を学校に期待する。そのような地域の親は同じく大卒である教師と進学準備教育という共通目標のために協働することができる。通塾率が高く、学校の授業が塾の復習になっていれば、学校の授業方法にも大きな影響を与え得る。一方、学校の「勉強」や高い学歴に価値を見出さない住民が多い地域であれば、教師は子供たちを学習に向かわせたり、宿題を出す意義を親に伝えたりするところから始めなければならない。

よって、同じ公立学校であっても、近隣の大卒割合によって異なる運営がなされることになる。児童・生徒も大卒割合が高い地域で教育達成は良きものであるという価値規範を内在化するし、先生とも協働する。校舎などの「箱」やカリキュラムを標準化しても、実際にどのような教育実践が行われるかという「中身」は地域の社会経済的文脈と、それにより醸成される近隣文化によって変わるのだ。

これはコミュニティから引き出せる資源に格差があることを意味する。住民の大半が「とりあえず高校にさえ行ってくれれば」という意識である場合、その自治体の長や議員は選挙権を持つ住民の高齢化の中で、結果がすぐに出ない教育に多額の予算を振り分けるだろうか。

さらには、前述のように塾・予備校・習い事などの教育サービスの提供機会も、教育熱の近隣格差と無縁ではないだろう。営利企業が運営しているのであれば、教育熱が高く、授業料を払うだけの経済力と利用志向を持った住民が多い地域で多種多様なサービスを展開するのはまっとうな企業活動だ。複数の学習塾チェーンが教室を出店し授業料やサービスの競争が起きる地域であれば消費者にとって選択肢が豊富であるし、駅前の看板や新聞の折り込み広告などで高校受験への準備を煽られる。一方、そのようなサービスがあまりない地域では学習や受験対策はすべて学校だけで行うことになる。競争が学校内だけで完結するのであればそれでよいかもしれない。しかし、高校受験のように学区が広域である場合、通塾が当たり前の地域からの生徒と競争しなければならない現実がある。

## 4 階層と「不利な状況」の打破

### †「機会」を活用できる者の「生まれ」は偏っている

「子供の頃は貧乏だったが大学を卒業した」「確かに格差はあるかもしれないが、困難を乗り越えて成功した人たちはいる」――このような言い回しを一度も耳にしたことがない人はいないだろう。個人がそのように社会階層の上層移動を果たしたことは事実として称揚されてよいし、個人の努力がなければ達成することはなかったはずだ。ただ、「不利な状況」を乗り越えた人たちの「生まれ」は偏っている。データで確認しよう。

参考にするのは、1985年と1995年のSSM男性票データによって出身階層による学歴獲得格差を示した「御破算上昇」分析（中西2000）だ。この研究は高校階層構造（偏差値ランキング）において低いトラック（職業科や高等教育進学率が最上位ではない高校）から上位大学卒となった群の出身階層が高いことを明らかにし、不利な状況から「上昇」できたのは限られた層であると論じた。換言すると、高校受験で最上位校に入れなくても（高校受験で「失敗」しても）大学で最上位校に入ることができた――敗者復活できたのは、出身階層が高い人たちに大きく偏っていたのだ。

本節では、学歴獲得に不利な状況にあったが「上昇」――大卒となった群の出身階層を、先行研究（中西２０００）が分析した世代だけではなく、「階層化」（苅谷２００１）が進展した時代に子供時代を過ごした若年層を含む３つの年齢層について、さらには、男性だけではなく女性についても検討する。

もちろん、この分析によって出身階層が不利な状況を克服する因果的要因であることを実証できるわけではない。しかし、幅広い年齢層、中学校卒業（15歳）時点の社会経済的状況、最終学歴などを詳細に含んでいるSSMデータを用いれば、「不利な状況」から大卒となったのが出身階層の観点から「誰」なのか、そして、その傾向に変化があったのか包括的に描くことができる。

### †受験に不利な高校からの大卒

１９７０年代半ば以降、大半の子供たちが高校受験という教育選抜を経験するようになった。日本の高校は学力偏差値によって序列付けられた階層構造で知られ、所謂《いわゆる》ランクの高い高校を経由して大学に進学する。どの高校（トラック）に入ったかによって、大きく異なる高校生活を送ることになり、学校（トラック）間で卒業後の進路に大きな差がある（詳しくは第5章を参照）。しかし、先行研究（竹内1995・2016）は、日本は敗者が次の選抜に参加できないトーナメント型ではなく、本人が希望すれば次の選抜にも参加可能――最初の選抜（高校受験）で失敗しても（大学受験で）敗者復活（たとえば、低ランク校からの大学進学）が可能な「御破算型」であると主張する。

このモデルが実態を反映しているのか疑義を呈した研究（中西2000）は、1985年と1995年SSM調査の男性データを用いて、出身階層の観点から「誰」が「御破算上昇」しているのか検討した。その分析の結果によると、上位高校トラックから上位大学卒となった「1位キープ組」の階層が最も高いが、その次に高いのは、高校トラックは最上位ではないが上位大学卒となった「御破算上昇組」であった。高校受験で最上位に入れず大学受験で上位大学に入った男性の出身階層が高いことは、日本において敗者復活できる層が限られていることを意味している（中西2000）。また、「1位キープ組」の階層が最も高いことから、高校受験に成功して上位トラックに入り、その優位性を次の選抜（大学受験）に活かしているのも、一部の有利な階層出身者ということになる（中西2000）。

1985年と1995年SSM調査データによる分析（中西2000）は、教育拡大期と大衆教育社会期に育った男性を対象としている。サンプルを45歳以下だけにしても結果が変わらなかった（中西2000）と注記されているが、それでも2015年調査時点では65歳以下である。

そこで本節では、「御破算上昇」した個人の出身階層が時代によって変わってきたのか、男女それぞれについて検討する。

トラックは、職業科と普通科の2分類、それに低・高トラックの2分類とした。職業科は高校階層構造（高校偏差値ランキング）の中で下位に位置付けられるので、普通科が高トラック、職業科は低トラックと解釈できる。低・高トラックの分類は、「高校では大学・短大進学者の割合はどのくらいでしたか」に対する「ほぼ全員」と「7〜8割」を高トラック、「半数くらい」、「2〜3割」、それに「ほとんどいない」を低トラックとした。[60] 進学者割合という重要な高校ランク指標であっても主観的な回答を基にした分類であり、学科（普通科とそれ以外）は本人報告であっても正確性は高いが、「普通科」だけでは細かいトラック分類はできない。それぞれに利点・難点があるので、両方の分類を用いて分析を行うことで、包括的な実態把握に努める。

「生まれ」を代理的に示す指標は前節同様に父大卒とする。[61] 本人の到達学歴も大卒・非大卒で分類するが、男性は四年制以上、女性は短大以上を大卒とする。[62] まず、学科と実際の学歴達成で4群に分割して父大卒割合をそれぞれの年齢層ごとに算出し、同じ学科同士の2群それぞれ（aとb、cとd）に偶然とは言い難い差があるかどうか多重比較分析を行った。

表1-12に示したように、2015年時点の若年層（20代・30代）、中年層（40代・50代）、高

表1-12　高校学科・大卒学歴別の父大卒割合（%）

| 年齢層 | | 男 | 女 |
|---|---|---|---|
| 若年層（20代・30代） | 職業科・非大卒（a） | 14 | 12 |
| | 職業科・大卒（b） | 44 | 31 |
| | 普通科・非大卒（c） | 16 | 17 |
| | 普通科・大卒（d） | 52 | 51 |
| | 合計 | 32 | 31 |
| 中年層（40代・50代） | 職業科・非大卒（a） | 3 | 7 |
| | 職業科・大卒（b） | 24 | 29 |
| | 普通科・非大卒（c） | 8 | 10 |
| | 普通科・大卒（d） | 32 | 32 |
| | 合計 | 15 | 18 |
| 高年層（60代・70代） | 職業科・非大卒（a） | 6 | 8 |
| | 職業科・大卒（b） | 9 | 21 |
| | 普通科・非大卒（c） | 6 | 9 |
| | 普通科・大卒（d） | 25 | 37 |
| | 合計 | 11 | 14 |

出所：2015SSM　　＊灰色部は統計的に有意な差はない

年層（60代・70代）それぞれで、総じて、男女共に同じ傾向が確認できる。同じ年齢層の中の4群で、高校が普通科で大卒となった群（「普通科・大卒（d）」）の父大卒割合が最も高い。若年層では男性で52％、女性で51％である。これは、高校が普通科で大卒となった個人のだいたい2人に1人の父親が大卒であることを意味する。全体の父大卒割合はだいたい3人に1人なので、普通科から大卒になった人たちにおける割合は平均的に高い――有利な「生まれ」である傾向といえる。同じく普通科であったけれど非大卒になった群（「普通科・非大卒（c）」）の父大卒割合が男性16％・女性17％であることから、同じ「普通科」トラックであっても、そこから非大卒となった人達の多くは父も非大卒ということになる。

重要なことに、「普通科・大卒（d）」に次いで父大卒割合が高いのは、「御破算上昇」群である「職業科・大卒（b）」だ。[63]これは「職業科」という大学進学には「不利な状況」から実際に大卒となった群で、男女共に非大卒となった2群（aとc）より父大卒割合が高い。事実、「普通科・非大卒（c）」と「職業科・非大卒（a）」の父大卒割合はほぼ同水準となっている。これは中年層と高年層でも同じ傾向である。[64]

大学・短大進学者割合を基準にしたトラック分類を用いて同じ分析を各年齢層について行ったが（表1-13）、学科別分析と結果の傾向は変わらない。「高（トラック）・大卒（d）」の父大卒割合が最も高く、次に「不利な状況」から大卒となった――「御破算上昇」した「低・大卒（b）」も概ね高い傾向にある。同じトラック（高・低）の大卒・非大卒の2群（aとb、cとd）を比べると、性別・年齢層を問わず結果的に大卒となった群の父大卒割合が高い。[65]同水準のトラックからの大学進学に「生まれ」の影響があることがうかがえる。

「不利な状況」から大卒となった「御破算上昇」群、それに「有利な状況」を活かして大卒となった群の父大卒割合は平均的に高かった。また、この傾向は年齢層や性別によって大きく変わらないし、他の階層指標で見ても同様の傾向を確認できる（松岡2018b）。ここで紹介した分析結果は1985年と1995年の男性データによる結果（古西2000）と一致している。職業科や低トラックのような「不利な状況」でも大学進学の道は閉ざされているわけではない

表1-13　高校トラック・大卒学歴別の父大卒割合（%）

| 年齢層 | | 男 | 女 |
|---|---|---|---|
| 若年層（20代・30代） | 低トラック・非大卒（a） | 14 | 13 |
| | 低トラック・大卒（b） | 41 | 23 |
| | 高トラック・非大卒（c） | 22 | 19 |
| | 高トラック・大卒（d） | 54 | 56 |
| | 合計 | 33 | 32 |
| 中年層（40代・50代） | 低トラック・非大卒（a） | 4 | 8 |
| | 低トラック・大卒（b） | 21 | 20 |
| | 高トラック・非大卒（c） | 12 | 11 |
| | 高トラック・大卒（d） | 35 | 35 |
| | 合計 | 16 | 18 |
| 高年層（60代・70代） | 低トラック・非大卒（a） | 5 | 9 |
| | 低トラック・大卒（b） | 14 | 30 |
| | 高トラック・非大卒（c） | 9 | 11 |
| | 高トラック・大卒（d） | 29 | 40 |
| | 合計 | 12 | 14 |

出所：2015SSM　＊灰色部は統計的に有意な差はない

が、同じ群のすべての人が同じ条件を持っているわけではない――制度上、誰に対しても機会が開かれているということは、全員に同じ機会が現実的に付与されていることを意味しない。低トラックから上位大学進学のような「御破算上昇」について教育選抜（受験）の前後だけをみると、出身階層の影響力を看過することになる（中西2000）。

「制度上は可能」であるとか「誰にでも機会が開かれている」という言葉は「（可能なのだから後は）本人（の能力と努力）次第」というメッセージを含意するが、実際に「上昇」した個人の出身家庭は恵まれた階層に大きく偏っているのが現実である。

## †非三大都市圏からの大卒

職業科や低トラックという「不利な状況」から大卒となった「御破算上昇」群の父大卒割合が高いことは、父大卒が子の学歴に直接的な影響を与える因果関係を示すものではない。換言すれば、「不利な状況」から大卒となったという結果から、回顧的にそれは「誰」だったのかを確認する「答え合わせ」であり、父親の学歴が「不利な状況」を打破する「原因」と主張しているわけではない。父大卒割合の相対的な高さが示すのは、大卒になるのに親和的な様々な条件があった——社会経済的に有利な家庭の出身者のほうが、現実的な「御破算上昇」機会を持っていたということである。同様に、普通科という「有利な条件」の2群（大卒・非大卒）にも差があった。「有利な条件」を活かし大卒となった群の父大卒割合はどの年齢層・性別においても明確に高い。

このように「不利」「有利」と「大卒」「非大卒」の組み合わせの4群を作り、出身階層に群間差があることを示すことで、誰にでも現実的な機会が開かれているわけではないという、目には見えづらい格差の実態を可視化することができる。そこで、本項では低トラック以外の「状況」についても出身階層を分析することで、日本社会において大卒学歴の獲得機会が誰に開かれてきたのか、その階層性を複数の視角により実証的に明らかにしよう。

表1-14　出身地域・大卒学歴別の父大卒割合（%）

| 年齢層 | | 男 | 女 |
|---|---|---|---|
| 若年層（20代・30代） | 非三大都市圏・非大卒（a） | 16 | 15 |
| | 非三大都市圏・大卒（b） | 45 | 40 |
| | 三大都市圏・非大卒（c） | 14 | 16 |
| | 三大都市圏・大卒（d） | 58 | 58 |
| | 合計 | 32 | 31 |
| 中年層（40代・50代） | 非三大都市圏・非大卒（a） | 3 | 6 |
| | 非三大都市圏・大卒（b） | 23 | 27 |
| | 三大都市圏・非大卒（c） | 8 | 11 |
| | 三大都市圏・大卒（d） | 41 | 37 |
| | 合計 | 15 | 17 |
| 高年層（60代・70代） | 非三大都市圏・非大卒（a） | 4 | 5 |
| | 非三大都市圏・大卒（b） | 18 | 32 |
| | 三大都市圏・非大卒（c） | 6 | 9 |
| | 三大都市圏・大卒（d） | 30 | 41 |
| | 合計 | 9 | 10 |

出所：2015SSM

まず、出身地域と大卒学歴別の4群について父大卒割合をまとめた。中学校卒業時に非三大都市圏居住は大卒となるには「不利な状況」であるが、その中でも大卒・非大卒に分かれる。分析結果（表1－14）によれば、実際に大卒となった群と非大卒群を比べると、どの年齢層・性別であっても父大卒割合が大きく異なる。どの年齢層・性別であっても、「三大都市圏・大卒（d）」と「非三大都市圏・大卒（b）」——結果的に大卒となった群の父大卒割合が高い。そして、「三大都市圏・非大卒（c）」と「非三大都市圏・非大卒（a）」の父大卒割合が同じぐらい低いことが確認できる。

同じ「不利な状況」であっても結果的に大卒となった群（「非三大都市圏・大卒（b）」と非

大卒になった群（「非三大都市圏・非大卒（a）」）では、父大卒割合がだいぶ異なる。これは母大卒割合、父専門管理職割合、15歳時点の家の蔵書数など他の指標にしても同じ傾向だ（松岡2018b）。同様に、「有利な状況」である「三大都市圏」で非大卒となった「三大都市圏・非大卒（c）」群の父大卒割合は、「三大都市圏・大卒（d）」群と比べてだいぶ低い。

前節で言及したように、男性については複数の出身階層指標を統制してもすべての年齢層で地域格差は存在するが、同じ地域の中においても学歴達成格差の背景に個人の出身階層による格差がある。これらは格差の多面性・重層性、それに出身階層の影響力の大きさを示唆している。女性についても同様の傾向だ。

## †「私の家の経済状態は〝ふつう〟だったけど大卒になった」？

次に15歳当時の経済状態を意味する項目と学歴の関連をみよう。設問は「（中学3年生の時）あなたのお宅のくらしむきは、この中のどれに当たるでしょうか。当時のふつうのくらしむきとくらべてお答えください」で、選択肢は「豊か」「やや豊か」「ふつう」「やや貧しい」「貧しい」の5択だ[66]。性別と年齢層で分けたときに十分なケース数を各群に確保するため、「豊か」と「やや豊か」を合算し、不利な状況として残りの回答（「ふつう」「やや貧しい」「貧しい」）を「非「豊か」」とした。

表1-15　15歳時の経済状態・大卒学歴別の父大卒割合（%）

| 年齢層 | | 男 | 女 |
|---|---|---|---|
| 若年層（20代・30代） | 非「豊か」・非大卒（a） | 13 | 14 |
| | 非「豊か」・大卒（b） | 40 | 40 |
| | 「豊か」・非大卒（c） | 20 | 18 |
| | 「豊か」・大卒（d） | 65 | 60 |
| | 合計 | 32 | 31 |
| 中年層（40代・50代） | 非「豊か」・非大卒（a） | 5 | 7 |
| | 非「豊か」・大卒（b） | 26 | 26 |
| | 「豊か」・非大卒（c） | 4 | 18 |
| | 「豊か」・大卒（d） | 45 | 42 |
| | 合計 | 15 | 17 |
| 高年層（60代・70代） | 非「豊か」・非大卒（a） | 4 | 6 |
| | 非「豊か」・大卒（b） | 20 | 32 |
| | 「豊か」・非大卒（c） | 6 | 11 |
| | 「豊か」・大卒（d） | 32 | 39 |
| | 合計 | 9 | 10 |

出所：2015SSM

総じて、どちらの状況（「豊か」・「非「豊か」」）であっても、最終学歴が大卒と非大卒の群では父大卒割合に差がある（表1－15）。たとえば、「非「豊か」・大卒（b）」は「非「豊か」・非大卒（a）」と比べて、どの年齢層・性別であっても例外なく父大卒割合が高い。「非「豊か」」なくらしむきだったという自己評価であっても大卒群は（本人が意識しているか否かは別にして）平均的に高い階層の出身という傾向が、どの年齢層についてもいえる。

なお、「やや貧しい」と「貧しい」を除いて「ふつう」だけに限定しても結果の傾向は変わらない。15歳当時の家にあった本の冊数、母大卒割合、ピアノ所持率・父親の専門管理職割合を用いても同じだ（松岡2018b）。すなわち、「ふつう」という自己評価であっても「ふつう・大卒」群の階層指標は「ふつう・非大卒」より高い。「くらしむき」は経済的な側面で評価されていると考えられるので、経済資本水準が育った周囲と比べて「ふつう」という自己認識であるが、大卒群は父母学歴・本の冊数・ピアノ所持で示される文化資本（Bourdieu 1977a, b, 1984, 1986）量が比較的多かったことを意味している。

「私の家の経済状態（くらしむき）は〝ふつう〟だったけど大卒になった」と言うとき、それは本当に〝ふつう〟だったのだろうか？

### †教育サービスを利用せずに大卒になったのは「誰」か

塾などの教育産業によるサービスの利用経験の有無は、分かりやすい教育（機会）格差の例だ。SSMには「あなたは小・中学生のころに、塾や予備校に通ったり、家庭教師についたりしたことがありますか。つぎのうち、半年以上の経験があるものにすべて○をつけてください。どれも経験がない場合は、「4　経験なし」に○をつけてください」という設問がある。選択肢は「塾・予備校」、「家庭教師」、「通信添削」、それに「経験なし」である。いずれかの教育サービスの利用経験の有無[67]と学歴（大卒・非大卒）の組み合わせで出身階層に差があるのか分析した。

表1-16にまとめた結果によれば、「利用なし・大卒（b）」の父大卒割合は総じて高い。若

表1-16　教育サービス利用経験・大卒学歴別の父大卒割合（%）

| 年齢層 | | 男 | 女 |
|---|---|---|---|
| 若年層（20代・30代） | 利用なし・非大卒（a） | 8 | 11 |
| | 利用なし・大卒（b） | 38 | 25 |
| | 利用あり・非大卒（c） | 19 | 16 |
| | 利用あり・大卒（d） | 54 | 52 |
| | 合計 | 32 | 31 |
| 中年層（40代・50代） | 利用なし・非大卒（a） | 2 | 6 |
| | 利用なし・大卒（b） | 21 | 22 |
| | 利用あり・非大卒（c） | 8 | 10 |
| | 利用あり・大卒（d） | 35 | 35 |
| | 合計 | 15 | 17 |
| 高年層（60代・70代） | 利用なし・非大卒（a） | 4 | 5 |
| | 利用なし・大卒（b） | 20 | 33 |
| | 利用あり・非大卒（c） | 6 | 14 |
| | 利用あり・大卒（d） | 25 | 38 |
| | 合計 | 9 | 10 |

出所：2015SSM　　＊灰色部は統計的に有意な差はない

年層の女性の「利用なし」（aとbの差）のみ差が偶然である可能性を否定できないが、他の階層指標を利用しても概ね高い。「塾など利用しなかった」が大卒となった者は、少なくとも「利用なし・非大卒（a）」と比べて、出身階層が高い傾向にある。この群間差は、男女共に中年層（40代・50代）と高年層（60代・70代）にて顕著といえる。小中学生の頃の教育サービスの利用経験なしは学歴獲得競争に「不利な状況」と考えられるが、大卒になったという「結果」から振り返ると出身階層は平均的に高い。

また、「利用あり・大卒（d）」の父大卒割合の高さも確認できる。同じ「状況」（利用の有無）で比較すると、若年層の女性の「利用なし」以外はすべて大卒群の父大卒割合が明らかに高い。半年以上「利用あり」であっても非大卒となった群（c）の父大卒割合は、「利用あり・大卒（d）」と比べて低い。

## †両親非大卒から大卒となった層にも「生まれ」の偏りがある

最後に、両親が非大卒であっても本人が大卒となった大卒第一世代（first generation college graduates）[68]について分析を行う。「親非大卒・本人非大卒（a）」、「親非大卒・本人大卒（b）」（大卒第一世代）、「親大卒・本人非大卒（c）」、「親大卒・本人大卒（d）」の4群に分けた。親が大卒かどうかを群分けで使っているので、階層指標としては父親の専門管理職割合を用いる。[69]

分析結果（表1-17）によると、最も父親の専門管理職割合が高いのはすべての年齢層・性別で「親大卒・本人大卒（d）」である。注目すべきは「親非大卒・本人大卒（b）」（大卒第一世代）の父親の専門管理職割合が、中年層と高年層の男女でそれぞれ「親非大卒・本人非大卒（a）」より高いことである。若年層は男女共に数値（%）に差があるように見えるが、これらは統計的に有意ではなく偶然の差の可能性を否定できない。

ただ、15歳時点の本の冊数であれば男女共に「親非大卒・本人大卒（b）」（大卒第一世代）のほうが「親非大卒・本人非大卒（a）」よりも平均値が高い（松岡 2018b）。「親非大卒」という観点だけでは同じ「不利な状況」であるが、文化資本の指標である本の冊数に群間

表 1-17　親大卒・本人大卒別の父専門管理職割合（%）

| 年齢層 | | 男 | 女 |
|---|---|---|---|
| 若年層（20 代・30 代） | 親非大卒・本人非大卒（a） | 5 | 7 |
| | 親非大卒・本人大卒（b） | 13 | 13 |
| | 親大卒・本人非大卒（c） | 23 | 31 |
| | 親大卒・本人大卒（d） | 41 | 45 |
| | 合計 | 18 | 21 |
| 中年層（40 代・50 代） | 親非大卒・本人非大卒（a） | 4 | 6 |
| | 親非大卒・本人大卒（b） | 18 | 15 |
| | 親大卒・本人非大卒（c） | 30 | 24 |
| | 親大卒・本人大卒（d） | 60 | 52 |
| | 合計 | 16 | 15 |
| 高年層（60 代・70 代） | 親非大卒・本人非大卒（a） | 3 | 5 |
| | 親非大卒・本人大卒（b） | 22 | 22 |
| | 親大卒・本人非大卒（c） | 23 | 26 |
| | 親大卒・本人大卒（d） | 52 | 49 |
| | 合計 | 11 | 10 |

出所：2015SSM　＊灰色部は統計的に有意な差はない

けに視線が注がれ、階層差が看過されることになる。[70]

差があるのである。中年層と高年層では、より明確な差が確認できる。

前述のように父母の大卒学歴は子の大卒学歴と強く関連しているが、社会経済的地位は多面的・重層的である。「両親とも非大卒だけど自分は大卒となった」大卒第一世代（b）は、「両親とも非大卒で自分も非大卒」群（a）より、親学歴以外の観点で大卒学歴の獲得に資する様々な有利な条件が備わっていた可能性が高い。この理解がなければ、親が非大卒という「不利な状況」だ

## 5　時代を超えて確認される格差構造

本章の分析結果をまとめよう。ここでの「生まれ」は出身階層（父大卒かどうか）・出身地域（15歳時に三大都市圏に居住していたかどうか）を意味する。

### †教育格差の時代の趨勢

①すべての年齢層・性別で、出身階層によって大卒割合が異なる。

②1990年代以降に育った若年層だけではなく、経済安定成長期とバブル期（70年代・80年代）に15歳だった中年層においても「子どもの貧困」経験者の大卒割合は低い。

③男性はすべての年齢層、女性は20代について、出身地域（三大都市圏か否か）によって大卒割合に格差がある。都市規模による格差であれば、女性のすべての年齢層で確認できる。

④「大衆教育社会」であった1990年代であっても、階層によって教育価値志向に格差があった。2000年代と2010年代も同様。

⑤階層による教育サービス利用志向の格差は、1990年代には確認できない。2000年代

以降にはある。

⑥1990年代、教育価値志向は地方（非三大都市圏）のほうが高かった。2000年代以降は逆転し、三大都市圏のほうが高い。

⑦1990年代、教育サービス利用志向に地域格差はなかった。2000年代以降は三大都市圏のほうが高い。

⑧住民の大卒者割合の地域格差は、戦後一貫して拡大傾向にある。

⑨ほとんどの年齢層・性別で、「不利な状況」を打破して大卒となった人たちの平均的な階層は高かった。

⑩すべての年齢層・性別で、「有利な状況」から大卒となった人たちの階層は高かった。

これらの結果から、総じて、「生まれ」（出身階層・出身地域）による教育格差が、時代を超えて根強く存在するといえる。灰の中からの高度経済成長、安定成長期、バブル崩壊とその後の長期景気停滞、それに農業従事者割合の大幅な低下に代表される産業構造の変化、大学進学率の急上昇、深刻化する少子高齢化——戦後日本社会は大きく変動したが「いつの時代にも教育格差がある」のである。

この趨勢の続き——今後はどうなるのだろうか。一つのあり得るシナリオは、これまでと同じぐらいの格差の再生産だ。また、地域間の住民大卒割合、それに都市部と地方の女性の学歴の格差拡大を考慮すれば、教育熱の格差を伴いながら「生まれ」による分断が深刻化していく可能性もある。少なくとも、これまでと同じような政策・制度と一人あたりの教育予算の継続で、突如、格差が縮小し出すことはないだろう。

求められるのは、数十年後の「答え合わせ」をただ待つのではなく、今を生きる子供たちのために、大規模な介入を積極的に行うことだ。わたしたちに何ができるのかを考えるために、まずは本章で示した教育格差が生成するメカニズム——どのように・なぜ（how/why）格差が生じているのか、各教育段階について見ていこう。

## †社会経済的地位（SES）の定義

ここまで「出身階層」という言葉を多く使ってきたが、第2章以降、出身階層ではなくSES（socioeconomic status＝社会経済的地位）という表現を主に使用する。教育社会学だけではなく社会科学の幅広い分野で使われる表現で、本書でも度々言及する。依拠する研究群によって言葉が異なるだけで意図するところはだいたい同じで、経済的、文化的、社会的要素を統合した地位を意味する。世帯収入（経済）、親学歴・文化的所有物と行動（文化）、職業的地位（社会）などを指標化して1つの連続変数とすることが多い。なお、研究によってSES変数に何を含むかは様々なのだが、これは理論的背景が異なるというよりデータの制約によるところが大きい。[71]

日本では親学歴と世帯収入は大きく重なり（＝高学歴者は高収入）同じ傾向を示すので、[72]第2〜6章では親学歴をSESの代理指標とする。本章と同じく、分かりやすくするために親学歴の基準は大卒・非大卒とし、大卒者数で0・1・2（以下0〜2）の3層に分類する。[73]

第2章

# 幼児教育——目に見えにくい格差のはじまり

第1章では「いつの時代にも教育格差がある」ことを幅広い年齢層を対象とするSSMデータで確認した。この「緩やかな身分社会」を変える方策を知りたいところだが、どこが痛み、なぜ痛むのかもわからず、効果的な処方箋を出すことはできない。実態（what）、それに、どのように・なぜ（how/why）「生まれ」が教育成果に変換されるのか——格差メカニズムを知らなければならない。

この「生まれ」による最終学歴格差には複合的な過程があり、一つの理論では説明できない（鹿又2014[74]）。そこで可能な限り多角的かつ各教育段階を丁寧に見ていく必要がある。小学校入学までにすでに格差があることが知られているので、まずは幼児教育におけるSESによる格差について見ていこう。本章では後述するアメリカ合衆国（以下、アメリカ）の研究（Lareau 2003, 2011）に基づいて3つの観点——①子育てパターンと子の発達・行動・性格、②保育所・幼稚園の利用状況、そして③習い事——を検討する。

## 1　これまでにわかっていること

実証研究が盛んでデータが質量共に圧倒的なアメリカの研究によれば、認知能力・非認知能力の格差は幼稚園に入る前段階ですでに存在し、それが後の学力格差の基盤となっている。[75] 中でも、3歳になるまでに耳にする語数が家庭ＳＥＳによって３０００万語違うことを指摘した研究（Hart & Risley 1995）が有名だ。この「３０００万語格差（30-million-word gap）」の一般化には疑義が呈されているが、[76] 学力の基盤である言語関連能力のＳＥＳ格差[77]は生後1年未満[78]や2歳[79]の幼児で確認されているし、ＳＥＳによる言語刺激格差が言語技能格差になっているという主張の方向性そのものを支持する知見は多い。[80] 近年の研究でも、子が浴びる単語の量ではなく、親子の会話量とその質が言語能力の発達に重要であり、高ＳＥＳな親がそのようなコミュニケーションを積極的にしていることが実証的に明らかにされている（Hirsh-Pasek et al. 2015; Romeo et al. 2018など）。

幼稚園に入る時点ですでにＳＥＳによる言語技能を含む認知能力格差[81]が大きくあるだけではなく、低ＳＥＳの幼児が利用する公立の幼稚園前（pre-K）プログラムの質の低さ（Valentino 2018）も指摘されている。また、高ＳＥＳの親はよい幼稚園に子供が入れるよう努めるし、[82] 通園状況も含めてＳＥＳによる経験格差が存在する。[83] さらには、高ＳＥＳの幼児は習い事をする傾向にあり、これが非認知能力を伸ばし、小学校1年時の読解力・算数力の向上に繋がっていることが実証的に示されている（Carolan 2018）。

## †日本の研究

これらのアメリカの研究と比べると、未就学を対象とする日本における階層格差研究は少ない。[84] それでも、高ＳＥＳの親は認知能力向上・学習習慣の形成に繋がるような教育的な働きかけを積極的にする傾向にあり（Yamamoto 2015; Yamamoto, Holloway & Suzuki 2006）、高ＳＥＳであると子供の発達・行動・性格が望ましい状態であることが示されている。たとえば、ＳＥＳによって5歳児の語彙力、[85] それに0～2歳児[86]・幼稚園児[87]の問題行動量に格差がある。5歳児の語彙力は小学1年時の国語学力・語彙力と関連しているので（内田２０１２など）、ＳＥＳによる学力格差が未就学段階で発生していると考えられている。

ＳＥＳによる通園格差も確認されている。なかでも保育所と比べると、概して高ＳＥＳ世帯は幼稚園を利用する傾向にある。[88] また、通園以外の学習機会である習い事についても、高ＳＥＳ家庭[89]と都市部在住世帯[90]のほうが参加している。

これらの先行研究を踏まえて、本章では、出身階層によって子育て実践が異なること、それに地域格差について現時点で取得可能なデータの範囲で確認しよう。その前に分析の枠組みである異なる子育てロジックについて解説する。

## 2 異なる子育てロジック

### †「意図的養育」と「放任的養育」

子育ては社会階層によって異なる。アメリカの10歳児とその親を研究したLareau（2003, 2011）は、中流（middle-class）と労働者階級・貧困（working-class and poor）家庭は異なる子育てロジックを持つとし、前者を「意図的養育」（Concerted Cultivation）、後者を「（自然な成長を前提とした）放任的養育」（The Accomplishment of Natural Growth）と呼称した。[91]

中流家庭の親は子供の生活（時間）に意図的な介入を行うことで望ましい行動、態度、技術などを形成しようとする。具体的には、①習い事参加・テレビ視聴時間の制限など「日常生活の構造化」、②論理的な言語・豊富な語彙による「大人との議論・交渉の奨励」、それに③子供に便宜を図るための「学校などとの交渉」である。どれも、認知力・社会性の発達を意図した介入行為だ。それらにより子供は親が意識的に演出する生活時間を送ることになる。換言すれば、子供の能力はただ放っておいても開花しない、意図的・計画的な介入があってこそ子供の能力を伸ばせるという信念に基づいた、プロのスポーツコーチのような子育てスタイルといえる。「意図的養育」をされた子供は、教師や医師のような社会的立場のある大人相手であっても臆さず交渉し、自分の要求を叶えようとする特権意識（sense of entitlement）を持つようになる。

一方、労働者階級・貧困家庭の親は、大人の意図的な介入がなくても子供は育つと考える。先ほど「（自然な成長を前提とした）放任的養育」と意訳したが、"The Accomplishment of Natural Growth"は直訳すると「自然な成長の完遂《かんすい》」で、「放っておいても子供は育つ」という信念に基づいた子育てスタイルである。意図的養育とは対照的で、①子どもの日常生活は構造化されていない。大人によって組織化されない、すなわち「自由」な時間が多く、近所の友人や親戚と遊び、一部番組内容を除いてはテレビ視聴も制限されない。②大人との交渉を奨励される意図的養育とは異なり、親は命令口調が多く、言語的な内容伝達は最小限に留まり、大人に対して質問・交渉することは期待されていない。さらには、③親戚とは強い繋がりを持つが、学校などの「制度」との関係は限られる。親は自身の教育歴（低学歴）から学校教育について無力感と落胆を抱いていて、学習については専門家である教師の仕事と捉えている（Lareau 2003, 2011）。「放任的養育」を受けた子供は大人に対して自分の要求を伝えることに躊躇《ちゅうちょ》し、教員など権威に従う制約感覚（sense of constraint）を持つようになる。

## †21世紀出生児縦断調査

これらのアメリカの子育ての違いは、小学生を対象とした大規模な統計データによって裏付けられている（詳しくは第3章）。日本の小学生でも同様で、SESによって子育て実践には違いがある。では、日本の未就学段階において、高SESである両親大卒層の「意図的養育」パターンは見られるのだろうか。日本の先行研究は限定された地域のデータに依拠していたり、モニターを対象としたインターネット調査であったり、親学歴による階層格差を主題としていない分析であったりするので、十分とは言えない。そこで、本章では親学歴による子育ての階層差を「意図的養育」という観点に基づいて記述的に示そう。[92]

データは厚生労働省による21世紀出生児縦断調査（平成13年出生児）の個票データだ。対象児童[93]についての毎年の郵送調査で、主な回答者は母親だが、第11回調査から対象児童が直接回答する項目もある。[94] 未就学段階の調査は毎回異なる質問項目が多いので、まずは、年齢（調査回）別の結果を確認しよう。[95]

本章の表はすべて調査対象の子供が小学校1年時点の第7回調査、それに第2回調査で親学歴に回答があったケースに基づいている。親学歴別にみると、短大を含む親大卒者数0（両親非大卒）が45％（調査対象の幼児数は1万5992人）、親大卒者数1（親1人大卒）が29％（1万

４２８人）、そして、親大卒者数２（両親大卒）が26％（９３１３人）である。これは平成13（２００１）年生まれの子が１００人いたとき、現行の教育制度で「成功」（高い学歴を獲得）するのに有利な条件（「生まれ」）の順に、上層（両親大卒）に26人、中層（親１人が大卒）に29人、下層（両親非大卒）に45人いることを意味する。

なお、大卒の定義を短大以上ではなく四大卒・大学院卒に限定すると、両親大卒層が全体の12％と最上位層に限られることになる。この12％と非大卒層を比べれば様々な指標で大きな格差を確認できる。また、「恵まれていない」層として０（両親非大卒）を扱うが、この全体の45％を占める層は専門学校卒も含む。より教育と親和性のない層を取り出すために中卒など最も学歴達成の低い層を基準とすれば、短大を含んでいても大卒層との格差はかなり大きくなる。しかし、前述のように本書は格差を殊更大きく見せることを目的としていないので、短大卒以上を大卒、非大卒には専門学校も含む大きな層として作成した３層とする。[96] 換言すれば、本書で示すのは大まかな補助線を引くことで浮き彫りとなる格差であって、たとえば、社会の上と下それぞれ10％の間に実際に存在する大きな格差を示してはいない。[97]

## †子育てと子供の発達・行動・性格

まず、対象とする子供が生後６か月の調査結果だ（表２‐１）。親大卒者数によって、日常生活の構造化（「よい音楽をきかせる」「子どもの生活リズムをくずさない」）という観点で、子育て実践に差が見られる。[98] もちろん、両親非大卒（大卒者数0）であっても、意図的介入をしている親がまったくいないわけではない。ただ、親大卒者数という大きな分類であっても、そして子供がまだ生後6か月の段階であっても、子育て実践に差異が見られるのも事実だ。

1年ごとの調査なので、次は1・5歳時点について見てみよう（表2－2）。食事は日々の積み重ねで健康・成長に長期的な影響を与え得る重要な子育て実践の一環だ。ここでも親大卒者数が多いほど、意図的な介入による日常生活の構造化をしていることがわかる（「よくないといわれるものは食べさせない」「決まった時間に食べさせる」）。また、親が大卒者であるほうが将来的に学校文化と親和性が高い「絵本・お話」を「遊び」とする傾向が見られる。大きな差とは言い難いが、子供が1・5歳の時点で確認できる差だ。

調査年度によって質問内容や文言が変わっているが、子供が2・5歳になっても同じで、大卒層のほうが積極的に日常生活の構造化をしていることがうかがえる（おやつの「時間を決めている」「甘いものは少なくするようにしている」）（表2－3）。「絵本・お話」を好きな遊びとする割合は全体的に高くなったが、親大卒者数による差には変わりがない。

表2－4には子育て実践ではなく、親による3・5歳時点の子供と子育てのようすをまとめた。食事のときに落ち着いていない割合は両親非大卒で高い。また、学校ではマイナス評価

表 2-1　生後 6 か月：「日ごろ，子育てで意識して行っていることは何ですか」回答割合（%）

| 親大卒者数 | 「よい音楽をきかせる」 | 「子どもの生活リズムをくずさない」 |
|---|---|---|
| 0 | 15 | 52 |
| 1 | 20 | 55 |
| 2 | 25 | 58 |

表 2-2　1.5 歳：子育てと子供のようす（%）

| | 「食事で気をつけていること」 | | 「お子さんの遊びのようす」 |
|---|---|---|---|
| 親大卒者数 | 「子どもの健康や成長によくないといわれるものは食べさせないようにしている」 | 「決まった時間に食べさせるようにしている」 | 多い遊びとして「絵本・お話」 |
| 0 | 41 | 55 | 33 |
| 1 | 50 | 61 | 37 |
| 2 | 60 | 65 | 41 |

表 2-3　2.5 歳：子育てと子供のようす（%）

| | 「お子さんのおやつについて家庭で気をつけていること」 | | 「お子さんの遊びのようす」 |
|---|---|---|---|
| 親大卒者数 | 「時間を決めている」 | 「甘いものは少なくするようにしている」 | 「お子さんが好き（好きと思われる）遊び」として「絵本・お話」 |
| 0 | 34 | 33 | 60 |
| 1 | 40 | 39 | 66 |
| 2 | 42 | 45 | 72 |

出所：表 2-1・2-2・2-3 すべて 21 世紀出生児縦断調査

表2-4　3.5歳：子育てと子供のようす（%）

| 親大卒者数 | 「ふだんの食事のようすで心配なこと」 | 子供の性格 | | 「健康に関すること」 | 「お子さんが悪いことをした場合どのように対応していますか」 | |
|---|---|---|---|---|---|---|
| | 「落ち着いて食べない（たとえば、遊びながら食べる）」 | 飽きっぽい | 落ち着きがない | 「早寝早起きをさせる」 | 「言葉でいけない理由を説明する」に「よくする」 | 「理由を説明しないで言葉で「だめ」「いけない」としかる」に「まったくしない」 |
| 0 | 47 | 18 | 27 | 39 | 79 | 10 |
| 1 | 43 | 15 | 22 | 45 | 84 | 13 |
| 2 | 39 | 12 | 17 | 50 | 88 | 15 |

表2-5　4.5歳：「食事の状況」（%）

| 親大卒者数 | 「テレビ（ビデオ・DVD）を見ていて食事に集中しないことがある」に「ない」 | 「朝食をとらないことがある」に「ない」 |
|---|---|---|
| 0 | 15 | 75 |
| 1 | 18 | 84 |
| 2 | 29 | 89 |

出所：表2-4・2-5ともに21世紀出生児縦断調査

となる「飽きっぽい」「落ち着きがない」の割合が高い。親の子育て実践である「早寝早起き」という日常生活の構造化は両親大卒だと実施率が高い。

また、「意図的な養育」では、論理的な言語使用・豊富な語彙の獲得が奨励されるが、「言葉でいけない理由を説明する」を「よくする」割合が高いのは両親大卒層だ（表2-4）。一方、「理由を説明しないで言葉で」叱るのは、命令口調が多く大人への質問・交渉を期待されていない「放任的養育」と解釈できるが、これを「まったくしない」割合は両親大卒層で比較的高い。

表2-6　5.5歳：意図的養育（%）

| 親大卒者数 | 「お子さんのテレビの見方についてどのような関わり方をしていますか」 | | 「食事時に、特に気をつけていること」 | 「(お母さんは)お子さんとどのように接していますか」 |
|---|---|---|---|---|
| | 「番組の内容によって見せないようにしていますか」 | 「連続して長時間見せないようにしていますか」 | テレビをつけない | 「本や絵本の読み聞かせをする」に「よくしている」 |
| 0 | 62 | 68 | 23 | 28 |
| 1 | 73 | 75 | 31 | 36 |
| 2 | 81 | 81 | 40 | 47 |

表2-7　5.5歳：子供の「できる」行動（%）

| 親大卒者数 | 「落ち着いて話しを聞くこと」 | 「ひとつのことに集中すること」 | 「がまんすること」 | 父母への接し方「「なぜ」、「どうして」と疑問に思うことを質問する」に「よくする」 |
|---|---|---|---|---|
| 0 | 79 | 84 | 72 | 68 |
| 1 | 83 | 89 | 77 | 71 |
| 2 | 87 | 91 | 79 | 74 |

出所：表2-6・2-7ともに21世紀出生児縦断調査

4・5歳となると親大卒者数によって食事中の行動に差が見られる（表2－5）。また、親大卒者数が多いほうが、朝食をとらないこと、それにテレビを見て食事に集中しないことが「ない」割合が高いことがわかる。親がこれらの行動を取っていることを子が模倣している可能性も含め、親による意図的な介入に学歴差があることがうかがえる。

5・5歳の子育てを見てみよう（表2－6）。両親大卒層は非大卒層と比べると、テレビ視聴の内容と時間の制限をする割合が高い。食事中のテレビ制限も同様だ。一方、両親大卒層は本の読み聞かせを「よくしている」割合が高い。これらは意図的養育というロジックに裏付けられた子育て実践といえるだろう。なお、本の読み聞かせについては、近年行われた小学校4年生の親が回答している国際学力調査（TIMSS2015）の個票データを使っても、同じ傾向を確認できる。「本の読み聞かせ」を小学校入学までに「よくした」割合は両親非大卒層28％、1人大卒層37％、両親大卒層54％だ。[99]

小学校への進学が迫ってきた時期の子供の様子も確認しよう。大きな差とは言えないが、子供の「できる」行動に親学歴による差があることが読み取れる（表2-7）。また、両親大卒層は非大卒層と比べて「なぜ」「どうして」と疑問を親に伝えてくる割合が高い。日常的な親子の会話の中で疑問を発することが奨励されているかどうかが反映されていると考えられる。これらも食事中のテレビ視聴行動や親の子育て実践に比べれば差は大きくないが、義務教育開始前に親学歴による差が見られることも事実だ。

## †保育所・幼稚園の利用格差

ここまで親の子育て実践や子供の行動などを確認してきた。現代社会では親の子育てにおける役割が非常に大きいが、未就学段階であっても保育所・幼稚園、それに習い事という家庭外

表2-8　親学歴別の保育所利用率（%）

| 親大卒者数 | 0.5歳 | 1.5歳 | 2.5歳 | 3.5歳 | 4.5歳 | 5.5歳 |
|---|---|---|---|---|---|---|
| 0 | 4 | 19 | 28 | 38 | 46 | 44 |
| 1 | 3 | 17 | 24 | 31 | 37 | 35 |
| 2 | 2 | 17 | 22 | 25 | 29 | 27 |

表2-9　親学歴別の幼稚園利用率（%）

| 親大卒者数 | 3.5歳 | 4.5歳 | 5.5歳 |
|---|---|---|---|
| 0 | 14 | 44 | 52 |
| 1 | 17 | 54 | 62 |
| 2 | 20 | 64 | 70 |

出所：表2-8・2-9ともに21世紀出生児縦断調査

学習がある。親がどのような家庭外学習機会を子供に与えるかを選択するので、そこにSES格差が生じるのだ。本項では、前述の大規模追跡調査の個票データを用いて、出身階層の観点から「誰」が保育所・幼稚園に通っているのか、現状を示そう。毎年の調査で同じ項目なので、同一の対象者を追跡した結果になっている。

まず、保育所・託児所（表2－8）[100]は両親非大卒層が、幼稚園（表2－9）[101]は両親大卒層が利用する傾向にある。つまり3・5歳の時点で学歴差があり、児童の年齢が上がるにつれその格差は拡大するというわけだ。幼稚園の利用は、小学校に上がる前に集団で学ぶ準備をする「意図的養育」の一環と解釈できる。これらの親学歴による格差は、先行研究（赤林・敷島・山下2013、Kachi, Kato & Kawachi 2019、小川2018、大石2003、堤2014）のように様々

表 2-10　地域別の保育所利用率（%）

| | | 0.5 歳 | 1.5 歳 | 2.5 歳 | 3.5 歳 | 4.5 歳 | 5.5 歳 |
|---|---|---|---|---|---|---|---|
| 三大都市圏（46%） | 大都市（18%） | 3 | 17 | 23 | 26 | 28 | 27 |
| | 市（26%） | 3 | 14 | 19 | 25 | 31 | 31 |
| | 郡（2%） | 2 | 11 | 19 | 36 | 49 | 45 |
| 非三大都市圏（54%） | 大都市（5%） | 4 | 18 | 24 | 28 | 31 | 31 |
| | 市（40%） | 5 | 22 | 30 | 38 | 46 | 45 |
| | 郡（8%） | 3 | 19 | 32 | 47 | 57 | 53 |

表 2-11　地域別の幼稚園利用率（%）

| | | 3.5 歳 | 4.5 歳 | 5.5 歳 |
|---|---|---|---|---|
| 三大都市圏（46%） | 大都市（18%） | 18 | 64 | 70 |
| | 市（26%） | 15 | 56 | 66 |
| | 郡（2%） | 14 | 42 | 53 |
| 非三大都市圏（54%） | 大都市（5%） | 16 | 58 | 65 |
| | 市（40%） | 18 | 46 | 53 |
| | 郡（8%） | 14 | 36 | 44 |

出所：表 2-10・2-11 ともに 21 世紀出生児縦断調査

な要素を調整しても確認できる。

保育所や幼稚園は居住地域になければ利用できないので、SESに加えて重要な「生まれ」である地域による格差についても確認しよう。前章と同じく、三大都市圏・非三大都市圏、それに使用データのサンプルサイズが大きいので都市規模（大都市・市・郡）で分類する。[102] 表2-10・2-11で三大都市圏と都市規模に添えた数字（%）は、サンプルに占める対象児の割合である。[103]

これらの結果から、幼児教育の地域格差が浮かび上がる。[104] 3・5歳から4・5歳、次に5・5歳と郡部の保育所利用率が上がっているが、同じ時期に、大都市（東京23区と政令指定都市）の利用率は横ばいだ。一方、大都市における幼稚園への通園率は高くなる。中でも三大都市圏にある大都市の幼稚園利用率は最も高く、非三大都市圏の郡が最も低い。それぞれの地域の中で、さらに各家庭の親大卒者数によっても幼稚園の利用率は異なる。表は分量が多くなるので省略するが、親大卒者数が多いほうが同じ地域でも利用率は高い。一部の層に焦点化することになるが、2つの地域分類と親大卒者数で最も有利なのは、三大都市圏にある18大都市に居住する両親大卒層（全体の6％）で、5・5歳時点の幼稚園通園率は76％だ。一方、最も不利な状況は、非三大都市圏にある郡部居住の両親非大卒層（全体の5％）で、同じ時期の通園率は42％となっている。これは三大都市圏・都市規模・親大卒者数の組み合わせの中で最も低い値だ。親大卒（3分類）と地域（2分類）というだいぶ大雑把な線の引き方であっても、日本でも「生まれ」（親学歴と地域）によって幼児教育格差があることがわかる。

## †習い事の開始時期

習い事は分かりやすい「意図的養育」の例だ。習い事の先生は、親と幼稚園・保育所以外で継続的に対話する大人である。また、親ではない大人から課題を示され、期待に沿うように努力し、結果を評価されることは、学校における教師・児童関係に似た経験といえる。この、大人によって意図的に構造化された教育経験を積むことで、子供は教育制度内において評価される認知・非認知能力を発達させる（Lareau 2003, 2011）。特定の技能の獲得だけではなく、学校経験を先取りし、目標に向かって努力する過程に慣れ「適切な」姿勢を身につける機会だ。

表 2-12　親学歴別の習い事利用率（%）

| 親大卒者数 | 2.5 歳 | 3.5 歳 | 4.5 歳 | 5.5 歳 |
|---|---|---|---|---|
| 0 | 9 | 16 | 28 | 45 |
| 1 | 16 | 26 | 42 | 61 |
| 2 | 23 | 36 | 54 | 73 |

表 2-13　地域別の習い事利用率（%）

| | | 2.5 歳 | 3.5 歳 | 4.5 歳 | 5.5 歳 |
|---|---|---|---|---|---|
| 三大都市圏（46%） | 大都市（18%） | 22 | 33 | 50 | 68 |
| | 市（26%） | 19 | 30 | 44 | 63 |
| | 郡（2%） | 11 | 20 | 36 | 55 |
| 非三大都市圏（54%） | 大都市（5%） | 14 | 25 | 40 | 57 |
| | 市（40%） | 10 | 19 | 33 | 50 |
| | 郡（8%） | 6 | 12 | 25 | 40 |

出所：表 2-12・2-13 ともに 21 世紀出生児縦断調査

調査では幼児教室、入園・入学のための学習塾、そろばん、習字、音楽（ピアノなど）、絵・工作、体操、バレエ、水泳、英語について回答を求めている。[105] これらのうち1種類以上やっているか否か――習い事の利用有無でみると、親学歴によって明確な差がある（表2－12）。2・5歳の時点ですでに格差があり、その差は年齢が上がるにつれ少しずつ拡大している。

地域格差も見てみよう。三大都市圏にある大都市の子供は何らかの習い事をしている割合が高い（表2－13）。習い事市場の供給量が異なることや規範の違いが背景にあると考えられる。換言すれば都市部では習い事の事業者が多く、送り迎えを含めて利用が現実的であり、何らかの習い事をすることが規範になっていると解釈できる。

これに親学歴を追加すると（表は省略）幼稚園と同様の傾向で、三大都市圏・大都市・両親

表 2-14　親学歴別の「水泳」参加率（%）

| 親大卒者数 | 2.5 歳 | 3.5 歳 | 4.5 歳 | 5.5 歳 |
|---|---|---|---|---|
| 〈男児〉 | | | | |
| 0 | 2 | 5 | 10 | 18 |
| 1 | 4 | 8 | 16 | 25 |
| 2 | 6 | 11 | 21 | 32 |
| 〈女児〉 | | | | |
| 0 | 2 | 4 | 8 | 13 |
| 1 | 4 | 7 | 13 | 21 |
| 2 | 5 | 9 | 16 | 25 |

表 2-15　親学歴別の「音楽（ピアノなど）」参加率（%）

| 親大卒者数 | 2.5 歳 | 3.5 歳 | 4.5 歳 | 5.5 歳 |
|---|---|---|---|---|
| 〈男児〉 | | | | |
| 0 | 1 | 1 | 2 | 4 |
| 1 | 2 | 3 | 6 | 8 |
| 2 | 3 | 5 | 9 | 15 |
| 〈女児〉 | | | | |
| 0 | 1 | 3 | 8 | 15 |
| 1 | 3 | 7 | 15 | 27 |
| 2 | 6 | 11 | 24 | 41 |

表 2-16　親学歴別の「英語」参加率（%）

| 親大卒者数 | 2.5 歳 | 3.5 歳 | 4.5 歳 | 5.5 歳 |
|---|---|---|---|---|
| 〈男児〉 | | | | |
| 0 | 2 | 4 | 6 | 8 |
| 1 | 3 | 6 | 11 | 13 |
| 2 | 5 | 9 | 14 | 17 |
| 〈女児〉 | | | | |
| 0 | 2 | 5 | 8 | 11 |
| 1 | 4 | 8 | 13 | 16 |
| 2 | 6 | 11 | 15 | 18 |

出所：表 2-14・2-15・2-16 すべて 21 世紀出生児縦断調査

大卒（全体の6％）の利用率が最も高く、5・5歳時点で79％となる。一方、非三大都市圏・郡部・両親非大卒（全体の5％）だとすべての分類の中で最も低く習い事参加者は31％に留まる。

習い事の有無だけではなく、参加率が最も高い3種類における親学歴による格差についても見ておこう。種類によって男女差が大きくなるので性別ごとに示すが、格差の傾向は変わらない。すなわち、親大卒者数が多いと各種習い事への参加率が高い。水泳（表2-14）は男児、音楽（ピアノなど）（表2-15）は女児が高いが、英語（表2-16）は性差がほとんどない。女児の音楽（ピアノなど）参加は親学歴による格差が特に大きい。

## †メディア（テレビ・ゲーム）時間の抑制

テレビ視聴時間については2・5歳から、ゲーム時間は3・5歳から調査項目となっている。テレビ（ビデオ・DVDを含む）視聴時間は男女に大きな差がなく、幼稚園や習い事とは異なり、地方であってもテレビやゲームの入手が難しいわけではないので、階層差のみに着目しよう。

同じ子供たちを追跡した調査結果なので年齢ごとの年間時間と4年分を合算した合計時間数の平均値を出した（表2-17）。テレビ視聴時間は2・5歳からの1年間で、両親非大卒（0）

表 2-17　親学歴別のテレビ視聴時間（年間時間数）

| 親大卒者数 | 2.5 歳 | 3.5 歳 | 4.5 歳 | 5.5 歳 | 合計 |
|---|---|---|---|---|---|
| 0 | 915 | 907 | 894 | 823 | 3539 |
| 1 | 887 | 864 | 819 | 754 | 3323 |
| 2 | 830 | 773 | 714 | 649 | 2966 |
| 0と2の差 | 86 | 134 | 180 | 174 | 574 |

表 2-18　親学歴別のゲーム時間ゼロ割合（%）

| 親大卒者数 | 3.5 歳 | 4.5 歳 | 5.5 歳 |
|---|---|---|---|
| 〈男児〉 | | | |
| 0 | 80 | 62 | 38 |
| 1 | 84 | 69 | 44 |
| 2 | 88 | 76 | 54 |
| 〈女児〉 | | | |
| 0 | 87 | 75 | 52 |
| 1 | 89 | 78 | 56 |
| 2 | 91 | 82 | 62 |

出所：表 2-17・2-18 ともに 21 世紀出生児縦断調査

の幼児は、両親大卒（2）の子よりも平均して86時間長くテレビを視聴している。視聴時間そのものは年齢が上がるにつれてどの層も短くなるが、特に両親大卒層の短時間化傾向が強いので層の間の格差は拡大する。これらは両親大卒層の「意図的養育」による子の時間の構造化と理解できる。4年間で合計すると親大卒者数0と2の平均値の差は574時間となる。なお、平均ではなく中央値にすると両親大卒（2）と両親非大卒（0）の4年間の合計値の差は196時間となる。どちらにしろ、小学校入学前にテレビ視聴の累積時間に大きな差があることがうかがえる。

テレビゲーム、パソコンゲーム、携帯型ゲームなどのコンピュータゲームの時間は男女差が大きい。また、テレビ視聴時間はゼロが少なく平均値が多い山型の分布をしているが、ゲーム時間はゼロの割合が高いので平均値だと実態を適切に反映できない。具体的にはテレビ視聴時間ゼロは2・5歳時点で1％しかいないが、ゲーム時間ゼロは多く存在する。そこでゲーム時間ゼロの割合を親大卒者数別に出した（表2－18）。特に年齢が上がると、階層差が明確となる。なかでも女子はゲーム時間ゼロが多く、5・5歳時点でも両親大卒であると62％がまったくゲームをしない。これは両親大卒層が「意図的養育」の一貫で望ましくないものとしてゲームを規制していると考えられる。

なお、ゲームをする子供に限定して親学歴別に時間数を出すと、テレビ視聴時間と同じ階層格差を確認できる。すなわち、両親大卒層はゲームをしていたとしても平均的な時間数は他2層よりも短い。親が意図的養育として時間に制限をかけていると解釈できる。

## †就学前の準備格差

先行研究と以上の記述的な分析結果は、「生まれ」（出身家庭・出身地域）による幼児教育格差――小学校に進学する前の約6年間ですでに相当に異なる時間の過ごし方をしていることを示している。1つの調査で把握できる項目数に限りはあるが、それでも、親が大卒であると以下の「意図的養育」をする傾向が確認できた。

①生後6か月：「よい音楽をきかせる」「子どもの生活リズムをくずさない」。

②1・5歳：「子どもの健康や成長によくないといわれるものは食べさせないようにしている」「決まった時間に食べさせるようにしている」。多い遊びは「絵本・お話」。

③2・5歳：おやつについて「時間を決めている」「甘いものは少なくするようにしている」。子の好きな遊びは「絵本・お話」。

④3・5歳：「落ち着いて食べない（たとえば、遊びながら食べる）」「飽きっぽい」「落ち着きがない」子の割合は低い。「早寝早起きをさせ」「言葉でいけない理由を説明する」を「よくする」が、「理由を説明しないで言葉で「だめ」「いけない」としかる」は「まったくしない」。

⑤4・5歳：「テレビ（ビデオ・DVD）を見ていて食事に集中しないことがある」と「朝食をとらないことがある」ということは「ない」。

⑥5・5歳：テレビは「番組の内容によって」「連続して長時間」見せないようにしている。食事中には「テレビをつけ」ず、母親は「本や絵本の読み聞かせ」を「よくしている」。子は「落ち着いて話しを聞くこと」「ひとつのことに集中すること」「がまんすること」ができて、父母に「「なぜ」、「どうして」と疑問に思うことを」よく「質問する」。

これらの各年齢時点における格差だけではなく、同じ項目について対象者を追跡した結果でも格差とその拡大傾向を確認できる。

⑦両親大卒層は3・5歳のときから幼稚園を利用する傾向にあり、両親非大卒層との差は年齢が上がるにつれて拡大する。

⑧三大都市圏・18大都市居住者が幼稚園を利用する割合は高い。地域類型の中でも、非三大都市圏・郡部在住者の通園率が最も低い。

⑨2・5歳時点での習い事利用率は両親大卒層で高く、その差は5・5歳時点まで拡大する。水泳、音楽（ピアノなど）、英語のように利用率が高い種目に限定しても同じ。

⑩2・5歳から5・5歳まで毎年習い事の利用有無に地域格差がある。

⑪テレビ視聴時間・ゲーム時間ゼロの割合は親大卒者数によって大きく異なり、年齢が上がるにつれて格差は拡大する。

総じて、高学歴の親は早い時期に行動を起こし、その差は子が大きくなるにつれて拡大している。負の影響が懸念されるメディア時間については抑制を効かせている。これらは長さについてだが、⑥では「番組の内容によって見せない」ことにも階層性があったことを踏まえると、時間格差だけではなく、視聴する内容についての格差も存在するだろう。両親大卒層はより

「意図的養育」と合致するような教育的番組を好むだろうし、子供がもっと見たいと主張したときは「言葉でいけない理由を説明する」を「よくする」ことによって言語的発達も促していると考えられる。

同様に、幼稚園や習い事は、先生・目標水準を含む内容・時間など様々な観点で異なる可能性がある。大都市であれば幼稚園や習い事が通える範囲で複数存在しているだろうし、大卒層はより質のよい構造化された時間を子供に提供するために、情報収集・参観していると考えられる。さらに言えば、大卒の定義を四年制大学や難関大学[107]に限定すれば、未就学段階の格差は様々な観点でもっと大きいだろう。

第3章

# 小学校——不十分な格差縮小機能

日本では生年月日で自動的に学年が決まり、私立小学校進学者を除けば「みんな」が近所の公立校に通うので、誰もが同じ条件で小学校生活を開始する――徒競走のスタートラインのような直線の横並びを想起するかもしれない。しかし、前章で述べた通り未就学段階で「生まれ（出身家庭・出身地域）」で様々な格差があるので、桜の季節に親に手を引かれ入学式の会場に足を踏み入れて戸惑った表情を浮かべる新1年生たちは、約6年間にわたって蓄積してきた異なる経験値を内在している。その上、公立学校はすべての人々に社会的上昇が可能な機会を提供する制度――（初期）条件の平等化装置として期待されているが（苅谷2014）[108]、公立校であっても教育「環境」が同じなわけではない。この「環境」格差について、本章では信頼できるデータを用いて多角的に描く。

結果を先取りすると、公立学校が平等化装置として機能するためには、「生まれ」による不利さを埋めなければならないが、様々な格差は早い段階で存在し、それらは縮小せずに学年が上がるにつれ拡大する傾向にある。ただし、これは現在の教育制度に格差縮小機能がないことを意味しない（第6章で国際比較を行う）。もし義務教育がなかったら、第1章で示したように学歴によって教育に対する価値志向が異なるので、親のSESによる格差はいっそう大きく拡大するはずだ。しかし、学校という平等化装置は（平均的には）格差をゼロにするほどの力はない。何しろ高SESな家庭で育ち学習経験を蓄積する子たちが立ち止まるわけではない。同じ速度で走ったところですでに存在する距離（第2章）は変わらないし、追いつくためにはより速く走らなければならない。学期中であっても高ＳＥＳ家庭の児童は私立学校や塾で効率的な走り方を教わり練習を繰り返すわけで、そうではない子からすれば先頭集団の背中はゆっくりと遠くなり、やがて視界から消えることになる。詳しくは近年のデータで確認しよう。

## 1　子育ての階層格差〈個人水準の格差〉

### †日本の「意図的養育」

第2章と同じく両親大卒層の「意図的養育」に基づいた教育格差について見ていく。Lareau（2003, 2011）の質的研究はアメリカの一部の地域かつ少数の家族のデータに基づいているので、知見が一般化できるのか検証するために大規模データを用いた分析が行われた。[109]その結果、中流家庭の「意図的な養育」――学校外教育活動の利用を含む子育て実践の傾向はアメリカで実証的に確認されてきた。[110]

日本においても小学校段階を含む様々な量的（Holloway, Yamamoto, Suzuki & Mindnich 2008、本田2008、金子2004、片岡2001、片瀬・平沢2008、杉原2011など）・質的（Yamamoto

2015）研究によって、親学歴による塾などの学校外教育サービスの利用格差が示され、これらの教育投資は高学歴な親による高い教育期待を具現化するための学歴再生産戦略（片岡2001）であると指摘されてきた。[111] 私立小学校への進学も高SESの親による「意図的養育」の一環として解釈できる。[112] 日本の研究の中でもLareau（2003）を踏まえた本田（2008）は、高学歴な母親が志向する傾向にある（子が小学校在学時の塾利用を含む）「きっちり」子育てが「意図的な養育」（Concerted Cultivation）に対応すると論じている。

## †拡大する経済資本格差

学校内外における「生まれ」による子育ての違いを確認する前に、多くの実証研究でSESの構成要素として言及される経済資本と文化資本についてデータで見ていこう。これは、国内外の多くの教育社会学研究が依拠するフランスの社会学者ピエール・ブルデューによる分類――資本の3形態（経済資本、文化資本、社会関係資本）に基づいている。

どれも重要な資本であるが、まずは金銭など簡単に他の資本に転換できる経済資本は戦略の基底と位置付けられているので（Bourdieu 1986）、21世紀出生児縦断調査データを用いて、対象児童が0・5歳時から義務教育の終わりである中学3年までの親学歴別の収入（中央値）[113] を確認しよう。[114] ここでは対象の子供が15歳時の調査に回答している2万8810ケースのみを利用して質問票に収入項目がある回の学歴別世帯収入の中央値を出した。[115] その上で、収入データのない年度は前年度の数値を用い、あくまで概算であるが15年間の合計収入を累積的な格差の参考値として出した。

表3－1と図3－1にあるように、親学歴によって大きな収入格差が確認できる。全体のうち42％[116]を占める両親非大卒層（大卒者数0）は15年間で7375万円の収入（中央値）がある。一方、全体のうち28％の両親大卒層（大卒者数2）の収入は15年間で1億1087万円（中央値）だ。この2つの層の差は15年間で3712万円となる。子が幼児の頃は両親大卒層と非大卒層の差は200万円前後だが、教育費がより必要となる中学3年生時には300万円を超えている。父親の職業の雇用形態・企業規模・昇進有無などによって賃金増加幅が異なると考えられる。

もちろん、大卒者が多く居住する都市部の物価は高いので、世帯収入格差がそのまますべて旅行などを含めた文化・教育関連支出に反映されるわけではないだろう。しかし、親が大卒であると子育て関連支出額が大きく、[117] 収入増加によって習い事の種類数が増えるので（松岡2016）、同年齢の子がいる世帯の年収格差を確認しておくことは重要といえる。また、この調査から貯蓄額はわからないが、大卒者の子供は高い割合で大学進学するので（第1章）、両親大卒層はこれらの相対的に高額な収入を高校進学後の予備校や大学進学費用の原資の一部とし

表 3-1　親学歴別の世帯収入の中央値（万単位）

| 年齢・学年 | 6か月 | 1.5歳 | 3.5歳 | 4.5歳 | 小1 | 小4 | 小6 | 中1 | 中2 | 中3 | 15年間の合算 |
|---|---|---|---|---|---|---|---|---|---|---|---|
| 親大卒者数／調査回 | 1 | 2 | 4 | 5 | 7 | 10 | 12 | 13 | 14 | 15 | |
| 0 | 450 | 430 | 445 | 457 | 500 | 510 | 527 | 537 | 552 | 570 | 7375 |
| 1 | 537 | 506 | 521 | 546 | 600 | 610 | 624 | 650 | 674 | 699 | 8829 |
| 2 | 650 | 612 | 660 | 700 | 740 | 785 | 800 | 822 | 859 | 882 | 11087 |
| 2と0の差 | 200 | 182 | 215 | 243 | 240 | 275 | 273 | 285 | 307 | 312 | 3712 |

出所：21世紀出生児縦断調査

図 3-1　親大卒者数別の世帯収入の推移

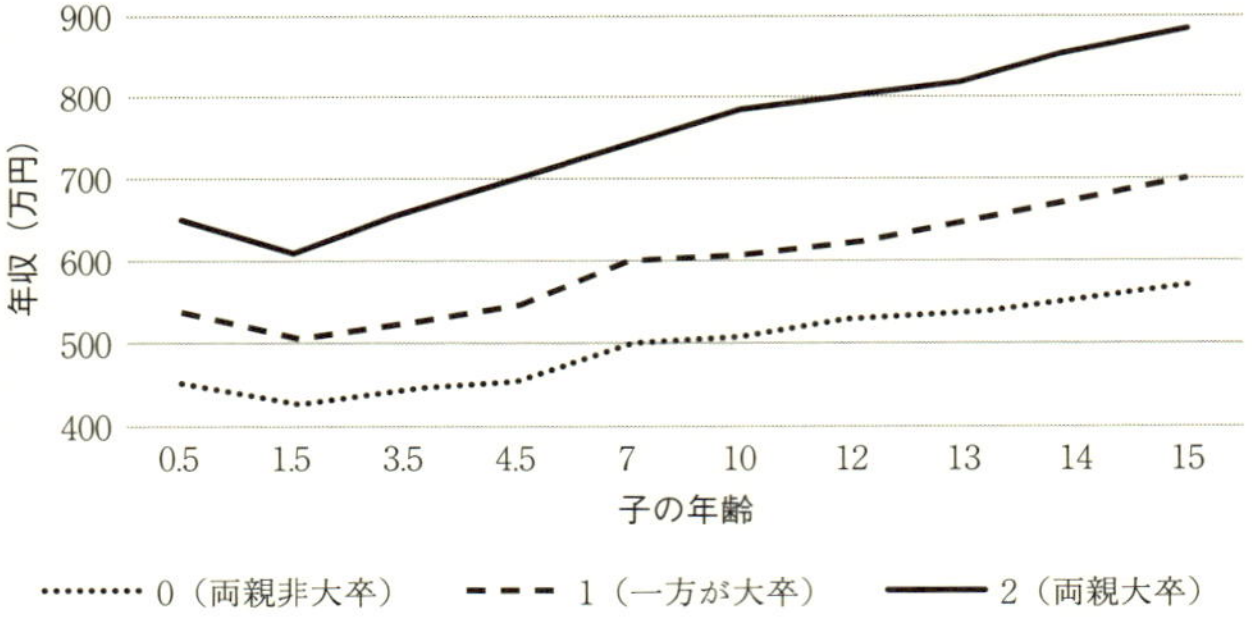

ていると解釈できる。

## †相続される文化資本

続いて、文化資本である。これには3つの形態が存在する（Bourdieu 1977a, 1977b, 1984, 1986）[118]。具体的には、本や美術品などの物財を示す「客体化された文化資本」、学歴資格など制度に承認された「制度化された文化資本」、そして、言語力、知識、教養など、簡単に相続されない「身体化された文化資本」である。これらの文化資本は、主に家庭において時間をかけて親から子へと相続される。そして学校教育の中で評価される文化資本を持つ子は、高い成績や教師から好意的な評価を受け、結果として家庭の文化資本の差によって教育達成格差が生じる。

このブルデューの文化的再生産論を基盤とする実証研究は数多い。海外では、読書習慣・環境、博物館訪問や観劇、文化的授業、課外活動、親子間の文化についての会話、文化や文学への態度、家庭の教育的資源などが指標化され、研究によって結果に差はあるが、基本的には家庭によって文化資本総量に差があり、文化資本と学力などの教育成果は関係している（DiMaggio 1982; Jæger 2011; Lareau and Weininger 2003など）。

本書が文化資本として指標化する家庭の蔵書数と読書習慣についても、学力などの教育成果との関連が指摘されている（De Graaf, De Graaf & Kraaykamp 2000; Kloosterman, Notten, Tolsma &

Kraaykamp 2011; Sikora, Evans & Kelley 2019; Sullivan 2001)。日本社会においても文化資本研究は教育達成の格差生成メカニズムの一つとして理論・実証の双方で発展してきた。具体的には、SESの構成要素としての文化資本、それに文化資本と教育達成の関係についての実証研究が蓄積されてきた（藤田・宮島・秋永・橋本・志水1987、片岡2001、大前2002、Yamamoto and Brinton 2010など）。

本書が「生まれ」の分類基準としている親の大卒学歴は「制度化された文化資本」だ。3つの形態は相関していて、大卒だと本や美術品を多く所持し、知識や教養なども身につけている傾向にある。[119]

まず、この「制度化された文化資本」である親学歴と「客体化された文化資本」である家庭の蔵書数の関連を確認しよう。TIMSS2015[120]の親回答を用いて、大人向け・子供向けの蔵書数[121]の平均値を親学歴別に出した。それぞれ電子書籍、雑誌、新聞、教科書などは含まない。親大卒者数が多いほど大人・子供向けの両方で冊数が多い（表3－2）。

これらは親が選んだ各選択肢の中央値を親学歴別の平均値にしたものだ。ただ、選択肢は「25〜100冊」や「200冊より多い」のように幅が広い。そこで、より意味が限定できるように表3－3を作成した。両親非大卒では蔵書数が「0〜10冊」割合が大人向け41％・子供向け29％とそれぞれ高い。一方、両親大卒層は大人向け「101冊以上」・子供向け「51冊以上」が各29％・41％と高い割合を示している。「制度化された文化資本」である親学歴と「客体化された文化資本」である蔵書数が完全に一致するわけではないが、重なり合っていることがわかる。

表 3-2　家庭の平均蔵書数（冊数）

| 親大卒者数 | 大人向け | 子供向け | 合算 |
|---|---|---|---|
| 0 | 33 | 28 | 61 |
| 1 | 48 | 36 | 83 |
| 2 | 81 | 52 | 132 |
| 2と0の差 | 47 | 24 | 71 |

表 3-3　蔵書数が多い家庭と少ない家庭の割合（％）

| | 大人向け | | 子供向け | |
|---|---|---|---|---|
| 親大卒者数 | 0～10 冊 | 101 冊以上 | 0～10 冊 | 51 冊以上 |
| 0 | 41 | 6 | 29 | 13 |
| 1 | 27 | 12 | 14 | 19 |
| 2 | 12 | 29 | 5 | 41 |

出所：表 3-2・3-3 ともに TIMSS2015

次に、目には見えづらい格差再生産の水路である「身体化された文化資本」についてデータで確認しよう。ここでは同じ子を追跡している21世紀出生児縦断調査を用いて、文化資本が身体化する過程として小学生時の読書習慣を取り上げる。表3－4に、母、父、子のそれぞれが各調査回時点で過去1か月の間に読んだ本（小説・絵本など）の冊数をまとめた。雑誌・マンガは含まれていない。[122]

学年が上がるにつれ父母だけではなく子も読書冊数は減少するが、親大卒者数による格差は残る。「3年間の合計」は月間の平均値を12か月にして三年分を合算した概算値だ。

表 3-4　父母と子の年間読書量（冊数）

| 子の学年 | 1 年 | 2 年 | 4 年 | 3 年間の合計 |
|---|---|---|---|---|
| 親大卒者数 | | 母 | | |
| 0 | 28 | 14 | 13 | 55 |
| 1 | 35 | 18 | 18 | 71 |
| 2 | 42 | 23 | 23 | 89 |
| | | 父 | | |
| 0 | 12 | 10 | 10 | 31 |
| 1 | 21 | 18 | 18 | 57 |
| 2 | 32 | 28 | 29 | 88 |
| | | 子供 | | |
| 0 | 55 | 51 | 45 | 151 |
| 1 | 63 | 60 | 51 | 173 |
| 2 | 72 | 68 | 56 | 197 |

出所：21 世紀出生児縦断調査

表 3-5　過去 1 年間に子供を連れて行った経験がある割合（%）

| 親大卒者数 | 図書館 | 博物館・美術館 | ミュージカル・クラシックコンサート | 国内旅行 | 海外旅行 |
|---|---|---|---|---|---|
| 0 | 49 | 52 | 23 | 76 | 4 |
| 1 | 69 | 63 | 33 | 88 | 9 |
| 2 | 79 | 74 | 45 | 94 | 15 |

出所：X 市・小 4 の親回答

子については親大卒者数2と0では平均して3年間で46冊の差がある。学年が上がるにつれて冊数が減るので小学校6年間の差は2倍の92冊とはならないだろうし、1冊あたりのページ数や内容はわからない。それに読んだ本すべてが身体化されるわけでもないが、少なくとも親学歴という大分類だけで読書（量）格差があることはわかる。未就学段階での遊びとしての「絵本・お話」や母による「本や絵本の読み聞かせ」にも親学歴差（第2章）があったことを踏まえれば、教育選抜の入り口である中学校1年生の定期テストを受けるまでの期間に、相当な読書量――文字や物語との触れ合い格差があるといえるだろう。

なお、より詳細な分析の結果（松岡・中室・乾2014）によれば、①世帯収入などを調整しても、高学歴であればあるほど父母は読書をしていて、②父母が読書量を増やすと子の読書量も増える[123]――読書習慣の世代間伝達が起きていると解釈できる結果が得られている。どのような親の下で育つのかが子の読書習慣という身体化された文化資本の形成を左右することを示唆している。

もう一点、文化資本を直接的に計測しているわけではないが、資本を身体化する機会格差という観点で見てみよう。これはとある大都市（以下、X市）のデータだ。[124]２０１６年に実施された小学校4年生の親調査の回答を用いて、親大卒者数の層別[125]に文化的なものに触れる機会を子供に与えている割合を出した。この結果（表3-5）から、両親大卒層は5項目すべてで文化資本を獲得する機会が親によって付与されている傾向にあることがわかる。金銭を必要としない図書館訪問にも差があることに留意すべきだ。

## †入学時点で確認できる学力格差

親大卒者数という大まかな分類で経済資本格差と様々な形態の文化資本格差があることを踏まえた上で、小学校に入った時点で親学歴によって学力格差[126]がすでに生じていることを実証的に確認しよう。

データは国際学力調査であるTIMSS2015の、日本全域を対象とした小学校4年生の親への質問項目の回答を用いる。質問は「あなたのお子さんは、小学校1年生になったときに、次のことがどの程度できましたか」で、読み書きに関する6項目（「物語を読むこと」「いくつかの単語を書くこと」など）について「とてもよくできた」から「まったくできない」まで4尺度で評価している。同様に算数について足し算・引き算ができるかなど7項目について聞いている。[127]分析の結果、親の評価ではあるが、小学校入学時点での認知力には親学歴[128]による格差がある（表3－6）[129]。

同じ個票データを用いて、小学校4年生時点の学力格差を確認しよう。これらは親の評価ではなく、項目反応理論に基づいた厳密な学力テストの結果だ。算数の結果[130]を国内学力偏差値（平均50、標準偏差10）[131]に換算し、親学歴別に示した（表3－7）。親大卒者数別に偏差値の平均が異なることがわかる。なお、理科の学力でもほぼ同じ結果となる（結果は省略）。

また、表3－7では、分かりやすくするため、算数の学力について国内偏差値60以上（上位16％）の割合を出した。小学4年生が100人いたとき、偏差値60以上は全体の中では定義上100人のうち上位16人いるが、両親非大卒層に偏差値60以上である児童は7人しかいない。

表 3-6　小学校入学時点の高学力層の割合（%）

| 親大卒者数 | 読み書き | 算数 |
|---|---|---|
| 0 | 34 | 33 |
| 1 | 40 | 37 |
| 2 | 49 | 42 |

表 3-7　小 4 の算数・国内偏差値と偏差値 60 以上の割合

| 親大卒者数 | 国内偏差値平均 | 偏差値 60 以上割合（%） |
|---|---|---|
| 0 | 46 | 7 |
| 1 | 49 | 12 |
| 2 | 54 | 26 |

表 3-8　入学時点の読み書き力と小 4 の算数力の関連

| 読み書き力 | 国内偏差値平均 | 偏差値 60 以上割合（%） |
|---|---|---|
| あまりできなかった（15%） | 44 | 4 |
| まあまあできた（43%） | 49 | 10 |
| とてもよくできた（42%） | 54 | 26 |

出所：表 3-6・3-7・3-8 ともに TIMSS2015

一方、両親大卒層だと100人のうち26人と多い。10歳（小学4年生）の時点で「生まれ」（親学歴）[132]による学力格差が傾向として存在することがわかる。

なお、小学校入学時点の「読み書き」力は小学校4年生時点の算数と理科の学力と強く関連している（表3-8）。早期に観察された能力差ですべてが決まるわけではないが、「あまりできなかった」層から偏差値60以上となる割合は4%だ。一方、入学時点で「とてもよくできた」層は100人のうち26人が4年後[133]に偏差値60（全体で上位の16人）になっている。

ただ、入学時点の「読み書き」力と小4の算数力の関連は親学歴によって一様なわけではない。入学時点で「とてもよくできた」全体の42%のうち、偏差値60以上（上位16人）に入る両親非大卒層は12%、親1人大卒層は19%、そして両親大卒層は37%だ。そもそも親学歴によって入学時点の「読み書き」が「とてもよくできた（高学力層）」割合に差があるし、さらに両親非大卒の児童は高学力層であったとしても小学4年生の算数で100人のうち上位16人に入る割合は、特に両親大卒層と比べるとだいぶ低い。

地域データになるが、学力格差について異なる観点を、埼玉県教育委員会が実施する同じ児童を追跡して行うパネル調査（埼玉県学力・学習状況調査）の結果（中室・松岡・伊藤2019）で示そう。対象は政令指定都市であるさいたま市を除く県内の全数調査で、児童が毎年受ける学力テストは項目反応理論という学力を推定する手法を用いている。換言すれば、小学4年生から中学3年生までを同じ一つの物差しで評価している。よって、同じ児童・生徒の学年間の学力比較ができ、学年が上がるにつれて学力が上がったかどうかがわかる。

これは日本では画期的なデータで、実証的に確認できる重要な点が2つある。まず、埼玉県の比較可能な学力テストの点数を使っても、「入学時点の読み書き力と小4の算数力の関連」と同じ傾向があることだ。すなわち、小4学力→小5学力→小6学力→中1学力と時点間の学力は強く関連していて、小4学力は3年後の中1学力の個人間分散（児童間の学力のばらつき）のだいたい半分を説明する（中室・松岡・伊藤2019）[134]。早い段階での学力がその後の学力の土台になっているわけで、これはここまで確認してきたように早期の格差がその後の学力や進路の格差に繋がっていることを示唆している。

このデータでは、SESによる学力格差が進級と共に拡大しているのか、変わらないのか、それとも縮小しているのかを明らかにすることができる。残念ながら親学歴については調べられていないので、家庭の蔵書数で代理する。2018年度に中1となったコーホート（同じ学年に属する集団）のデータを用いて図3-2に示したように、蔵書の冊数という粗いSES指標であっても、小4の時点で国語の学力格差を確認することができる。[135]小4だった児童が小5・小6と学年が上がっていくにつれ、どの蔵書数の層においても同じ基準で計測している国語学力が上がっている。ただ、小4で見られた学力格差そのものは大きく変わらない。蔵書の

図3-2　家庭の蔵書数と学力の関連

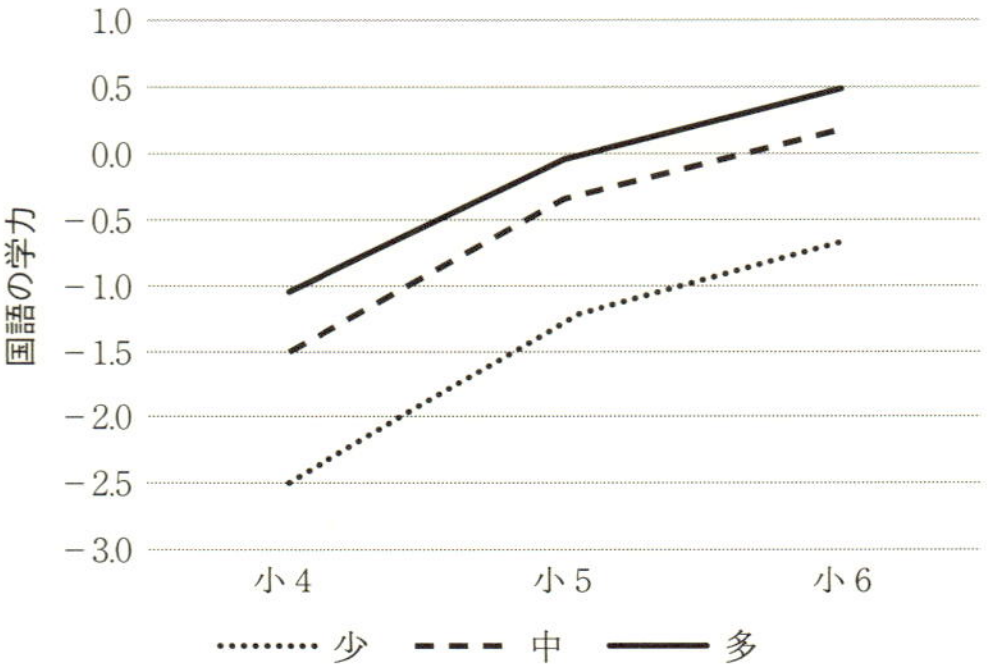


出所：埼玉県学力・学習状況調査

冊数が少ない層のほうが上昇幅は大きいが、格差をゼロにするにはまったく足りない。[136] なお、算数だと蔵書の冊数による層間の格差はほとんど平行移動で、拡大・縮小はない。

結果をまとめると、学校生活を通してどの層も学力は上がるが、格差は小4の時点で存在し、多少の変動はあるが基本的にそのまま維持されている。これは通塾の有無などによる群分けをしても同じだ。どの層の学力も前年に比べれば向上しているが、格差という点ではほぼ平行移動なので、格差が縮小したりなくなったりしているわけではない。無論、これは（さいたま市を除く）埼玉県のデータであって、そのまま人口の多い政令指定都市や他地域にもあてはまるのかはわからない。だが、この集団が特殊であるという特別な理由もない。

## †目指す教育ゴールの違い

大学への進学に対する期待（以下、大学進学期待）は、現在の学校や学歴獲得競争との親和性、それに大学進学を現実的な選択と想像できるだけの自信や感覚などを代理的に示していると考えられる。[137] 大学に進学するためには、その前の段階で本人や親が進学を望まなければならない。

本項では、児童本人と親の子に対する大学進学期待の両方を確認しよう。親の大卒者数は一貫して短大以上だが、より高学歴化するであろう2015・2016年の小学生を対象とした調査結果なので、四年制大学・大学院に進学期待を抱いているかどうかを大学進学期待と定義する。[138]

全国データであるTIMSS2015の親の回答、それにX市では児童本人の回答を加えて、大学進学期待の割合を親大卒者数別に出し表3－9にまとめた。まず、全国データであるTIMSSと大都市部にあるX市の小4の親の大学進学期待を比べると、後者のほうがどの親学歴層[139]もやや高いが、格差の傾向はあまり変わらない。すなわち、両親大卒層と両親非大卒層では、子が小学校4年生時点の大学進学期待に明確な格差がある。両親大卒層の家庭では、小学校4年生時点で大学進学を前提とした会話がなされ、それを踏まえて通塾などの教育選択をしていると考えられる。

ＴＩＭＳＳとX市の親回答の結果に大きな差はなく、児童本人の大学進学期待も親大卒者数

表3-9　子と親の大学進学期待割合（%）

| | 小4 | | | 小6 | |
|---|---|---|---|---|---|
| データ | TIMSS2015 | X市 | | | |
| 親大卒者数 | 親 | 子 | 親 | 子 | 親 |
| 0 | 39 | 29 | 48 | 33 | 50 |
| 1 | 62 | 39 | 72 | 47 | 74 |
| 2 | 82 | 47 | 87 | 59 | 87 |
| 2と0の差 | 42 | 18 | 39 | 26 | 37 |

出所：TIMSS2015・X市

によって明らかに違う。また、小4と小6を比べると、親の大学進学期待の割合は各層であまり変わらないが、児童本人については特に両親大卒層の進学期待割合が上昇している。学年が上がるにつれ、大学進学を意識する児童が増えることは不思議ではないが、親学歴による子の進学期待格差が拡大傾向にあるのだ。

## †多種多様な学習機会の格差

習い事の目的は種類によって様々だ。たとえば、学力の向上、楽器を弾けるようになる、泳げるようになる、我慢強くなる、チームワークの経験を得るなど多く挙げることができる。ただ、明示的でないにしても、どれも技能・知識・態度・経験など学校や社会において望ましい（Lareau 2003, 2011）「身体化された文化資本」の獲得を目的としていることに変わりはない。また、種目は何であれ、親・学校教師以外の大人である講師・コーチという権威の指示を受け、適切に努力し、目的を達成し評価されるといった学校教育と似た経験（Lareau 2003, 2011）を積むことができる。さらに、習い事は親が講師・コーチに時間の構造化を委託しているので、大人が意図した教育的な時間を過ごすことを意味する。

誰がそのような学校での成功に繋がる文化資本を身体化する機会、そして親・学校教師以外の大人と繋がる機会を持っているのだろうか。再び21世紀出生児縦断調査の個票データを用いて親大卒者数別に習い事参加の有無をまとめた。表3-10に示したように、スポーツ7種（体操、水泳、野球・ソフトボール、サッカー、テニス、剣道・柔道などの武術、バレエ・ダンス・舞踏）、文化系6種類（他の外国語を含む英会話、そろばん、硬筆含む習字、ピアノなどの音楽、絵・工作、華道・茶道）、それにこれらに「家庭教師」「通信教育」「その他」を合算した「全種類」という分類を行った（学習塾は次項で扱うので含めていない）。スポーツ系と文化系はそれぞれ男女差が大きいので別に示し、全種類は男女合算の参加率をまとめた。

スポーツの習い事に1つ以上参加している割合は、男女共に両親大卒層[140]において高い。小学校1年生の時点で男子の69％、女子の58％がスポーツ7種目のどれかには参加している。文化系の参加割合は男女差が大きいが、それぞれ親大卒者数によって大きく異なる。スポーツ・文化のどちらの参加割合についても、すべての層で小学校1年生から3年生までは増加し、4年生から微減する。特に両親大卒層は多様な習い事から学習塾へと焦点を変えるので、減少幅が大きい（Matsuoka 2019a）。ただ、それでも6年生時点で親学歴による参加格差がないわけでは

表 3-10　小学校 6 年間の習い事参加率（%）

| 親大卒者数 | 1 年 | 2 年 | 3 年 | 4 年 | 5 年 | 6 年 |
|---|---|---|---|---|---|---|
| スポーツ 7 種類で 1 つ以上参加〈男〉 | | | | | | |
| 0 | 47 | 53 | 59 | 61 | 59 | 55 |
| 1 | 60 | 66 | 71 | 71 | 68 | 62 |
| 2 | 69 | 75 | 78 | 77 | 71 | 62 |
| スポーツ 7 種類で 1 つ以上参加〈女〉 | | | | | | |
| 0 | 34 | 37 | 38 | 35 | 31 | 27 |
| 1 | 47 | 51 | 50 | 46 | 40 | 33 |
| 2 | 58 | 62 | 61 | 55 | 45 | 37 |
| 文化系 6 種類で 1 つ以上参加〈男〉 | | | | | | |
| 0 | 22 | 26 | 29 | 29 | 28 | 26 |
| 1 | 33 | 38 | 39 | 39 | 37 | 34 |
| 2 | 44 | 48 | 51 | 49 | 44 | 39 |
| 文化系 6 種類で 1 つ以上参加〈女〉 | | | | | | |
| 0 | 45 | 51 | 55 | 56 | 55 | 52 |
| 1 | 60 | 66 | 69 | 69 | 66 | 63 |
| 2 | 72 | 76 | 79 | 78 | 75 | 68 |
| 全種類で 1 つ以上参加（学習塾以外・「その他」は含む）〈男女合算〉 | | | | | | |
| 0 | 64 | 70 | 76 | 78 | 77 | 74 |
| 1 | 78 | 83 | 86 | 87 | 86 | 82 |
| 2 | 87 | 90 | 92 | 92 | 90 | 84 |

出所：21 世紀出生児縦断調査

ない。これらのパターンは全種類で1つ以上参加にしても確認できる。

なお、小学校6年間の全種類の習い事格差について、年間1種目の習い事参加を1と数えると（たとえば6年間ピアノを習っていれば6）、両親大卒層の中央値は12、1人大卒で10、両親非大卒で7となる。すなわち、両親大卒層では平均的に年間2つの習い事をしている。もちろん、習い事によって時間数や技能などの要求水準も異なるわけで詳細はわからないが、小学生の間に一定の経験格差があることはわかる。

本項で解説した親学歴による習い事への参加格差は、世帯収入などを調整しても確認できる（松岡2016）。また、小学校入学後、子の学年が上がるにつれて習い事の参加種類数は増える傾向にあるが、親が高学歴・高世帯収入であると、この伸びが大きい。高SES世帯は習い事の開始も早いし、その種類数増加傾向も強い。なお、強い関係ではないが、世帯収入が増えると種類数も増加することが示されている（松岡2016）。

### †学校制度の中で評価されるための追加的学習機会

次に、全国調査であるTIMSS2015で通塾格差を確認しよう（表3-11）。小学校4年生の3月時点で、親調査の全体の回答によれば35％が学校外で算数を学んでいる。目的別の結果によると、「より優秀な成績のため」[141]では特に親学歴[142]による差が両科目で大きく、補習目的の割合

### 表3-11　小学4年生の学校外教育参加率（%）

| 親大卒者数 | 算数 | | | 理科 | | |
|---|---|---|---|---|---|---|
| | より優秀な成績のため | 補習目的 | 種別合算8か月以上 | より優秀な成績のため | 補習目的 | 種別合算8か月以上 |
| 0 | 7 | 16 | 17 | 2 | 4 | 6 |
| 1 | 10 | 21 | 23 | 4 | 7 | 9 |
| 2 | 24 | 21 | 35 | 13 | 9 | 16 |

出所：TIMSS2015

### 表3-12　親大卒者数別の小学校6年間の通塾率（%）

| 親大卒者数 | 1年 | 2年 | 3年 | 4年 | 5年 | 6年 |
|---|---|---|---|---|---|---|
| 0 | 8 | 11 | 15 | 19 | 23 | 29 |
| 1 | 11 | 13 | 19 | 25 | 31 | 39 |
| 2 | 14 | 16 | 24 | 32 | 42 | 49 |
| 2と0の差 | 6 | 5 | 9 | 13 | 19 | 20 |

出所：21世紀出生児縦断調査

### 図3-3　親大卒者数別の通塾率

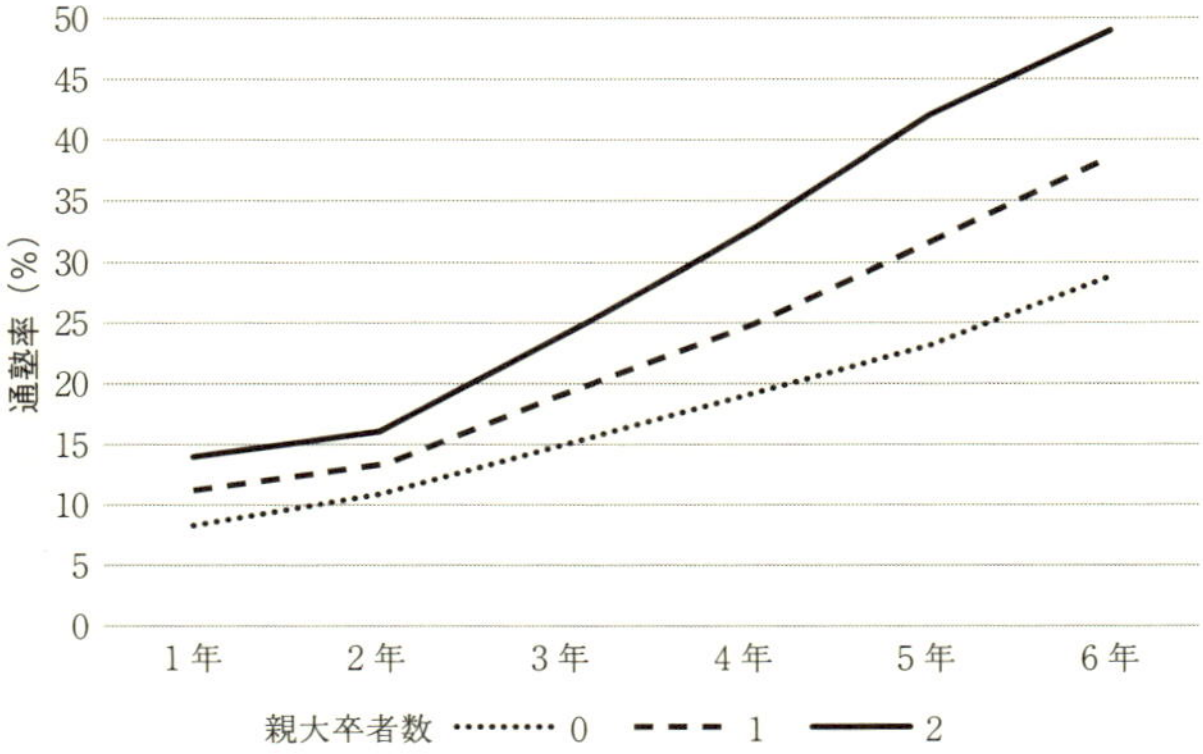


出所：21世紀出生児縦断調査

差は比較的小さい。しかし、両親非大卒層の学力が平均的に低いことを考えれば、補習目的の通塾割合は低すぎるともいえる。また、目的は別にして、過去12か月で8か月以上指導を受けた割合についても、親大卒者数によって格差が確認できる。

TIMSS2015の小学4年生より5年ほどコーホートが上なので両親大卒割合は低いが、21世紀出生児縦断調査では同じ児童の各学年の通塾率を出すことができる。小学校4年生の通塾率は、TIMSS2015による算数の学校外教育参加合算8か月以上と、親大卒者数別に似た分布となっている（表3－12・図3－3）[143]。

### 学習努力という経験格差の拡大

流動性の高い「知識経済」下で自ら学び続けることが求められる社会（苅谷２００８、Kariya 2009）では、誰が学習に対して努力するのか、出身家庭と努力に関連はあるのかといった問いの重要性が増してきている。先行研究（苅谷２００１、Matsuoka 2013d など）は、学習時間を努力の指標として用い、出身家庭によって努力量に差があることを明らかにしてきた。

ここでは、義務教育の最後である15歳時に回答している2万8410ケースを用い、小学校1年生から5年生までの親大卒者数別[144]の学習塾の授業時間を含む年間の学校外学習時間を出した（表3－13・図3－4）。6年間の合計の平均値は両親大卒層で2297時間、両親非大卒層

表 3-13　小学校６年間の学習努力量（年あたりの時間数）

| 親大卒者数 | 1年 | 2年 | 3年 | 4年 | 5年 | 6年 | 合算 |
|---|---|---|---|---|---|---|---|
| 0 | 214 | 258 | 268 | 300 | 345 | 392 | 1776 |
| 1 | 224 | 268 | 283 | 330 | 410 | 473 | 1989 |
| 2 | 225 | 280 | 294 | 365 | 522 | 612 | 2297 |
| 2と0の差 | 11 | 22 | 26 | 65 | 177 | 219 | 521 |

図 3-4　親大卒者数別の学習時間数

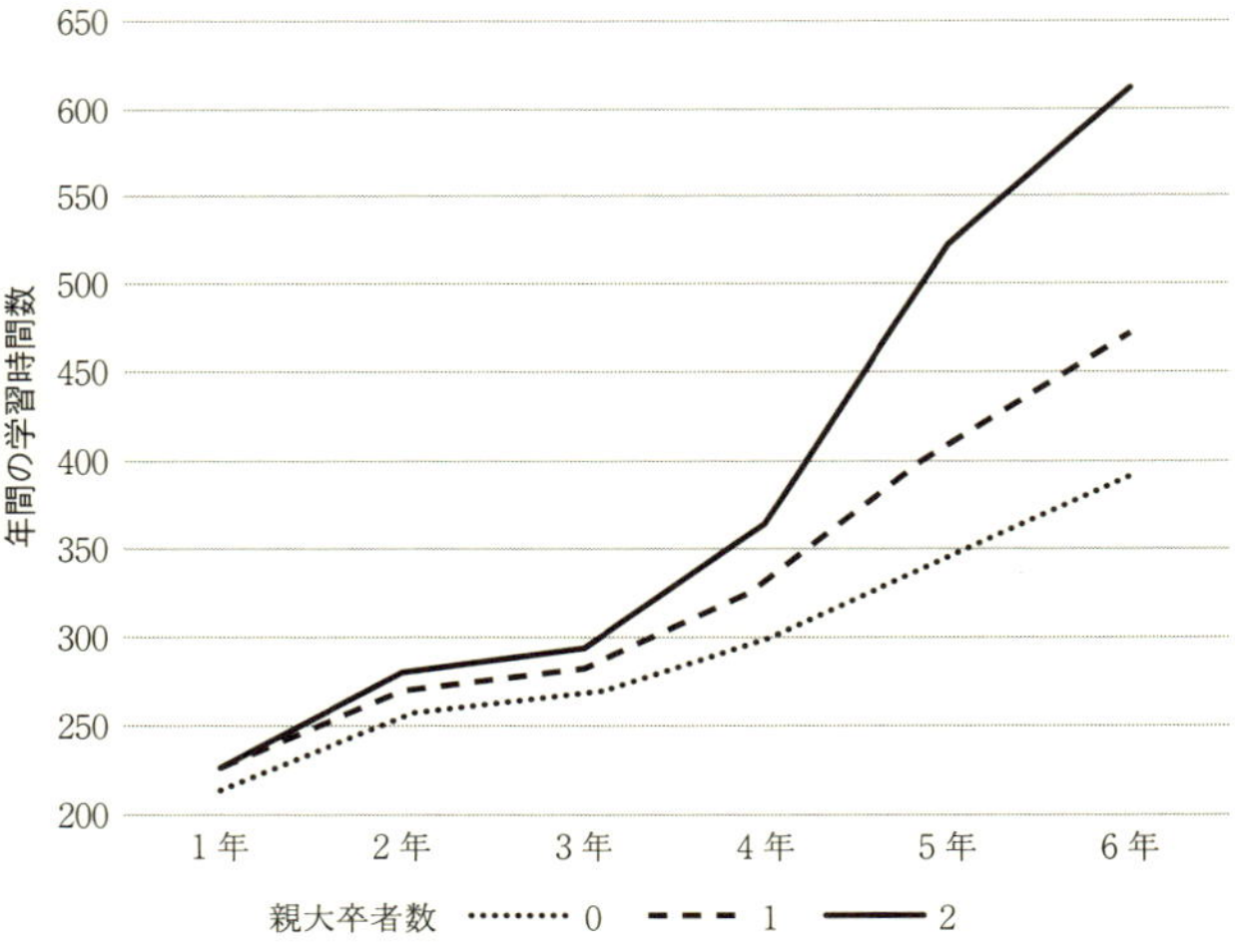


出所：表 3-13・図 3-4 ともに 21 世紀出生児縦断調査

表3-14　小学校6年間のメディア消費時間（年あたりの時間数）

| 親大卒者数 | 1年 | 2年 | 3年 | 4年 | 5年 | 6年 | 合算 |
|---|---|---|---|---|---|---|---|
| 0 | 961 | 1047 | 1150 | 1185 | 1376 | 1436 | 7154 |
| 1 | 851 | 931 | 1013 | 1053 | 1231 | 1278 | 6356 |
| 2 | 709 | 761 | 825 | 877 | 1013 | 1033 | 5217 |
| 2と0の差 | −251 | −286 | −325 | −308 | −363 | −403 | −1937 |

出所：21世紀出生児縦断調査

で1776時間となり、その差は521時間である。小3まではほぼ差がなく、4年生から拡大する。小学1〜4年生までの分析結果（Matsuoka, Nakamuro & Inui 2015）によれば、高SESの親による積極的な学校外教育の利用、テレビ視聴・ゲーム時間の制限、それに、家庭において子の学習に関わることが、子の学習時間の伸びに繋がっている。換言すれば、少なくとも部分的には、SESの高い親が行う傾向にある「意図的養育」によって、学習時間が増加している。

### †メディア消費経験の蓄積量格差

同じ児童を毎年追跡している21世紀出生児縦断調査で、小学校6年間のメディア消費時間についても確認しよう（表3-14[145]）。これはテレビ視聴とゲーム時間の合算だ。未就学段階と同じく両親大卒層は小学校1年生の時点でメディア消費時間が短い。この格差は学年が上がるにつれ少しずつ開き、6年生時には年間403時間の差となる。小学校時代をすべて足し合わせると両親大卒層と両親非大卒層の差は1937時間となる。両親大卒層の時間も学年が上がるにつれて増加しているが、「意図的養育」によって両親非大卒層よりも上昇が抑制されていると解釈できる。

### †すべての親が等しく学校関与するわけではない

広義の社会関係資本とは、人々の協調を促す信頼、規範、ネットワークを意味する（稲葉２０１１）。Bourdieu（1986）、Coleman（1988）、Lin（2002）、Putnam（2000）などによって広く知られるようになった概念だ。論者により焦点とする資本の水準（公共財、クラブ財、私的財）や定義は異なり、量的指標の構成要素もかなり多様（稲葉他２０１４）ではあるが、日本でも多分野において理論（三隅２０１３）と実証（稲葉２０１１、稲葉他２０１１・２０１４）の双方で検討されてきた。

親の学校社会関係資本は、主にＰＴＡ会議、親と教師の面談、学校や学級ボランティア、それに学校行事などへの出席・参加といった学校活動への関与で指標化されてきた（Freeman & Condron 2011; Lee & Bowen 2006）。研究によって項目別であったり合成変数であったりと扱っている内容、児童・生徒の学年、分析手法などは異なるが、学校関与は、学力・学業達成（Bodovski & Farkas 2008; Freeman & Condron 2011; Lee & Bowen 2006; Potter & Roksa 2013; Powell et al. 2010）、大学進学（Sandefur, Meier & Campbell 2006）、退学抑制（Barnard 2004; Carbonaro 1998）、問題行動抑制（Domina 2005; Powell et al. 2010; McNeal 1999）、学校環境への従事（engagement）や社会情緒的適応（Izzo et al. 1999）、社交的技術（Powell et al. 2010）などに繋がっているとされる。[146]また、学校水準における親の学校活動関与の活発さと成績の関連も指摘されている（Pong 1998）。

これらと比べると、国内における教育分野の社会関係資本研究はあまり進展していない（露口2011）。しかし、理論的検討（新城2010、高野2014）に加え、社会関係資本と学力の関連（志水2005、高田2008）、それに都道府県水準（稲葉2007、志水他2012など）と個人水準（松岡2015、志水他2012、露口2014）において社会関係資本と教育指標の関連が実証的に示されてはいる。[147]

本項では、学校社会関係資本として解釈できる親の学校関与についてデータで確認しよう。大都市であるX市の個票データで、2016年度に実施された小学校4年生と6年生の親による回答票を用いた。小4の学校行事を例外として、どちらの学年も同じ傾向で、両親大卒層は学校に積極的に参加していることがわかる（表3-15[148]）。親は担任教師と直接話し、学校における子供の学習状況や言動を確認しているだろうから（Lareau 1989）、これも「意図的な養育」の一環といえる。

同じ傾向は、全国調査データの分析（松岡2015）でも確認できる。世帯収入などとは別に、

それはSESと無縁ではないのだ。

表3-15　学校参加を「よくする」割合（%）

| 親大卒者数 | 授業参観 | 学級／学年懇談 | 学校行事（運動会・音楽会など） | PTA活動 |
|---|---|---|---|---|
| | | 4年生の親 | | |
| 0 | 67 | 26 | 89 | 21 |
| 1 | 76 | 42 | 92 | 24 |
| 2 | 81 | 51 | 92 | 28 |
| | | 6年生の親 | | |
| 0 | 60 | 27 | 85 | 21 |
| 1 | 67 | 39 | 89 | 25 |
| 2 | 76 | 49 | 92 | 30 |

出所：X市・小4と小6の親回答

親学歴は父母の学校行事・保護者活動の参加頻度と関連があり、父母の学校参加頻度の増加は児童の学校への適応化を促している（松岡2015）。

父母は学校活動に参加することで担任教師や他児童の親と繋がりを形成し、子や同級生の学校での様子、学校や教師について――学校内部について詳しくなることができる。親子間の会話も促進され、学校での様子に関心があることや学校の価値を子に伝えることにもなるだろう。また、教師や他の親とのネットワークによって、子が学校生活で問題があっても早めに気づき対応することができる。このようなネットワークからもたらされる様々な便益を通して、子供の学校適応が促されていると考えられる。親の学校との「つながり」（志水2014）は子の学校生活に影響し得るし、

## 2　学校・地域の格差〈集合水準の格差〉

本節では集団（学校・地域）水準における格差を中心に確認しよう。子供を公立学校に通わせる理由に「多様な（背景の）児童がいる」という声がある。しかし、それは同質性が極めて高い2％にも満たない国私立[149]と比べれば多様であるということに過ぎない。約98％の児童が通う公立小学校には学校間で大きなSES格差があるのだ。

これは不思議なことでも何でもない。不動産価格に差があり通勤可能な就業先に偏りがある以上、「誰」が住んでいるのかは市町村によって大きく異なる。第6章で論じるように日本の義務教育は学習指導要領、教科書検定、教員免許制度などによって標準化されている。しかし、教育行政は「誰」が住んでいるかにまで立ち入ることはできないので、みなさんの「近所」にある公立小学校がすべて同質なわけではない。

ここでいう「質」とは人間としての価値ではない。あくまでも現行の学歴獲得競争と親和性があるかどうかだ。小学生であっても同級生の大半が「大学は（いつか）行くもの」と考えていれば、個人（親の）SESがどんなものでも、大学進学[150]が集合的「規範」となり得る。これは「隠れた（潜在的）カリキュラム」（hidden curriculum）と解釈できる。公式の（顕在的）カリキュラムには書かれていないが、児童・生徒が無意識のうちに内在化していく明示されていない規範・価値・期待などのことだ。

各地域に存在する別々の隠れたカリキュラムによって児童たちは「社会化（socialization）」されていく。周囲との相互のやり取りなどを積み重ね、価値や規範を内面化していくのだ。たとえば、大学に行くのであれば中学校の勉強はちゃんとできて「良い」高校に行かなきゃいけないという共通理解に基づき、小学校から通塾して準備をすることが「当たり前」の学校・地域がある。一方、同級生の大半が高校や専門学校を出ればそれでいいと漠然と考えている学校・地域もある。そうすると特別に「良い」高校に行く必要はないから中学校ではほどほどにやればいいことになるし、小学校のうちから学習に集中する必要はないことになる。「みんな」がそうで親にも言われなければ、特に小学校の段階で学習に駆り立てられる理由はないだろう。

実際に、「個人」と「学校」というように水準を分けて検証（松岡2017など）すると、個人水準とは別に、学校水準のSES特性が学力、通塾、学習行動などと関連している。ただ、このように水準を分けた上で先行研究に基づいた様々な変数を統制した分析結果を述べても、全体像を把握するのは難しいかもしれない。そこで、本節では学校・地域水準の記述的な結果を紹介することで個人を超えた集団水準で格差があるという大枠を確認しよう。ここまでと同じく、代表性のある全国調査のデータを優先し、補足的に大都市部に位置するX市のデータを利用する。

表3-16　地域・親学歴別の世帯収入・子が小1時点（中央値）

| | 親大卒者数 | 全体に占める% | 円（万単位） |
|---|---|---|---|
| 三大都市圏 | 0 | 18 | 512 |
| | 1 | 14 | 617 |
| | 2 | 14 | 800 |
| 非三大都市圏 | 0 | 27 | 466 |
| | 1 | 15 | 550 |
| | 2 | 11 | 684 |

出所：21世紀出生児縦断調査

## †社会経済的地位（SES）の地域・学校間格差

### ○経済資本の地域差

まずは、21世紀出生児縦断調査の7回目調査（2008年実施）のデータで世帯収入格差を集合的水準である地域別に確認しよう。表3−16は、調査対象の児童が小学校1年生時点の地域・親学歴別の世帯収入の中央値だ。親学歴がわかり7回目調査で収入についての回答があった3万4221ケースを用いている。三大都市圏在住の両親大卒層は全体の14%[151]で800万円と、6分類の中で最も高い。

小学校における学校間の親収入格差は全国データにないので、X市のデータで確認した。学校水準で親大卒割合と平均世帯収入は関連していて、どちらを用いても似た程度、平均学力と相関する。ただ、世帯収入は調査票を記入した親の中でも最も回収率が低い項目であるし、全章で一貫した枠組みで理解するために、この後は親大卒割合を用いる。[152]

○文化資本の学校間格差

すでに述べたように、SESは通常、親の世帯収入・学歴・職業で構成されることが多い。ただ研究によって構成する要素が異なる上、収入・学歴・職業を一つの尺度にして標準化したと言われても感覚的な理解は難しい。そこで、本項では、意味をそのまま理解しやすい変数のままにして、文化資本格差を示そう。

データは国際学力調査のTIMSS2015だ。小学校4年生を対象とした調査は、母集団を代表するように標本抽出された148校で実施された（国立教育政策研究所2017）。そのうち約2％にあたる3校は国私立だが、どの学校かは公開されている個票データでは特定できない。高SESの3校は国私立と仮定しながら、残りを公立小学校と解釈する。

表3－17によれば、短大を含む母親の大卒割合が0％の小学校がある（最小値[153]）。一方、児童のほぼ全員（96％）の母親が大卒の学校もある。平均は52％だ。児童の母親の2人に1人より少し多いぐらいが短大卒以上の学歴であれば、日本における（2015年の4年生が通う）平均的な小学校といえる。平均に標準偏差（データのちらばり度合い）を足すと上位から16％あた

表 3-17　小学校間の SES 格差

| | 最小値 | 最大値 | 平均 | 標準偏差 | 上位 16% あたり | 下位 16% あたり |
|---|---|---|---|---|---|---|
| 母大卒（%） | 0 | 96 | 52 | 20 | 72 | 33 |
| 父大卒（%） | 8 | 95 | 52 | 19 | 70 | 33 |
| 両親大卒（%） | 0 | 90 | 36 | 18 | 54 | 17 |
| 専門職（%） | 0 | 69 | 28 | 14 | 42 | 14 |
| 蔵書の合算（冊数） | 48 | 189 | 96 | 27 | 122 | 69 |
| 大人向け本 101 冊以上（%） | 0 | 55 | 14 | 10 | 24 | 4 |
| 子供向け本 51 冊以上（%） | 0 | 71 | 24 | 13 | 37 | 11 |

出所：TIMSS2015・小 4 の親回答

図 3-5　文化資本の学校間格差

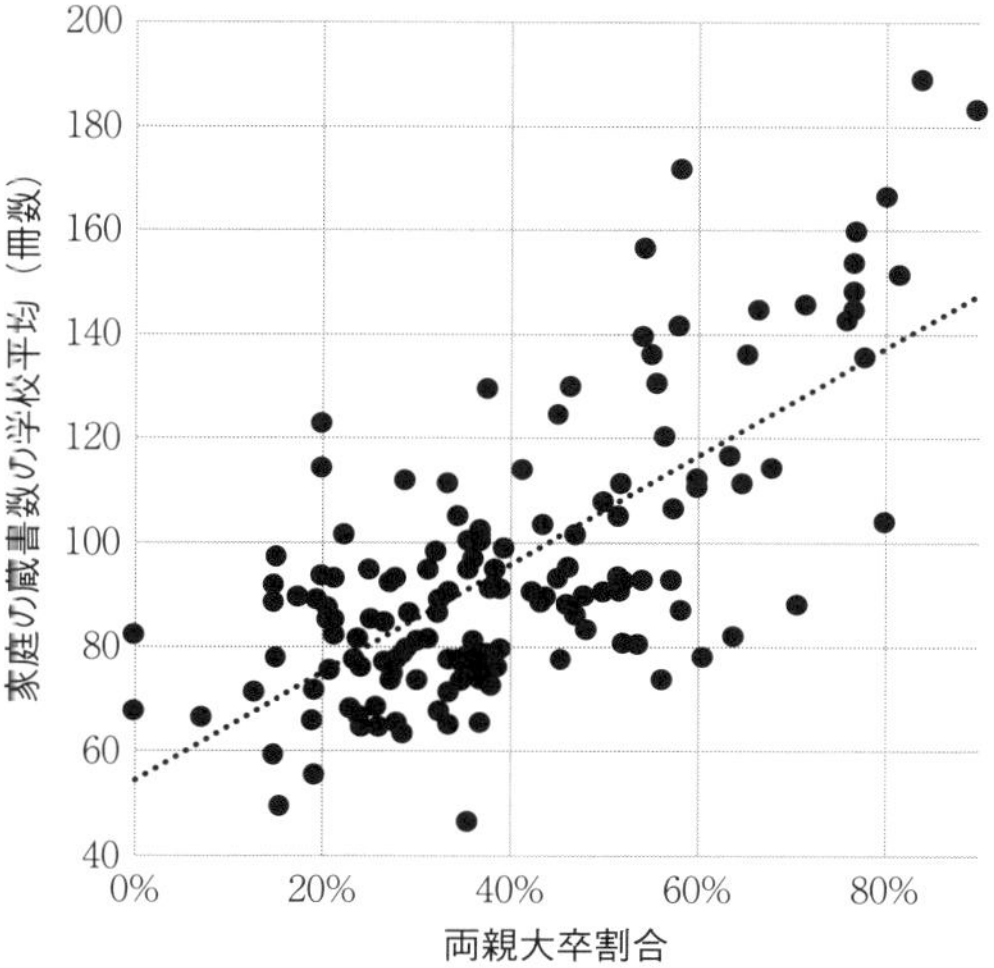


出所：TIMSS2015

りの割合（72％）となる。児童の母親の4人に3人が大卒であれば、それは100校あったときに上から16番目ぐらいの母高学歴校ということになる。同様に、児童の父親の大卒者割合にも学校間で8〜95％という大きな幅がある。両親が大卒の児童割合も0〜90％と学校間でまったく異なる。これは父母のうち1人以上が専門職（科学者、教員など）である割合でも同じだ。さらには、文化資本の項で扱った大人向けの本が101冊以上・子供向けの本が51冊以上ある家庭のそれぞれの割合でも、学校間で大きくばらついていることがわかる。

「誰」の子が通っているのかという視点でみると、どの指標でみても、小学校間には大きな格差がある。9割の児童の両親が大卒の学校と大半の児童の両親が非大卒である学校では、次項以降で示すように異なる規範（norm）が存在するので、いかに教育行政が標準化政策を実施したところで、広い意味での教育「環境」が同じになることはない。そう、子供たちは社会経済的に別世界である「公立」学校に通っているのだ。

たとえば、図3−5にあるように、両親が大卒である割合（以下、両親大卒割合）と児童の家庭にある本の学校平均冊数には相関関係（係数0・63）がある。高SES地域に住むことで高SES小学校に通っている児童が同級生の家を訪れたときに本棚が複数ある可能性が高いことを意味する。同級生の母親が大卒であることも、その母親が意図的養育の一貫として誰と何をして遊んでいるのか（それとなく）把握していることも、偶然ではないだろう。

なお、異なるデータを使っても同じ傾向を確認できる。たとえば、大都市部にあるX市の小学校4年生のデータだと、低所得層を対象とした就学援助[154]を受けている児童は22％[155]で、受給児童の割合を学校別に出すと平均23％・標準偏差14％・最小値0％・最大値87％だ。就学援助受給児童が0％の学校と87％の学校では、同じ市内の公立小学校であっても異世界のようなものだ。両親大卒割合、世帯収入（経済資本）、父親の管理職・専門職の割合などで同じような学校変数を作成しても、TIMSSと同じような学校間格差がある。これは（さいたま市を除く）埼玉県のデータでも変わらない。就学援助受給割合は平均12％・標準偏差6％で、最小値～最大値は0～36％とだいぶ幅がある。[156]同じ県内の小学校であっても「誰」が通っているかは大きく異なるのだ。

## †公立校であっても学力の学校間格差は大きい

未就学の段階で「意図的養育」に基づいた子育てをする傾向にある両親大卒層は、入学時点で「読み書き」高学力である割合が高かった。両親大卒層が日本全体に等しくばらばらに居住しているわけではないので、同じ公立小学校であっても「読み書き」力が高い子の割合が高い学校と低い学校が存在することになる。実際のところ、入学時点の「読み書き」高学力の割合が、1人もいない0％から半数を超える68％まで幅があり平均は39％だ（表3-18）。日本の

表 3-18　小学校平均学力

| | 最小値 | 最大値 | 平均 | 標準偏差 | 上位 16% あたり | 下位 16% あたり |
|---|---|---|---|---|---|---|
| 入学時「読み書き」高学力割合（%） | 0 | 68 | 39 | 12 | 52 | 27 |
| 入学時「算数」高学力割合（%） | 0 | 65 | 35 | 12 | 47 | 23 |
| 小 4 算数学校平均（偏差値） | 42 | 60 | 50 | 3 | 53 | 47 |
| 小 4 算数偏差値 60 以上割合（%） | 0 | 57 | 13 | 9 | 22 | 4 |

図 3-6　学習準備の学校間格差

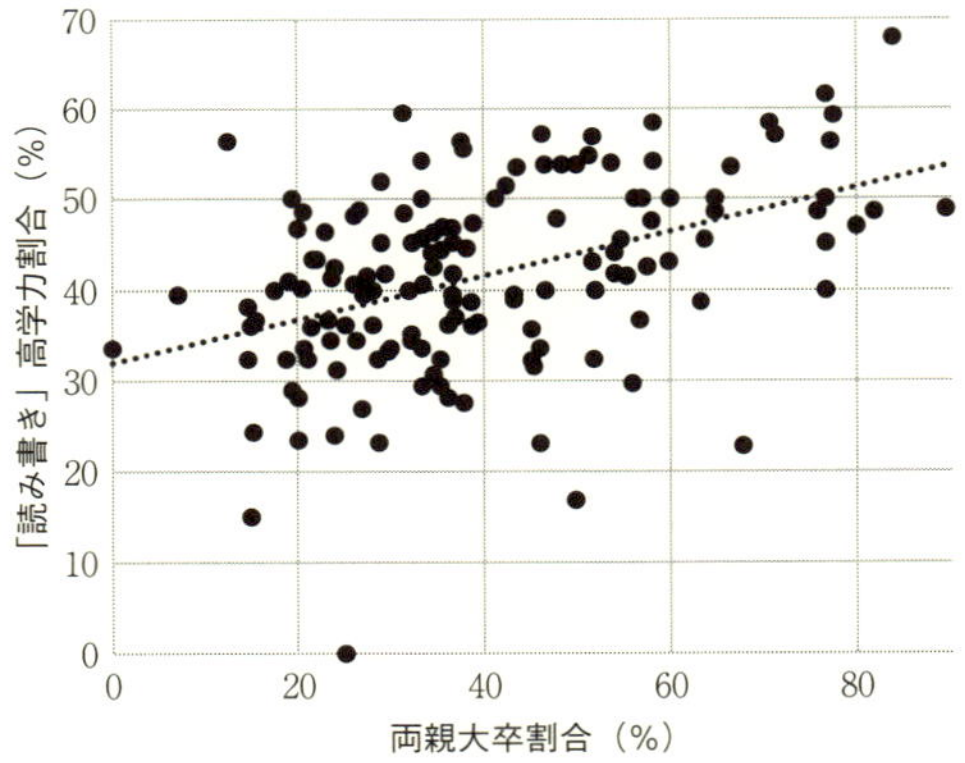


出所：表 3-18・図 3-6 ともに TIMSS2015

平均的な小学校では10人のうち4人が「読み書き」高学力であることになる。上位から16％あたりの学校となると10人に5人が「読み書き」高学力（52％）で、反対に下位から16％あたりだと10人うち3人ぐらい（27％）が「読み書き」高学力で、他7人は高学力ではない。入学時点の算数力にしても同じようなばらつきがある。このデータのサンプルは実態に即して98％が公立なので、大半は公立校と私立校の間の格差ではない。公立であっても、小学校入学時点で学習準備ができている子の割合が高い学校と、低い学校があるのである。これは、学校に入った時点の学校間の準備格差を意味する。

親大卒者数によって「読み書き」高学力児童の割合に格差があったように、学校水準でも同じようなSESによる格差を確認できる（図3－6）。SESはどのような指標にしても同じ傾向となるのだが、ここでは感覚的に分かりやすくするために、両親大卒割合をSESの代理指標とした。両親大卒割合が高い学校であればあるほど、「読み書き」高学力児童の割合が高い（相関係数0・37）[157]。

図3－7は、両親大卒割合と小学校4年生の3月に計測された算数学力の学校平均の関係を示している。入学時点と比べるとSESとの関係が強くなったように見える（相関係数0・57）[158]が、計測方法と内容が異なるため、学校間で学力格差が拡大したかどうかはこれではわからない。[159] この図から言えるのは、両親大卒割合と学校平均学力が最高値近辺の3校が国私立

図 3-7　学力の学校間格差

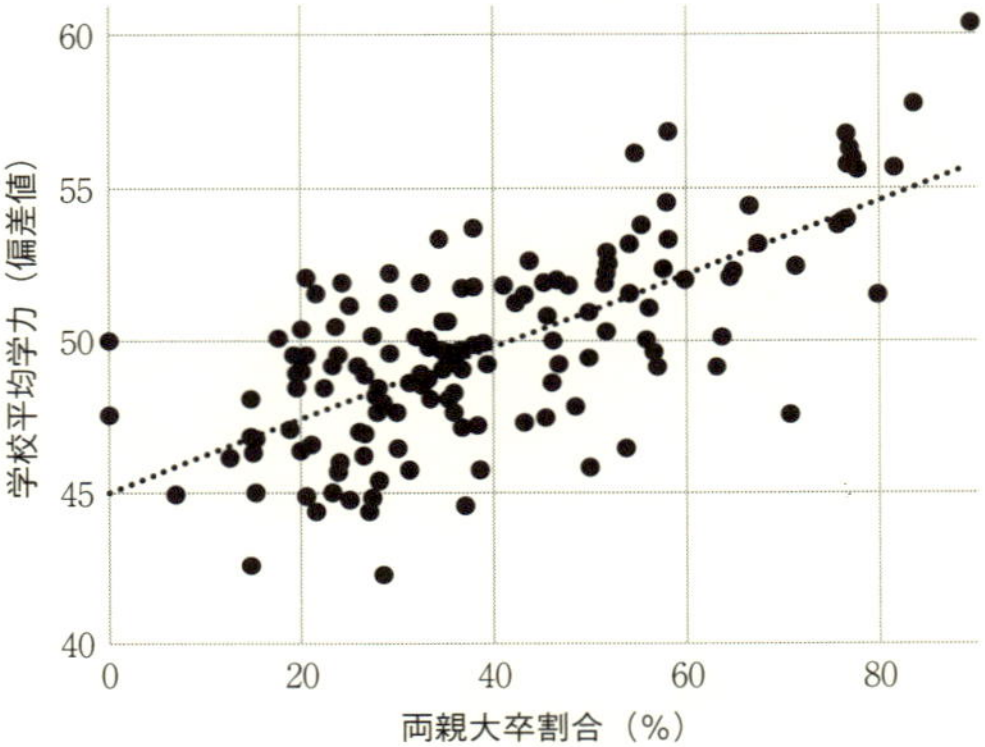


表 3-19　学校水準の SES と学力の関連

| 両親<br>大卒割合 | 入学時「読み書き」<br>高学力割合（%） | 入学時「算数」<br>高学力割合（%） | 小 4 算数学校<br>平均（偏差値） | 小 4 の算数偏差値<br>60 以上割合（%） |
|---|---|---|---|---|
| 26% 以下 | 34 | 29 | 47 | 9 |
| 27〜45% | 40 | 36 | 49 | 12 |
| 46% 以上 | 44 | 40 | 51 | 18 |

出所：図 3-7・表 3-19 ともに TIMSS2015

であったとしても、小4時点で学校SESによってそれ以外の学校間でも学力格差が確認できるという現実だ。全国調査で見られるこの関連はX市に限定しても変わらない。親の学歴ではなく学校のある地域の住民大卒割合を代わりに用いても似た傾向となる。[160]

学校SES（両親大卒割合）を3分割した結果が示すように（表3－19[161]）、入学時点の「読み書き」と「算数」に、そして小学校4年生時点の算数の平均と偏差値60以上の割合に学校間格差が存在する。「この学校の子たちは勉強がよくできる」と言うとき、それはその学校の両親大卒割合と無縁ではない。両親大卒割合の上と下それぞれだいたい3分の1というかなり大まかな比較でも、偏差値60以上の児童の在籍割合は約2倍になるほど異なっている。なお、表には示していないが、両親大卒割合の高さを全体の上位15%に限定すれば、全体の中で16%である偏差値60以上の児童の割合は24%となる。「勉強がよくできる子たち」は両親大卒割合が高い学校に大きく偏って存在しているのだ。

### †「みんな」が目指す教育のゴールは同一ではない

全国調査であるTIMSS2015の結果（表3－20）によれば、親が小学4年生の子に大学（四年制大学・大学院）進学を期待する割合は学校によって大きく異なる。繰り返すが国私立校は2%に満たないので、これらの大半は公立小学校間の格差だ。親が子に大学進学を期待してい

表 3-20　大学進学期待割合（%）の小学校間格差

| | | | 最小値 | 最大値 | 平均 | 標準偏差 | 上位 16% あたり | 下位 16% あたり |
|---|---|---|---|---|---|---|---|---|
| TIMSS 2015 | 小 4 | 親 | 33 | 100 | 58 | 15 | 72 | 43 |
| X 市 | 小 4 | 子 | 8 | 66 | 37 | 11 | 48 | 26 |
| X 市 | 小 4 | 親 | 25 | 100 | 67 | 15 | 82 | 52 |
| X 市 | 小 6 | 子 | 15 | 78 | 43 | 12 | 55 | 31 |
| X 市 | 小 6 | 親 | 17 | 100 | 67 | 15 | 83 | 52 |

表 3-21　学校 SES と親子の大学進学期待の学校割合（%）

| 小 4 | | | | | 小 6 | | |
|---|---|---|---|---|---|---|---|
| TIMSS2015 | | X 市 | | | | | |
| 両親大卒割合 | 親 | 両親大卒割合 | 子 | 親 | 両親大卒割合 | 子 | 親 |
| 26% 以下 | 47 | 23% 以下 | 32 | 55 | 24% 以下 | 36 | 56 |
| 27〜45% | 56 | 24〜39% | 37 | 68 | 25〜38% | 44 | 67 |
| 46% 以上 | 70 | 40% 以上 | 41 | 78 | 39% 以上 | 50 | 79 |

出所：表 3-20・3-21 ともに TIMSS2015・X 市

図 3-8　進学期待の学校間格差

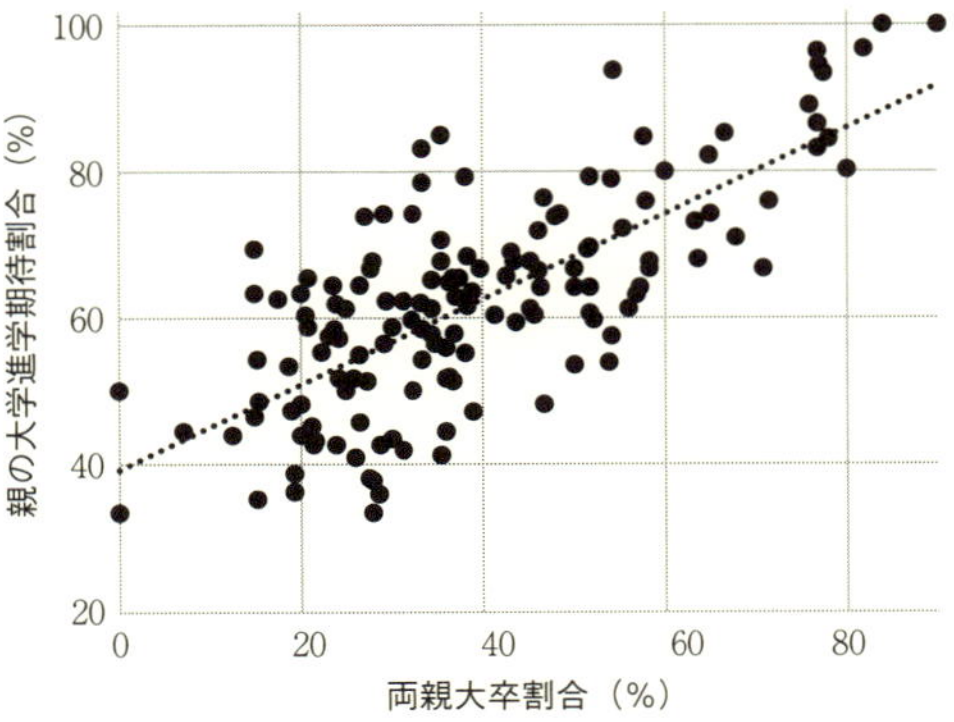


出所：TIMSS2015

る割合は平均58%、最小値33%、最大値100%とだいぶ差がある。上位から16%あたりの学校では4人に3人（72%）が、下位16%あたりでは2人に1人（43%）が子に四年制大学もしくは大学院への進学を望んでいる。これらの傾向はX市でも確認できるし、児童自身についても同様だ。

両親大卒割合によって3分割すると、TIMSS（全国）とX市のどちらでも、「誰」が通っているかによって進学期待割合に差があることがわかる（表3-21[162]）。TIMSSデータで作成した図3-8で明らかなように、両親が大卒である割合が高い学校の児童の親の大学進学期待割合は高い。相関係数は0・73で、これは両親大卒割合が親の大学進学期待割合の学校間格差の53%を説明することを意味する。

## †習い事の地域・学校間格差

習い事の地域格差を21世紀出生児縦断調査で見てみよう。親学歴による差が大きいので、同じ親大卒者数について非三大・三大の都市圏別に、小学校6年間の全種類の習い事（学習塾以外・「その他」は含む）の合算を比較した（表3-22）。年間1種目を1として足し合わせたので、6年間1種目をずっとやっていれば6となる。都市規模（大都市・市・郡）を追加しても結果の傾向は変わらないので省略する。親大卒者数による違いが大きいが、親大卒者数0と1につ

表 3-22　小学校 6 年間の習い事経験数

| 親大卒者数 | 都市圏 | 平均値 | 中央値 |
|---|---|---|---|
| 0 | 非三大 | 7 | 6 |
| | 三大 | 9 | 8 |
| 1 | 非三大 | 10 | 9 |
| | 三大 | 11 | 11 |
| 2 | 非三大 | 12 | 12 |
| | 三大 | 13 | 12 |

出所：21 世紀出生児縦断調査

表 3-23　小学 4 年生・習い事（学習塾を含まない）参加率の学校間格差（%）

| | 最小値 | 最大値 | 平均 | 標準偏差 | 上位 16% あたり | 下位 16% あたり |
|---|---|---|---|---|---|---|
| 1 種類以上 | 45 | 100 | 84 | 9 | 93 | 75 |
| 2 種類以上 | 9 | 79 | 43 | 13 | 55 | 30 |

出所：X 市

いては非三大と三大で大きいとは言えないまでも差があるので、階層×地域の格差があることになる。両親大卒層については、少なくとも非三大・三大の分類では格差はない。

全国調査データではなくなるが、学校間格差も確認しておこう。再びX市のデータを利用する。小学6年生でも傾向は同じなので習い事参加が活発な小学4年生について示そう。1種類以上習い事（学習塾を含まない）に参加しているかで分類すると、平均的な学校では84％の児童が何らかの習い事をしている（表3－23）。ただ最小値から最大値は45～100％の幅がある。2人に1人が1種類以上習い事をしている学校と、全員が何かしら習い事をしている学校があることになる。これらは両極端なケースだとしても、学校水準で習い事参加率はばらついていて、同じ市内であっても通う学校によって「常識」・「規範」・「ふつう」が異なることがうかがえる。

2種類以上の習い事に参加しているかどうかでみると、上位から16％あたりの学校では55％の児童が2種類以上の習い事をしている。各学校の両親大卒割合との学校水準の相関係数は1種類以上で0・46、2種類以上だと0・56だ。図は他項目のように右肩上がりで同じ傾向なので省略するが、「習い事をする子が多い学校」は比較的SESが高い傾向にある。換言すれば、SESによって各学校にある「習い事をするかどうかの基準」が異なると解釈できる。特定の学校の「当たり前」は必ずしも「ふつう」ではないのだ。

## †通塾するのが「ふつう」？

学習塾は習い事と比べて通える範囲にばらつきが考えられるので、全国データである21世紀出生児縦断調査を使って、都市圏（三大都市圏・非三大都市圏）と都市規模（大都市・市部・郡部）の両方で通塾率を確認した。三大都市圏・大都市が最も高く、非三大都市圏・郡が低い。この間にはだいたいどの学年でも2倍ぐらい格差がある（表3－24）。住んでいる地域によって通塾が「ふつう」かどうかに大きな違いがあるといえる。

表 3-24　地域別の小学校 6 年間の通塾率（%）

| | 学年 | 1 | 2 | 3 | 4 | 5 | 6 |
|---|---|---|---|---|---|---|---|
| 三大都市圏（46%） | 大都市（17%） | 14 | 17 | 27 | 36 | 46 | 52 |
| | 市（27%） | 12 | 14 | 21 | 27 | 34 | 41 |
| | 郡（2%） | 11 | 11 | 16 | 22 | 31 | 36 |
| 非三大都市圏（54%） | 大都市（7%） | 10 | 12 | 18 | 24 | 30 | 38 |
| | 市（39%） | 9 | 12 | 15 | 19 | 24 | 30 |
| | 郡（8%） | 7 | 9 | 12 | 15 | 19 | 24 |

出所：21 世紀出生児縦断調査

表 3-25　通塾率の小学校間格差（%）

| | 最小値 | 最大値 | 平均 | 標準偏差 | 上位 16% あたり | 下位 16% あたり |
|---|---|---|---|---|---|---|
| 算数 | 0 | 84 | 28 | 18 | 46 | 10 |
| 理科 | 0 | 56 | 11 | 10 | 20 | 1 |

出所：TIMSS2015・小 4 の親回答

図 3-9　小 4 通塾率の学校間格差

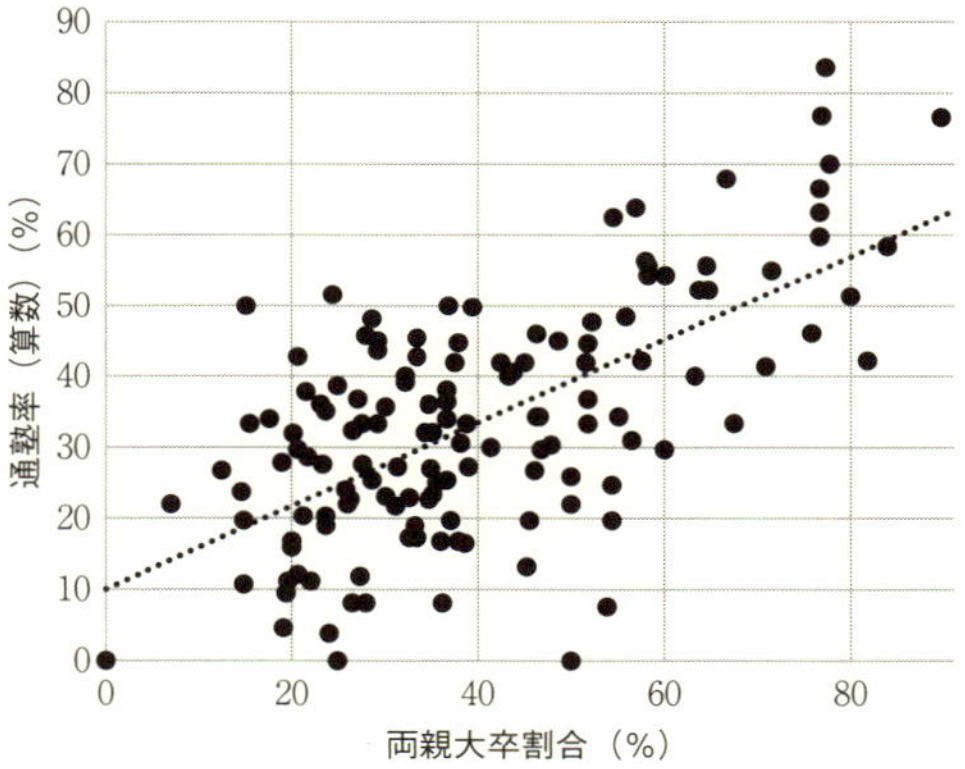


出所：TIMSS2015

もちろん、都市圏と都市規模によって親の大卒割合が異なるので、表3‐24で示している地域間の格差は部分的に親のSESによるものだ。ただ、親大卒者数別に都市圏・都市規模分類で通塾率を出しても、地域格差は確認できる。たとえば、両親大卒層に限定しても、三大都市圏だと大都市・市・郡の順で、小6の通塾率は62%、52%、44%で、非三大都市圏だと同じ都市規模順で48%、40%、31%である。[163] なお、最も不利な層である両親非大卒層で非三大都市圏の同学年の通塾率は、都市規模順に30%、24%、21%と最も有利な層（両親大卒・三大都市圏）の約半分だ。

2015年の小学4年生の全国調査（TIMSS2015）データで、通塾率の学校間格差を表3‐25にまとめた。日本の平均的な小学校（4年生）の通塾率は教科別に算数で28%、理科だと11%である。[164] 算数の通塾率を見ると、上位から16%あたりの学校で、2人に1人近く（46%）は算数を学校外で学んでいる。こういう学校では4年生で塾に通うことが自然なこと――少なくとも特別なことではないだろう。無論、この通塾率の高低はランダムではなく、学校の社会経済的文脈と関係している（図3‐9）。学校SESを代理的に示す両親大卒割合と通塾率の相関係数は算数0・59、[165] 理科0・55と一定の関連が見られる。すなわち、両親大卒割合が高い学校では通塾率が高い。

表 3-26　学習努力量の小学校間格差（年間時間数）

| | 最小値 | 最大値 | 平均 | 標準偏差 | 上位 16% あたり | 下位 16% あたり |
|---|---|---|---|---|---|---|
| 小 4 | 261 | 573 | 421 | 52 | 473 | 369 |
| 小 6 | 250 | 843 | 547 | 110 | 657 | 436 |

出所：X 市

## †どれぐらい勉強するのが「ふつう」なのか

学習努力量の基準が集合的水準で異なるのか、X市データで確認しよう。[166] 学校単位の平均的な年間換算の学習時間は小4で421時間、小6で547時間だ（表3－26）。集合的水準の格差として気になるのは、同じ小学校で学年が2つ違うだけなのに、標準偏差が小4から小6で拡大していることだ（年間で52時間から110時間）。これは学校単位で学習時間が長い学校と短い学校の格差が開いていることを意味している。塾での学習時間が含まれるので、主に通塾率の上昇によって格差が拡大していると考えられる。

また、通塾と関連するが、国私立中学校・公立中高一貫校の受験予定者の学校間偏在も関係あるだろう。小6の親の調査回答によれば、受験予定割合は全体で10%、[167] 親大卒者数0～2の順では5%・11%・15%で、学校水準では0～42%と幅がある（平均10%・標準偏差8%）。同じ市内であっても受験者が10人のうち4人いる学校とまったくいない学校では、学習努力の「ふつう」が異なるはずだ。

表 3-27　メディア消費時間の小学校間格差（年間時間数）

| | 最小値 | 最大値 | 平均 | 標準偏差 | 上位 16% あたり | 下位 16% あたり |
|---|---|---|---|---|---|---|
| 小 4 | 621 | 1413 | 928 | 121 | 1049 | 807 |
| 小 6 | 850 | 2876 | 1733 | 315 | 2047 | 1418 |

出所：X市

これらを踏まえれば不思議ではないが、学校水準の両親大卒割合と学校平均学習時間の相関係数は小4で0・35なのが小6で0・60と上がっている。個人水準で見たのと同様、学年が上がるとSESに基づき学習努力量の格差が拡大している。「どれぐらい勉強するのが〝ふつう〟なのか」という規範の学校間格差がSESを基盤に拡大している様子がうかがえる。

## 拡大するメディア消費時間の学校間格差

ここでもX市のデータを用い、メディア消費時間の学校間格差を確認しよう。[168]「テレビ・ビデオ・DVD」「ゲーム」「携帯電話やスマートフォン」の1日あたりの時間[169]を合算し、メディア時間とした。前節で見たように、個人水準では親大卒者数が多ければメディア消費時間が短い傾向である。ここでは学校間格差に焦点をおく。

これらの結果は月〜金までの1日あたりの3種類のメディア消費時間の合算を年間の時間にした上での学校平均で、学校によって「みんなと同じぐらい」の基準が異なることがうかがえる（表3-27）。そして学

表 3-28　学校関与を「よくする」割合の学校間格差

| | | 最小値 | 最大値 | 平均 | 標準偏差 | 上位 16% あたり | 下位 16% あたり |
|---|---|---|---|---|---|---|---|
| 小 4 | 授業参観 | 36 | 100 | 73 | 11 | 85 | 62 |
| | 学級・学年懇談 | 9 | 100 | 41 | 14 | 55 | 27 |
| | 学校行事（運動会・音楽会など） | 55 | 100 | 91 | 7 | 98 | 84 |
| | PTA 活動 | 3 | 73 | 27 | 12 | 39 | 14 |
| 小 6 | 授業参観 | 18 | 97 | 65 | 12 | 78 | 53 |
| | 学級・学年懇談 | 5 | 83 | 39 | 14 | 53 | 25 |
| | 学校行事（運動会・音楽会など） | 65 | 100 | 88 | 7 | 96 | 81 |
| | PTA 活動 | 0 | 70 | 26 | 12 | 39 | 14 |

出所：X 市

習時間と同様に、小4から小6にかけて平均値だけではなく標準偏差も増加する。

これはSESと関連していて、両親大卒割合と学校メディア消費時間平均の相関係数は小4でマイナス0・36、小6でマイナス0・55だ。つまり両親が大卒である割合が高い学校では、メディア消費時間の平均が短いことを意味する。1日あたりの時間差であり、設問が月～金しか聞いていないので推測となるが、大人（教師）によって時間を構造化されていない週末は、よりSESによる差が拡大すると考えられる。たとえ平日と同じだとしても小6の標準偏差は約315時間なので、上位16%あたりと下位16%あたりを比べると年間の差は約630時間となり、無視できるほど短くはない。

### †親が顔を出す学校・あまり出さない学校

親の学校関与は学校によって差がある。大都市部に位置するX市の公立小学校データによれば、授業参観を「よくする」と回答した親の割合は学校によって36〜100％と、同じ市内であっても大きな格差がある（表3－28）。学級・学年懇談、学校行事、PTA活動についても同様だ。そして、各学年で学校SES（両親大卒割合）は「授業参観」・「学級・学年懇談」それぞれと弱い相関関係がある（小4で0・23と0・28、小6は0・27と0・31）。両親大卒割合が高い学校のほうが「授業参観」・「学級・学年懇談」への参加を「よくする」割合がゆるやかに高い。この2つの学校関与は学校平均学力とも関連している。なお、小6では学校行事でもかなり弱いが相関が見られる（0・17）。少なくとも、学校間で親の学校関与には格差があり、部分的に学校SESと関連しているといえる。

### †異なる「ふつう」の中で育つ小学生

小学校教育においても個人・集合それぞれの水準で様々な格差がある。同じ社会であっても児童は親大卒者数と学校・地域によって、異なる現実を生きている。本章が示す実証知見をまとめよう。

①毎年の世帯収入は子供が大きくなるにつれ拡大傾向にある。義務教育の終わりまでの総額には大きな格差がある。
②目には見えづらい文化資本格差がある。家庭の蔵書数と親子の読書量、それに文化的活動に差がある。
③入学時点の学力が、小4時の学力と関連している。また、小4〜中1まで格差は縮小・拡大せずに維持されている。
④小4・小6で親子の大学進学期待に格差がある――親学歴によって異なる教育段階をゴールにしている。
⑤両親大卒層は多種多様な習い事を早い時期から始め、小4を境に塾の利用・学習時間の増大に焦点を移している。多様な経験を積ませながらも現行の学歴獲得競争で有利になるよう子供の年齢によって教育戦略を変えている。これは日本版「意図的な養育」と解釈できる。
⑥両親大卒層の「意図的な養育」による日常生活の構造化は、メディア消費時間増大の抑制、親の学校関与格差にも見られる。
⑦ここまで記してきた項目について地域や学校の間に格差が存在する。学校間SES格差があるので、似た「生まれ」や同じぐらいの学力の同級生と出会うのは偶然ではない。

⑧公立であっても将来大学に進学する前提で勉強している児童が多数派の学校が存在する。両親大卒割合によって、大学進学を明確に意識している児童が在籍する割合は学校間で大きく異なる。

⑨両親大卒割合によって、習い事・通塾の有無、学習とメディア消費に使う時間、それに親の学校関与が学校間で異なる。

「生まれ」によって児童は異なる「ふつう」を生きる。家に本がたくさんあり、親に大学進学を期待され、習い事や通塾することが「ふつう」な子もいれば、そうでない子もいる。同様に、公立であっても各小学校には異なる「ふつう」がある。近所の「みんな」に合わせても、それが都道府県や日本全体の平均とは限らない。

高校受験は公立であってもかなり広域の学区単位、大学受験は国私立問わず国単位で行われる教育選抜だ。つまり、親の教育期待や学校の「みんな」を基準にしていると、差が広がり、そのような将来の選抜（受験）で有利になる児童もいれば、不利になる児童もいることになる。親の「意図的な養育」によって構造化された時間を日常として認知・非認知能力を向上させたり、両親大卒層の割合が高く、多くが通塾や長時間学習する「みんな」に合わせていたりすれば、大幅なギアチェンジをせずとも学歴獲得競争で先頭集団を維持することができるだろう。

一方、長らく学校以外で構造化された時間を過ごさず、同じぐらい親の介入度合いの少ない生活を送っている「みんな」に合わせて「ふつう」な日々を送っていた児童は、中学校に入ってから陰に陽に「身の程」を「公式」に通知されることになる。

第4章

# 中学校——「選抜」前夜の教育格差

学校制度には大別すると二つの機能が期待されている。一つは子供たちがこの社会に適応できるよう社会化することだ。この中には個々の「能力」を一定基準以上にすることが含まれる。子供自身にとって生き抜いていくために必要であるし、一人ひとりの「能力」が高いことは社会全体にとっても望ましい。学校制度が実質的に請け負っているもう一つの重要な機能は、人々を「能力」によって格付け、「適切」な進路に振り分けることだ。換言すれば、学校制度は「選抜装置」(sorting device)なのだ。

「○○の子」のような「生まれ」ではなく「能力」によって選抜(sorting)し、「相応しい人」がより高い教育を経て高い社会的地位(の職業)につく——「能力」(メリット merit)によって社会的地位が決まる社会をメリトクラシー(能力主義による支配体制)という。この「能力」(メリット)の定義は社会的に構成されるのでいつの時代も問い直されているし(中村2018)、変わり得る。

「意図的養育」を行う大卒の親は、この「能力」の定義を理解し、子育て戦略を変容させている。すでに示したように、小学校4年生までは多種多様な習い事を子に経験させているが、現在の日本社会における教育選抜で最重要視される筆記試験によって計測される「学力」獲得のために、学習塾利用へと焦点を移行する(Matsuoka 2019a)。特に両親大卒層と比べると、(あくまで平均的には)両親非大卒層はそこまで意識的な戦略を採用していない。そう、ここまで確認してきたように、出身家庭のSES（親大卒者数など）によって子供たちは構造化の度合いの異なる時間を過ごすし、住んでいる近隣の公立小学校でどのような経験を得られるのかも社会経済的文脈と無縁ではない。中学校に入学するまでの約12年間、かなり異世界を過ごしてきているのだ。

この社会に格差が存在しないかのように、中学校の新入生の教室はとても賑やかだ。ワイシャツに袖を通して少し大人に近づいたと誇らしい気持ちになりつつも、まだ中身は小学生で弾けるような笑い声が絶えない。ただ、中学生になったということは高校受験という教育「選抜」の時期が近づいてきたことを意味する。実際、小学校とは違い中学校では定期試験で「学力」が測られ、あなたの「能力」はこれぐらいだ、と通知される。現在の教育制度の中で評価される「能力」が学校制度の中で「公式」に格付けされるわけだ。

## †小学校時代の経験蓄積格差

そんな新生活1年目に「誰」が勉強に打ち込むのか、学校でうまくやっていくのか、学力競争にこだわってその先の高い学歴達成に目を向けているのか――「誰」が中学校教育や学歴獲得競争に親和的で有利なのか。同じ制服を着て無邪気に笑っていても、中学1年生の時点ですでに格差が存在している。実際のところ、親大卒者数によって、3つの指標に格差がある170（表

表4-1　中学校教育適応格差

| 親大卒者数 | 学習努力量（年間） | 学校適応指標 | 大学進学期待 |
|---|---|---|---|
| 0 | 432 | 10.3 | 23 |
| 1 | 499 | 10.7 | 41 |
| 2 | 572 | 11.2 | 60 |

表4-2　経験蓄積量と中学校教育適応の関連

| 経験蓄積種類 | 学習努力量 | 学校適応指標 | 大学進学期待 |
|---|---|---|---|
| 通塾（通塾年数） | ＋ | | ＋ |
| 習い事（種類数） | ＋ | ＋ | ＋ |
| メディア時間 | － | － | － |

出所：表4-1・4-2ともにMatsuoka（2019a）を再構成

4－1）。両親大卒層は授業外学習時間が長く、学校に適応し、[171]将来働き始めるのは大学卒業後だと考える傾向にある。特に大学進学期待の差はわかりやすい。両親大卒だと中学1年生の時点で60％の生徒が大学に進学して卒業することを具体的な将来像としている。一方、両親非大卒だと23％に過ぎない。これらの差は世帯収入などを統制しても確認できる。同じ制服を着て同じ教室にいても、経験の蓄積の内在化によって、目指すところはすでに異世界なのだ。

未就学と小学校について確認したように、両親大卒層の子は教育的に構造化された時間を過ごして育つ。中学校に入る前に多様な習い事に参加し、通塾し、比較的短い時間をメディアに使う。この蓄積した経験量は、中学校教育への適応指標と関連している（表4－2）[172]。すなわち、通塾と習い事の経験蓄積があると、親学歴、世帯収入、中学1年生時点の通塾状況などを調整しても、学習時間は長く、大学進学期待を持つ傾向にある。習い事の経験蓄積量が大きいと中学校教育との親和性も高い。また、メディア時間の蓄積量が多いと、学習時間は短く、学校適応指標は低く、大学進学期待を持たない傾向である。

子供や親が意識しなくても、そして認めるのを拒否したとしても、新入生はそれぞれ異なる経験を心身に蓄積した状態で中学校生活を開始しているのだ。時に個性として理解される行動・態度・志向の背景には、(部分的に) 親学歴によって異なる経験蓄積格差があることを、研究結果は示唆している。小学校の外で教育経験を蓄積することで学習・学校・進学に対する親和性を身体化した、学歴獲得競争に有利な生徒がいるのだ。一方、そのような機会にあまり恵まれないまま、不利であることにも無自覚なまま、競争に参加している生徒がいる。より詳しく、データで見ていこう。

## 1　階層格差〈個人水準の格差〉

### †学力格差の平行移動

TIMSSは小学4年生と中学2年生を対象として実施されている。小学4年生に引き続き中学2年生のデータを用いて、TIMSSが定義し計測する「学力」について、2015年調査を用いて確認しよう。[173] 3月に実施されているので、受験学年になる直前の結果だ。

表4-3に示したように、親大卒者数によって数学の国内偏差値平均は明確に異なる。中2には親調査がないので、ここでは生徒回答を用いていて、親の学歴を「知らない」も非大卒と分類した。よって、両親非大卒層（親大卒者数0）が生徒全体のうち50％という高い割合になっている。実際には大卒層が多少交じっているはずだが、それでもこの層の偏差値平均は47と、26％を占める両親大卒層より偏差値で9も低い。これは学力上位16％を意味する偏差値60以上の割合で見ても同様の傾向である。親学歴という「生まれ」の代理指標が学力とまったく関係なかったら、どの層でも16％になるはずだが、両親大卒層は32％と高く、両親非大卒層では8％とかなり低い。なお、TIMSSでは数学だけではなく理科も調査しているが、親大卒者数0〜2の順[174]で国内偏差値平均は47・51・54とほとんど数学と変わらない。

小学校と同じく、埼玉県のパネルデータでも確認しておこう。2018年度に中学3年生だったコーホートの結果によれば、小6時点の学力は3年後である中学3年時の学力の個人間分散の約半分を説明する（中室・松岡・伊藤2019）。中学校入学前の学力が受験学年の学力の土台になっているわけだ。これは学年内の相対的順位の話ではなく同一の物差しによる評価なので、少なくともこの調査で計測している学力は積み重ねの帰結――長い時間をかけて身体化される能力であることを意味する。

家庭の蔵書数による学力格差の経年変化（図4－1）も小学校の結果とあまり変わらず、大勢としては小6時点の学力格差が中3まで維持されている。なお、本の冊数が多い層は通塾率

表4-3　中2の数学・国内偏差値と偏差値60以上の割合

| 親大卒者数 | 国内偏差値平均 | 偏差値60以上割合（%） |
|---|---|---|
| 0 | 47 | 8 |
| 1 | 51 | 16 |
| 2 | 56 | 32 |

出所：TIMSS2015

図4-1　家庭の蔵書数と学力の関連

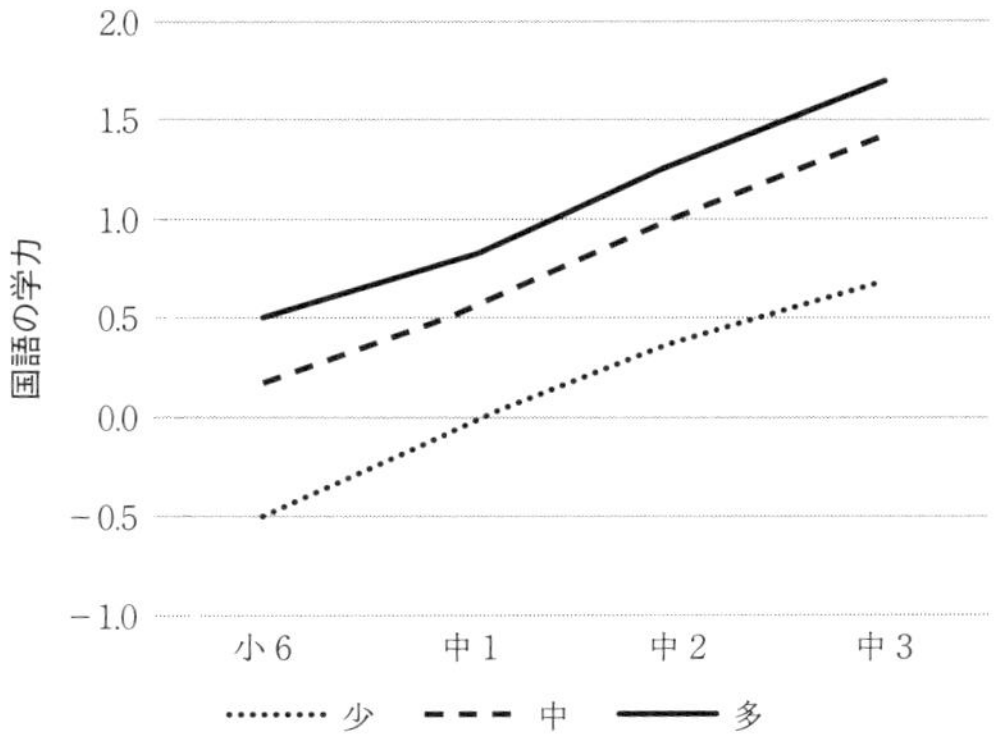


出所：埼玉県学力・学習状況調査

が高い。フルマラソンにたとえるなら、最初の10キロで開いた差がそのまま20キロ、30キロ、40キロ地点で維持されているようなものだ。同じ速度で走っても差は一向に縮小しない。そして高校受験という制度的「選抜」によって異世界へのルートに進んでいくことになる。

## †身体化される「意思」

3つの全国調査データを用いて多角的に中学生の大学進学期待についてまとめよう。まず、前節で触れたように、中学1年生の時点で親学歴によって大学進学期待に格差がある（表4-4）。同じ児童を追跡した結果によれば、1年経っても各親層であまり変わりはない。中学3年生になるとすべての親学歴層で増えるが、格差そのものは変わらない。他の全国調査データでも調査年・親大卒者数に占める割合など異なるが、大学進学期待の格差を確認できる。前章でも使用した厚生労働省による21世紀出生児縦断調査と内閣府による「親と子の生活意識に関する調査」（以下、親子調査）は中学3年生の親の子に対する進学期待を聞いているが、ここでも格差はある。全国調査を優先して表では省略したが、大都市部に位置するX市の中学3年生でも傾向は同じである。親大卒者数0〜2[175]の順で子供自身の大学進学期待割合は40％・59％・78％、親の子に対する期待割合は46％・70％・88％だ。

重要な点として、21世紀出生児縦断調査の親の子に対する教育期待の設問では、「子どもの

表 4-4　中学生と親の大学進学期待割合（%）

| データ | 21 世紀出生児縦断調査 | | | | TIMSS 2015 | 親子調査 | |
|---|---|---|---|---|---|---|---|
| | 本人 | | | 親 | 本人 | | 親 |
| 親大卒者数 | 1 年 | 2 年 | 3 年 | | 2 年 | 3 年 | |
| 0 | 23 | 25 | 35 | 25 | 44 | 34 | 30 |
| 1 | 41 | 45 | 58 | 48 | 62 | 61 | 58 |
| 2 | 60 | 65 | 75 | 68 | 83 | 80 | 78 |
| 2と0の差 | 37 | 39 | 41 | 43 | 39 | 46 | 49 |

意思にまかせる」という選択肢がある。これを選ぶのは「意図的養育」ではなく「(自然な成長を前提とした)放任的養育」の発露といえる。実際、「子どもの意思にまかせる」を選択したのは親大卒者数0〜2の順に42・36・26%と非大卒層において高い割合だ。

また、親が「子どもの意思にまかせる」うち、子が大学進学期待を持っている割合は親大卒者数0〜2の順に32・48・65%だ。両親大卒層は「子どもの意思にまかせる」割合が26%と、そもそも0〜2すべての層の中で最も低いのだが、そのうち最も高い割合(65%)で、本人が大学進学を期待している。親が希望せずとも子が大学進学を規範としてすでに内在化していると解釈して差し支えないだろう。一方、両親非大卒層の親の42%は「子どもの意思にまかせる」とするが、そのうち32%しか子本人が大学進学を期待していない。「子どもの意思」は「生まれ」によってだいぶ異なるので、子に「まかせる」意味合いも変わってくるのだ。

ついでに指摘すると、親子が大学進学で一致している割合は、親大卒者数0〜2の順に18・38・58%だ。子が大学進学を希望していて、親が子に対して「大学卒業」に加えて「子どもの意思にまかせる」を選んだ割合を合算すると、親大卒者数0〜2の順に32・55・75%となる。どのように出しても親大卒者数によって進学期待格差があるのだ。

「意図的な養育」を受けることで多種多様な経験を蓄積し学校教育に適応してきた高SESの生徒は、自分が大学に行くような人間であり進学は当然のように可能だ、という感覚を持つと解釈できる。一方、放任的養育によって構造化されていない日常生活を送ってきた低SESの生徒は、他の生徒よりも低く評価される経験を積み重ねて、進学に対する現実味を感じることができなくなるのかもしれない。身近なロールモデルである親の大学時代の思い出話の有無も格差の背景にあるだろう。進学期待格差は小学校に入学以後積み重なってきた経験や自信、学校教育との親和性、それに、普段の家族内の会話による規範と期待など社会の中における自らの位置付けが反映されていると考えられるのだ。

## †受験学年でも「みんな」が通塾しているわけではない

学校外教育活動、中でも教育達成に対して直接的に影響を持つであろう塾・予備校の参加格差は1970年代以降（直井・藤田1978、盛山・野口1984など）実証的に検討されてきた。比較的近年の研究（中澤2013）[176]は高ランク高校進学に対する通塾の因果的効果を示している。

21世紀出生児縦断調査は7月と1月の特定週に生まれた子を対象とし、それぞれの誕生月に調査が行われている。[177] 大学進学期待についてはどちらの月生まれでもほとんど変わりはないが、通塾は7月と1月では状況が違う。よって、ここでは各学年について7月と1月の両方で通塾率を出した。同じ月については同じ生徒が学年を上がる様子を追跡している。

国私立中学校の大半の生徒たちは付属高校に通うので、高校受験という学習圧力下にない。よって通塾する誘因も弱いので、ここでは公立校通学者のみに対象を限定する（表4－5）。[178] 1年生7月の時点で親学歴層別に通塾率格差があり、多少の変動がありながらも、高校受験直前の3年生1月には17％の差となっている。[179] 小学生の習い事と同様に、両親大卒層は早い時期から教育市場を利用し、他2層が後を追うように参加している。1年生7月の段階で両親大卒層の47％が通塾しているが、この割合に両親非大卒層が達するのは1年後の2年生7月だ。同じように、両親大卒層は2年生1月で65％に達するが、両親非大卒層が同じ水準になるのは受験期である3年生1月だ。

このデータでは学習塾の中の学力クラス分けなどについてはわからないが、両親大卒層は高い学力を持つ傾向にあるので、特に生徒人口の多い都市部では、塾の中においても進学校合格を期待される上位クラスで指導を受けている可能性がある。この点についてはTIMSS2015の中2データが参考になる。「より優秀な成績のため」に通塾している割合は両親大卒層と非大

表4-5　中学生の通塾率（%）（21世紀と親子調査は公立中生徒に限定）

| データ | 21世紀出生児縦断調査 | | | | | | TIMSS2015 | | | 親子調査 |
|---|---|---|---|---|---|---|---|---|---|---|
| 親大卒者数 | 1年 | | 2年 | | 3年 | | 2年（の3月） | | | 3年 |
| | 7月 | 1月 | 7月 | 1月 | 7月 | 1月 | より優秀な成績のため | 補習目的 | 種別合算8か月以上 | 10月下旬〜11月上旬 |
| 0 | 36 | 40 | 44 | 46 | 56 | 62 | 21 | 23 | 26 | 58 |
| 1 | 44 | 48 | 53 | 56 | 67 | 72 | 33 | 25 | 36 | 69 |
| 2 | 47 | 55 | 57 | 65 | 70 | 79 | 41 | 22 | 44 | 76 |
| 2と0の差 | 11 | 15 | 13 | 18 | 15 | 17 | 20 | −1 | 18 | 19 |

卒層で大きな差がある（表4−5）[180]。一方、補習目的ではほとんど差はない。中学2年の3月時点で8か月以上通塾している率も両親大卒者数によって明確な格差が確認できる。

受験の約3か月前に実施された全国を対象とした親子調査でも通塾率は親学歴によって違う。最も多くの子供たちに学習圧力がかかる時期だが、親学歴別にみると「みんな」が通塾しているわけではない。両親大卒層と両親非大卒層では19%の差がある。

### 受験前の「生まれ」による努力格差

21世紀出生児縦断調査を用いて中学生の学習努力量の格差を見てみよう。通塾率と同様に時期によって変わると考えられるので7月と1月に分割し、高校受験圧力のある公立校通学者に限定した[181]。各生まれ月の生徒を3年間追跡した結果（表4−6）によれば、1年と2年はそんなに大きな違いはないが少しずつ親大卒者数による努力格差が拡大しているよ

表 4-6　公立中学校生徒の学習努力量（半年あたりの時間数）

| 親大卒者数 | 1年 | | 2年 | | 3年 | | 合算 | | |
|---|---|---|---|---|---|---|---|---|---|
| | 7月 | 1月 | 7月 | 1月 | 7月 | 1月 | 中学3年間 | 小学6年間 | 小中9年間 |
| 0 | 221 | 211 | 221 | 224 | 291 | 430 | 1598 | 1737 | 3334 |
| 1 | 253 | 239 | 254 | 260 | 339 | 505 | 1851 | 1834 | 3685 |
| 2 | 274 | 269 | 284 | 289 | 373 | 572 | 2059 | 1903 | 3962 |
| 2と0の差 | 52 | 58 | 62 | 65 | 82 | 142 | 461 | 167 | 628 |

出所：21世紀出生児縦断調査

うにみえ、3年生の7月段階では明確に差が大きくなる。3年生の1月の結果は前期入試などの合格者を含むので、受験圧力の結果としてそのまま受け取るべきではないが、少なくとも7月よりもだいぶ学習時間が増え、親大卒者数による格差も大きい。

概算に過ぎないが層別の合算値も確認しよう。中学3年間で両親大卒層と両親非大卒層では461時間の努力量の差がある。塾の授業時間や塾講師に出された課題時間も含まれるので自発的な努力だけではないが、学校外学習量は明らかに異なる。[182]小学校6年間の学習時間も公立中学進学者に限定して再計算し、中学3年間と合わせたのが右端の数値だ。両親大卒層の中でも学習に熱心な一部は私立中学校に流れているが、公立中学校に通っている生徒だけでみても、両親大卒層と両親非大卒層では義務教育の9年間の学校外学習時間量の差が平均で628時間となる。

なお、私立中学校通学者に限定して、同じように親大卒者数別に中学3年間の平均学習時間を出すと、差は222時間である。明らかに公立中通学者の461時間より格差が小さい。受験圧力がないので両親大卒層の学習時間が3年時にあまり伸びないのと、両親非大卒層であっても学習と親和性の高い生徒が私立中に通っているだろうし、私立中学校で出される宿題量が多いことなどが考えられるので、不思議ではない。むしろ「私立中に通っていても3年間の学校外学習時間に格差がある」という見方もできる。[183] さらには、私立中に通っている生徒の小学校6年間の学習時間合算も親大卒者数によって差がある（親大卒者数0〜2の順で、2478・3395・3836時間）。両親大卒層の公立中通学者の小学校学習時間の平均が1903時間であることと比べると、同じ両親大卒層でも私立中に通うことになった生徒たちの小学校時代の学習時間は際立って長い。

公立中学校の生徒に話を戻そう。前述のように3年生の1月はすでに受験が終わって学習圧力が減った生徒も含まれるので、学習努力量格差を過小評価しているかもしれない。よって、まだ受験が終わっていないであろう時期に行われた親子調査の結果も確認する。表4-7にあるように、公立中学校通学者の受験約3か月前の時点における学習時間には、親学歴による格差がある。1週間あたりだと親大卒者数0〜2の順に、11・4、13・8、15・6時間だ。[184] 受験の約3か月前は、まだ大半の公立中学校の生徒にとっては受験圧力が最大の時期といってもいい。志望校も決め、それぞれの第一志望への合格を確たるものとするために勉強しているはずだ。私立校進学による追加的費用負担を避けるために公立受験で合格したいという誘因も強いだろう。これだけ学習すべき状況が整っていても、親学歴別に学校外学習時間に格差がある。もちろん、家計状況を勘案して、公立高校に落ちる可能性を排除するために内申点や学力よりだいぶ低い高校を選んだからこそラストスパートをしない生徒もいるかもしれないので、詳しいことはわからない。

少なくともこのデータからいえるのは、大半の生徒は学習圧力が最大の時期であっても、そこまで長時間学習を行っていないということだ。特に両親非大卒層の学校外学習は1日あたり1時間半程度に過ぎず、「受験地獄」は進学校を目指している一部の生徒の経験といえるだろう。

これら全国調査の結果に加え、X市の努力格差も表4-7に加えた。中学3年生の4月中旬に行われた全国学力調査の生徒質問票の回答から出した結果だ。大都市部という地域性があるが、全国調査（表4-6）の2年生1月と3年生7月の間ぐらいの時間数と格差を示している。

表 4-7　公立中学校３年生の学習努力量（半年あたりの時間）

| データ | 親子調査（内閣府） | X 市 |
|---|---|---|
| 親大卒者数 ＼ 実施月 | 10 月下旬～11 月上旬 | 4 月 |
| 0 | 297 | 254 |
| 1 | 360 | 304 |
| 2 | 405 | 334 |
| 2と0の差 | 107 | 79 |

表4-8　中学3年生のメディア消費時間（月あたりの時間）

| 親大卒者数 | 4月調査 |
|---|---|
| 0 | 164 |
| 1 | 146 |
| 2 | 115 |
| 2と0の差 | －49 |

出所：X市

## †受験学年のメディア消費

X市のデータを用い、メディア消費時間の個人間格差を確認しよう。[185]「テレビ・ビデオ・DVD」「ゲーム」「携帯電話やスマートフォン」の週あたりの時間[186]を合算しメディア時間とした。公立学校のデータなので中学3年生は受験が近づけばメディア消費時間を減らすと考えられる。そのため1日あたりの時間を1か月（30日）に換算した。その結果（表4－8）、親大卒者数によって意味のある時間数の差がある。前述の同じX市の結果（表4－7）と合わせて考えると、両親非大卒層は他層と比べてメディア消費に時間をかけ、学校外学習に時間をかけていないことになる。

これらが意図的養育による親の直接的な制約なのか、それとも中学3年生になるまでの意図的養育によって本人が親の価値志向を身体化した結果なのかはわからないが、「生まれ」による行動格差があることはわかる。

なお、全国データの分析結果[187]（Matsuoka 2013c）によれば、17％の中学2年生は登校日であっても1日4時間以上テレビとゲームに時間を使っている。学力とは別に、SESが低いと長時間のメディア消費をする傾向にあるのだ。

表 4-9　公立中学3年の親で学校参加を「よくする」割合（％）

| 親大卒者数 | 授業参観 | 学級・学年懇談 | 学校行事（運動会・音楽会など） | PTA 活動 |
|---|---|---|---|---|
| 0 | 31 | 20 | 71 | 15 |
| 1 | 42 | 31 | 75 | 20 |
| 2 | 53 | 41 | 82 | 24 |

出所：X市・親回答

## †親と学校の「つながり」格差

小学校と同じく親調査が9月に実施されたX市のデータを用いて、中学3年生の親で学校参加を「よくする」割合を出した（表4－9）。小学4年生・6年生（表3－15）と比べると、中学3年生では「よくする」割合がどの層でも減っている。学級・学年懇談とPTA活動については両親大卒層と非大卒層の差は全体で減少しているので変わらないが、最も学習と関連が高い授業参観のみ格差が14・16・22％と少し広がっているようにみえる。非大卒の親にとっては中3の授業内容は成功体験と結びついているわけではないので、臆してしまうのかもしれない。また、低SES層が「勉強」は親ではなく（教育の専門家である）学校教師の仕事と考える傾向（Lareau 2003；2011）も反映されている可能性がある。学校との「つながり」を示す学校社会関係資本の格差は中学3年生時点でも存在するのだ。

†「学校で何を勉強しているの？」

もう一点、別の視点――学校についての家庭内の親の関与について確認しよう。学校や勉強についての会話は、学校や教育の重要性を子に伝える（McNeal 1999）親の関与（Hill and Tyson 2009など）と論じられてきた。全国調査のTIMSS2011を分析すると、中学2年生の時点で、家庭内の社会関係資本に格差がある。具体的には、「私の親は、学校で習っていることについて私にたずねる（国立教育政策研究所２０１３a、２４７頁）」について「週に1回か2回」以上と回答した生徒の割合は、[188] 親大卒者数0〜2の順で38・47・58%だ。この結果は生徒の学力と性別を考慮しても変わらない（Matsuoka 2014b）。[189] すなわち、高ＳＥＳの親は子に学校での学習についいて頻繁にたずねる「意図的養育」を行う傾向にあるといえる。[190] 日常的に会話があることで、親が学校における学習や成績を気にかけていることが子に伝わるだろうし、困ったことがあれば塾などの教育サービスの利用も含めて対応できるはずだ。

## 2　学校・地域の格差〈集合水準の格差〉

第3章で確認したように、小学校の段階ですでに、「多様な子がいる公立学校」はＳＥＳという観点から幻想に過ぎなかった。日本全体を俯瞰してみれば学校間格差は明確に存在している。これは、私も含めてみなさんの一回限りの特定の学校における小学生経験が社会全体の平均とは限らないことを意味する。「誰」が通っていた学校かによって、経験した「ふつう」や「規範」に大きな差があったはずだ。もちろん、平均値あたりの学校の割合が最も高いので、みなさんが通っていた学校が日本全体の中の「平均」という可能性も十分にある。ただ、15歳時の「くらしぶり」の自己評価が「ふつう」でも実際に大卒となった人たちの階層指標は非大卒層よりも高かった結果（第1章）を思い出して欲しい。あなたが大卒であるのなら、データを基に今一度本当に「平均」的な学校経験だったのか問いかける価値はあるだろう。

　学校間・地域間の格差で無視できない小中学校の違いは、私立校進学者が全体に占める割合だ。小学校では私立校在籍者割合は全体の1・2%だが中学校では7・2%となる。[191] 私立校への通学は、近所の公立校では得られない構造化された時間を子に与える行為であり、「意図的な養育」の一環として理解できる。両親大卒層が私立校に集まるので、学校の設置者種別（国公私立）はわかりやすい格差の象徴だ。

　高SES層が私立に抜けたとはいえ、公私格差は全体像の一部に過ぎない。そう、中学でも「多様な人がいる公立校」は「生まれ」という観点では幻想に過ぎない。学校間で、生徒のSES属性に偏りがあり、それはわたしたちが「校風」であるとか「学校文化」と呼ぶものと関

表 4-10　親学歴・地域別の世帯収入・子が中３時点（中央値）

| | 親大卒者数 | 全体に占める% | 円（万単位） |
|---|---|---|---|
| 三大都市圏 | 0 | 17 | 602 |
| | 1 | 14 | 720 |
| | 2 | 16 | 930 |
| 非三大都市圏 | 0 | 26 | 550 |
| | 1 | 16 | 660 |
| | 2 | 12 | 809 |

表 4-11　学校の設置者種別の通学者割合（%）

| | 親大卒者数 | 公立 | 国立 | 私立 |
|---|---|---|---|---|
| 三大都市圏 | 0 | 93 | 1 | 6 |
| | 1 | 87 | 1 | 12 |
| | 2 | 73 | 2 | 25 |
| | 合計 | 84 | 1 | 14 |
| 非三大都市圏 | 0 | 93 | 1 | 6 |
| | 1 | 91 | 2 | 7 |
| | 2 | 84 | 4 | 11 |
| | 合計 | 90 | 2 | 7 |

出所：表 4-10・4-11 ともに世紀出生児縦断調査

係がないわけではない。詳しくはデータで見ていこう。

**†社会経済的地位（SES）の地域格差**

子が中学3年生時点の世帯収入の地域格差をまとめた（表4-10）。1年生と2年生の時点でも同じ地域格差が確認できる。各都市圏内でも基本的に都市規模が大きいと収入が高い。

同じデータで、地域と親大卒者数の組み合わせごとに、通学する学校の設置者種別の割合も表4-11にまとめた。三大都市圏の両親大卒層の25%が私立中学校に通っていて、両親非大卒層はどちらの都市圏であっても6%のみ私立通学だ。

なお、表には含めていないが、東京都の区部に限定すると親大卒者数0〜2の順で11・20・

43％が私立に通っている。国立やその他を抜くと、東京都の区部の両親大卒層で公立中学校に通っている割合は53％に過ぎない。[192] 一方、両親非大卒層は東京都の区部であっても88％、親1人大卒層でも79％は公立校の生徒なので、都心部の私立熱は主に両親大卒層のものであることがわかる。同じ東京都区部でも両親非大卒層の大半は公立に通っているわけで、地域を限定しても階層によって早い時期に受験して私立を選ぶことが「現実的な選択肢」な層と公立通いが「当たり前」な層に分かれていることがうかがえる。階層×地域分断なのだ。

第3章と同じく、中学校間のSES格差を確認しよう（表4－12）。データはTIMSS2015だ。[193] 残念ながら2015年調査は私立校を特定することができない。小学校のデータが示すように、両親大卒層は多くの蔵書と読書習慣を持つ傾向にあるので、学校水準で親学歴と平均蔵書数の関連（図4－2）がある（相関係数は0・66）。[194] 両親大卒割合が高い学校の生徒が同級生の家に遊びに行った際に本が多くあることは偶然ではない。

本書では最新のデータを優先しているが、同じTIMSSの2011年調査であれば、各学校の設置者種別を特定できる。日本全体を対象として無作為抽出されているので、2015年調査より4歳年上のコーホートではあるが、同じような傾向[195]を確認した上で公私立間格差を可視化できる。生徒の回答を基に2015年データと同じように両親大卒割合を出すと、全学校平均は21％で、私立校に限定すると45％、公立校は19％だ。明らかに公私で両親大卒割合が異

表 4-12　中学校 SES（TIMSS2015・全校種含む）

| | 最小値 | 最大値 | 平均 | 標準偏差 | 上位 16% あたり | 下位 16% あたり |
|---|---|---|---|---|---|---|
| 母大卒（%） | 12 | 92 | 37 | 15 | 52 | 21 |
| 父大卒（%） | 7 | 92 | 33 | 17 | 50 | 16 |
| 両親大卒（%） | 0 | 92 | 23 | 16 | 39 | 7 |
| 家庭の蔵書：平均冊数 | 35 | 170 | 82 | 22 | 104 | 60 |
| 家庭の蔵書：「ほとんどない」（%） | 0 | 35 | 12 | 7 | 19 | 5 |
| 家庭の蔵書：「200 冊より多い」（%） | 0 | 53 | 16 | 10 | 26 | 6 |

出所：TIMSS2015・生徒回答

図 4-2　文化資本の学校間格差

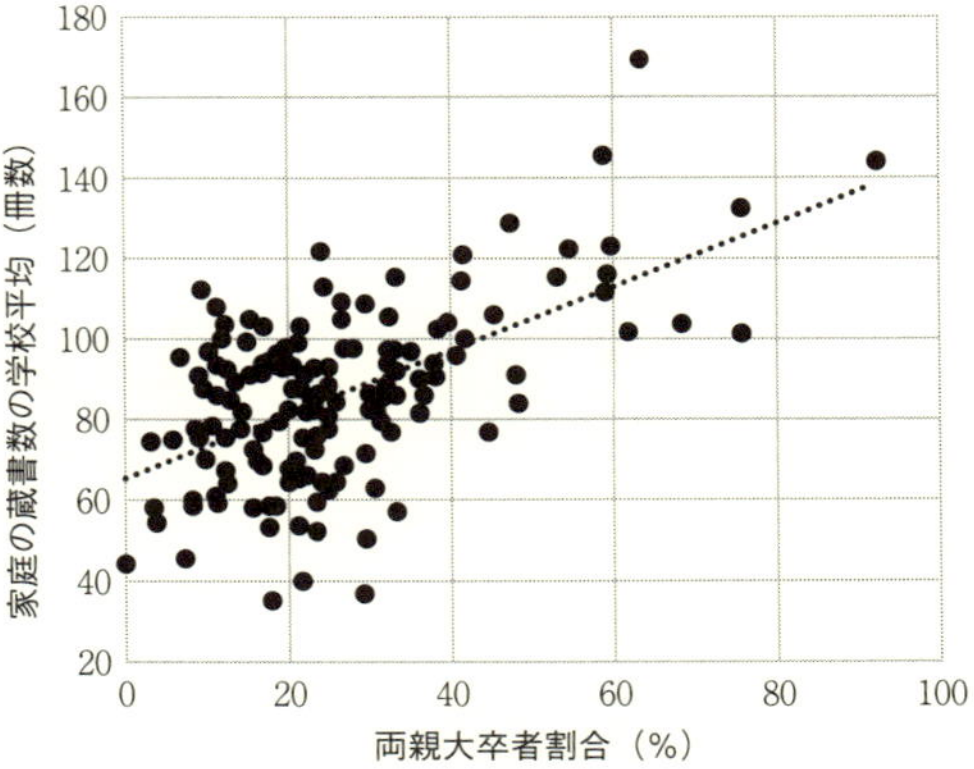


出所：TIMSS2015

なる。家庭の蔵書数の学校平均も同様で、全学校平均で75冊のところ、私立103冊、公立73冊である。ただ、両親大卒割合と蔵書数の学校平均値がぴったりと一致するわけではない。図4－3にあるように、私立（●）は塊となっている公立校（△）の右側にばらついている。受験という（親の意思も含めた）進路の自己選抜をしているので、「ふつう」とは離れた層が私立に集まっていることがうかがえる。

図4-3　文化資本の公私立校格差

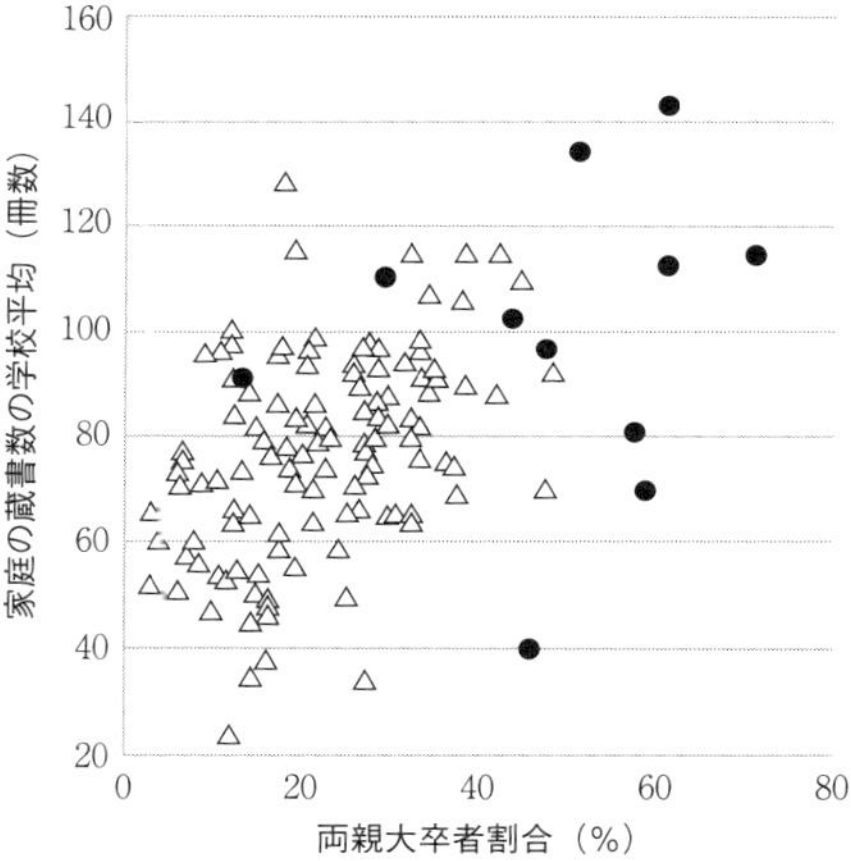


出所：TIMSS2011

小学校でも示したように、大都市部のX市の公立中学校に限定したデータでも学校間格差を示すことができる。TIMSSデータにはない就学援助に着目すると、中学3年生で就学援助を受給している生徒は26%いて[196]、受給割合を学校別に出すと平均29%・標準偏差15%で最小値5%・最大値100%だ。小学校から中学校に進学する際に約10%の生徒が私立や市外に流出していることを反映してか、全体的に小学校より公立中学校で就学援助受給率が高めになっている上、学校間格差も存在する。この傾向は（さいたま市を除く）埼玉県の公立中学校のデータでも変わらない。就学援助受給の割合は平均14％・標準偏差5％で、最小値〜最大値は0〜33％と大きな幅がある。[197] 同じ県内の公立中学校とはいえ、社会経済的文脈はかなり異なるのだ。

## †公私立校間と公立校間の学力格差

2015年調査の生徒個人の数学偏差値の学校平均を確認しよう（表4-13)。2015年調査の各学校の両親大卒割合と学校平均学力（偏差値）を用いた図4-4にあるように、両親大卒割合が高いほど、学校の平均的学力が高い関係が見て取れる（相関係数0・68)。両親大卒割合だけで学校間の学力の違いの46％を説明している。

ただ、図4-4の右上にある、両親大卒割合と平均学力の両方とも高い学校が目につく。これらは私立校と考えられるので、2011年調査の結果を用いて図4-5を作成した。[198] 確かに、図の右上の外れ値のような学校は私立校（●）だ。学力偏差値の学校平均は全体で50、公立49、私立58、偏差値60以上の生徒の割合は全体で14％、公立12％、私立40％だ。

学力上位層が私立校に集中していることは、学校単位の偏差値の最小値と最大値からもわかる。公立は平均偏差値で41〜56だが、私立は50〜65だ。偏差値60以上の生徒の割合でみても公

表4-13　中学校平均学力（数学）

| | 最小値 | 最大値 | 平均 | 標準偏差 | 上位16%あたり | 下位16%あたり |
|---|---|---|---|---|---|---|
| 学校平均（偏差値） | 42 | 67 | 50 | 4 | 54 | 46 |
| 偏差値60以上割合（%） | 0 | 91 | 15 | 14 | 29 | 1 |

図4-4　学力の学校間格差

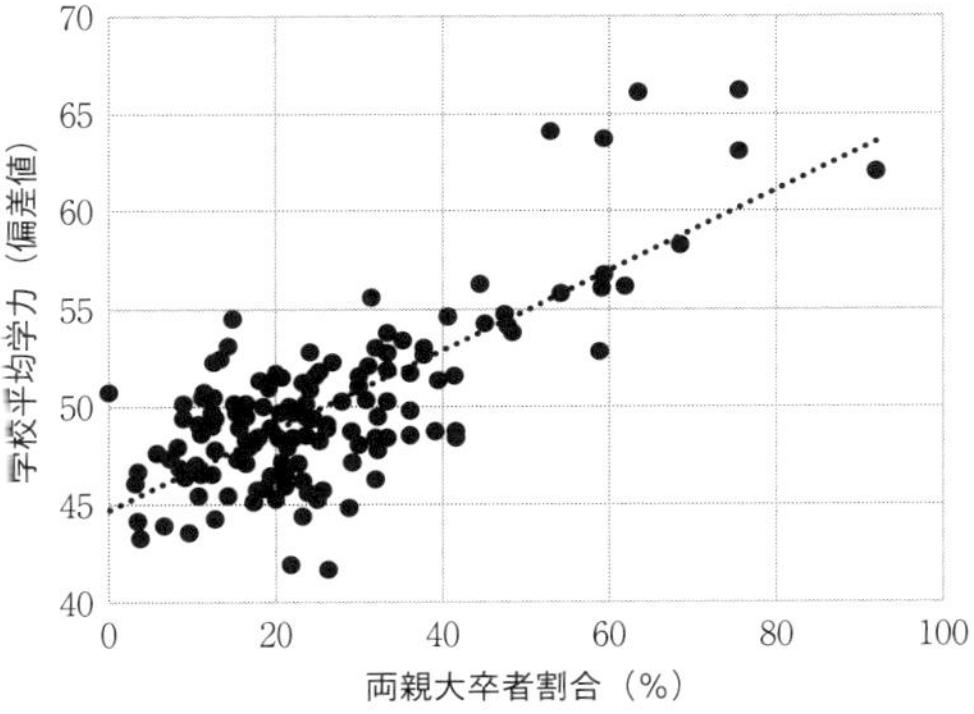


出所：表4-13・図4-4ともにTIMSS2015

立1〜30%、私立6〜78%とかなり異なる。両親大卒層が「意図的な養育」の一環として私立受験を経て集まっているので、SESと学力が高いのだろう。

公私の学力格差は明らかに大きいが、種内（公立校間・私立校間）でも中学2年生の終わりの時点で格差があることに留意したい。約93%の生徒が通う公立校だけに限定すると、両親大卒割合と学校平均学力の相関関係は0・58（公私）から0・39（公立のみ）とだいぶ落ちるが[199]、関係性がまったくなくなるわけでもない。それに、小学校と比べると、高SES層が私立に流出することで公立学校間の学力格差が縮小したことになるが、これは公立残留組にとって良い知らせではない。高SESで高学力の生徒が公立校からいなくなることで学力の競争相手や目指すべきペースメーカーが減ることを意味するのだ。換言すれば、同級生と高い水準で競い合う経験が少ないまま、広域の学区単位の選抜となる高校受験を迎えなければならない。特に塾に通わない場合、学校内上位というだけでは、広域の学力競争で勝てないということを高校受験で身をもって知ることになってしまうかもしれない。

図4-5　学力の公私立校格差

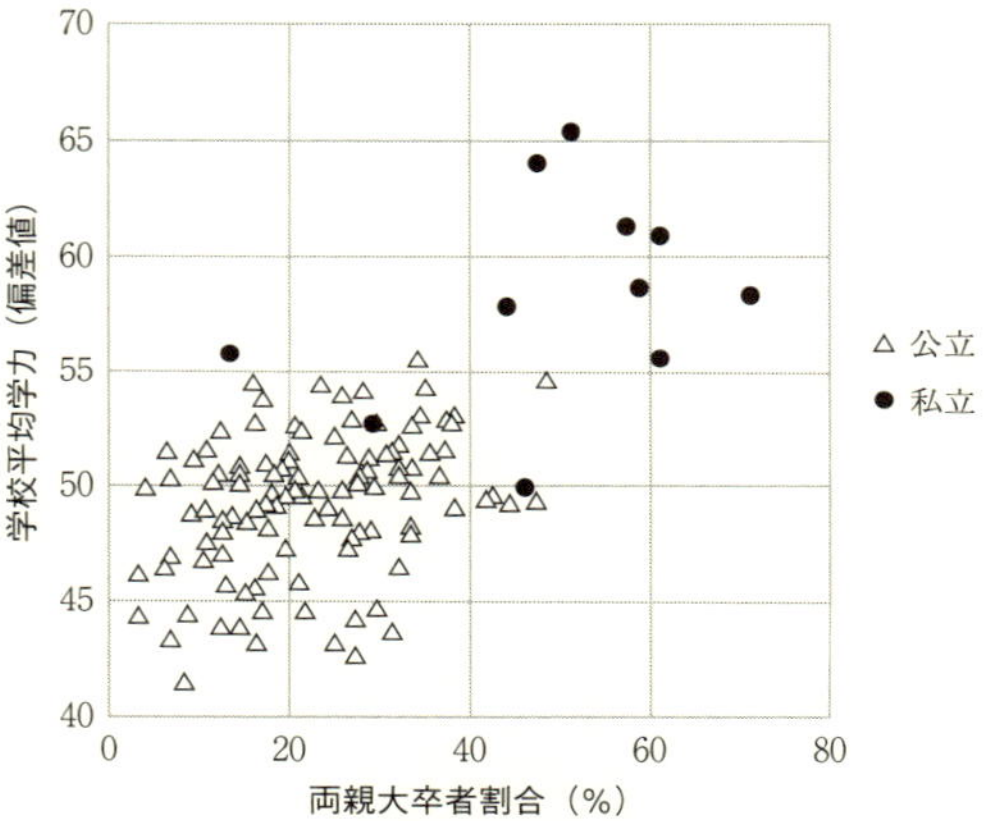


出所：TIMSS2011

また、公立学校間の学力格差を大きく見せたいわけではないが、X市の中学3年生のデータ（学力試験は4月実施）を使うと、両親大卒割合と学校平均学力（国語と数学の合算）の相関係数が0・76と高く、これは学校の両親大卒割合が学校平均学力のばらつきの58％を説明するということを紹介しておこう。X市では、主に高SES層が私立に流出するので、SESという観点では少し均質化するはずだが、それでも学校間でSESによる大きな学力格差があることになる（図4－6）。ただ、この結果はX市が大都市部に位置するからこそ見られる傾向（土屋2017）であるかもしれない。換言すれば、人口密集度の低い他地域にはあてはまらない可能性がある。[200]なお、TIMSSデータでも公立校が所在する地域の人口規模が大きいほうが、学校水準のSESと学力の関連が比較的強い（結果は省略）。少なくとも都市部については、公立校に限定しても学校SESによる学力格差は中学校段階でかなり切実な問題といえるだろう。

図4-6　学力の学校間格差

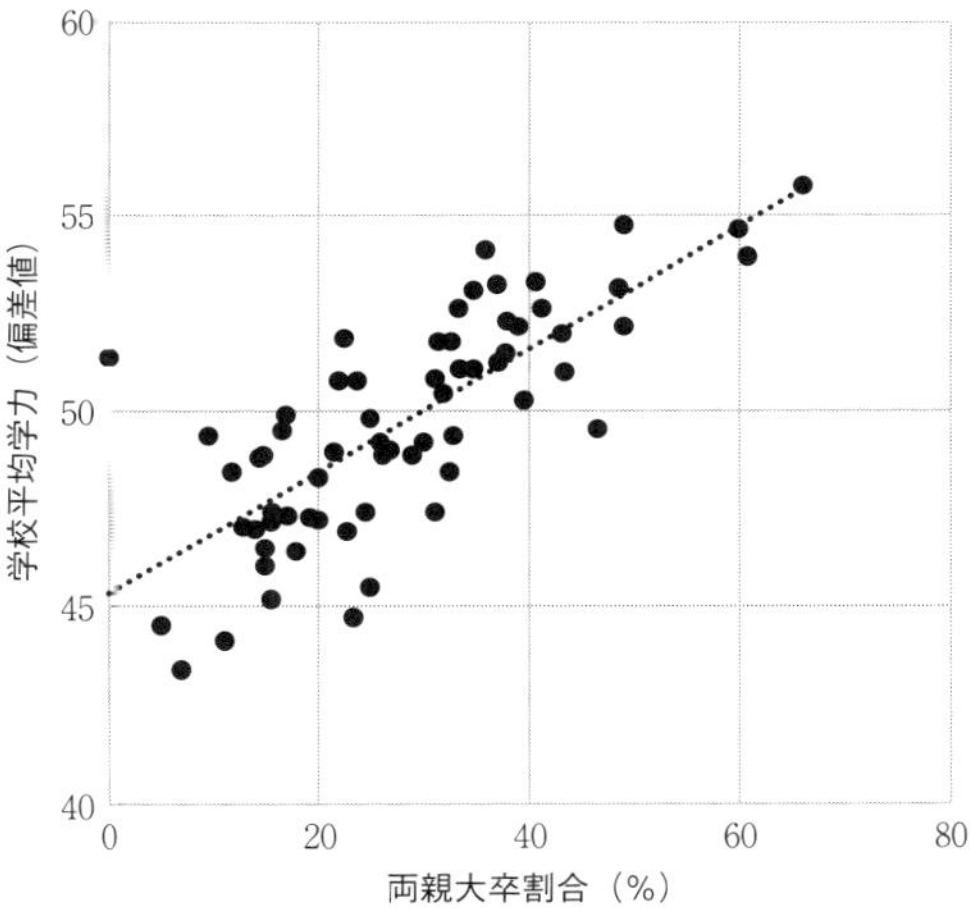


出所：X市・公立のみ

### 教育熱のサウナになる学校とならない学校

大学進学期待を持つ生徒の割合は、学

表 4-14　大学進学期待割合（%）の中学校間格差

| | 最小値 | 最大値 | 平均 | 標準偏差 | 上位 16% あたり | 下位 16% あたり |
|---|---|---|---|---|---|---|
| TIMSS2015 | 22 | 100 | 56 | 18 | 73 | 38 |

表 4-15　学校水準の SES と大学進学期待（私立含む）

| 学校両親大卒割合 | 大学進学期待割合（%） |
|---|---|
| 16% 以下 | 43 |
| 17～26% | 52 |
| 27% 以上 | 74 |

図 4-7　学校間進学期待格差

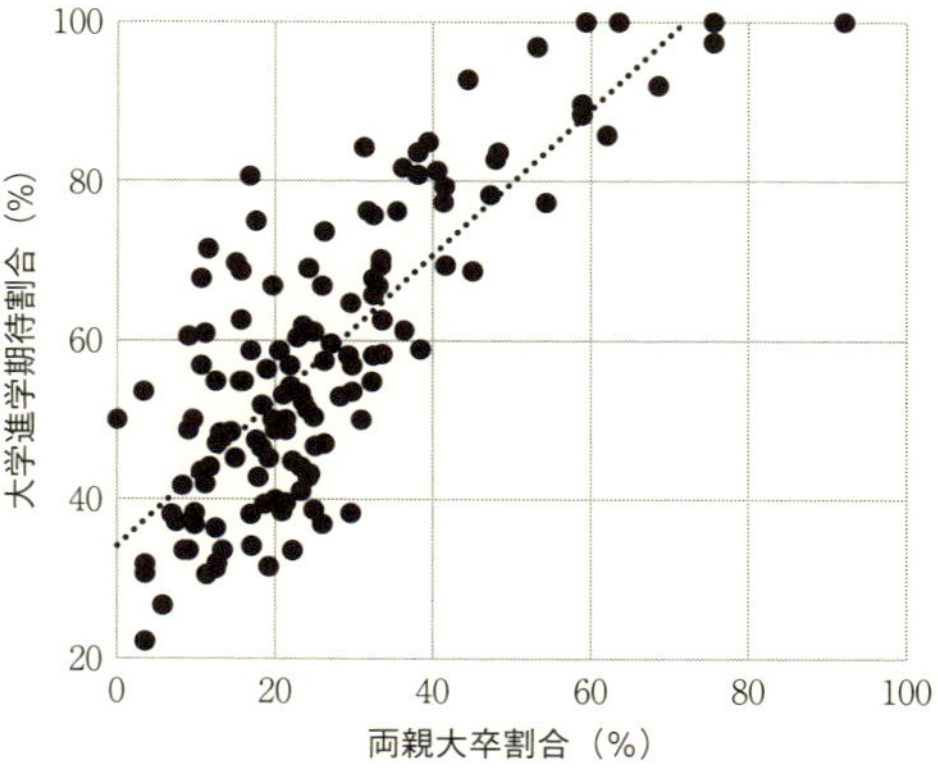


出所：表 4-14・4-15・図 4-7 すべて TIMSS2015

校間でかなりばらつきがある。TIMSS2015によれば、平均的な中学校で56％の生徒が四年制大学・大学院への進学を将来の最終学歴として選んでいる（表4－14）。日本全体で最も進学期待割合が低い学校で22％、高い学校では全員が大学進学を前提としている。TIMSSの2011年調査や他データで親の子（中3）に対する教育期待でも同じ傾向が確認できる。すなわち、学校や近隣などの集合的な水準間で大きな差がある。

表4－15に示したように、この学校間格差は学校SESと無縁ではない。両親大卒割合が高い学校[201]では、4人に3人の生徒が大学進学期待を持っている。両親大卒割合と大学進学期待割合の相関係数は0・80で、これは両親大卒割合で学校間の大学進学期待割合の違いの63％を説明できることを意味する。図4－7にあるように、学校SESによって異なる規範が各学校に存在することがうかがえる。なお、学力と同様、大卒割合の上位層には私立校が含まれるはずだ。TIMSS2011で確認すると、すべての学校の大学進学期待割合の平均は44％、私立校78％・公立校42％である。[202]

### †学習塾大国における分断線

21世紀出生児縦断調査のデータで、公立中学生の通塾地域格差を確認しよう（表4－16）。両親大卒層は三大都市圏・大都市に住む傾向にあるので、「地域格差」には階層格差が含まれ

表 4-16　地域別の通塾率（%）（公立中学生のみ）

| | | 1年 | | 2年 | | 3年 | |
|---|---|---|---|---|---|---|---|
| | | 7月 | 1月 | 7月 | 1月 | 7月 | 1月 |
| 三大都市圏（45%） | 大都市（17%）(a) | 50 | 54 | 62 | 63 | 76 | 80 |
| | 市（27%） | 47 | 52 | 56 | 62 | 70 | 75 |
| | 郡（2%） | 40 | 51 | 51 | 55 | 62 | 67 |
| 非三大都市圏（55%） | 大都市（8%） | 39 | 45 | 49 | 54 | 64 | 74 |
| | 市（39%） | 36 | 41 | 43 | 47 | 54 | 63 |
| | 郡（8%）(b) | 32 | 36 | 39 | 41 | 49 | 53 |
| 三大・大都市（a）と非三大・郡（b）の差 | | 17 | 18 | 23 | 22 | 27 | 26 |

出所：21 世紀出生児縦断調査

ている。その前提で、各地域における規範――通塾が「当たり前」なのかを記述的に把握する。三大都市圏かつ大都市部に在住しているのは全体の17%で、この層の通塾率が最も高い。中学1年生の夏休み直前（7月上旬）で、すでに2人に1人は通塾している。表は煩雑になるので省略するが、この三大都市圏・大都市の50%という平均を親大卒者数0〜2の順に分解すると、45・50・54%だ。両親大卒層と両親非大卒層では同じ地域でも中学1年生7月の時点で9%の差があるのだ。

地域格差に話を戻すと、三大都市圏・大都市と非三大都市圏・郡では、各学年で一定の格差がある。もちろん、学歴獲得競争と親和的な三大都市圏・大都市の17%と、不利である非三大都市圏・郡の8%を比べているので、格差が観察されるのは不思議ではない。ただ、公立通学者に限定しても、中1の時点で差があり、学年が上がるにつれて格差が拡大することは注目に値する。中3では非三大都市圏の郡でも2人に1人は通塾しているが、三大都市圏の大都市では5人中4人にまで達している（1月に80％）。なお、受験期の三大都市圏の大都市であっても、親大卒者数による格差がある。平均すると通塾率は80％だが親大卒者数0〜2の順に分解すると、74・77・89％だ。地域と階層の両方で最も不利な層（非三大都市圏・郡・両親非大卒）であっても中3の1月であれば47％が通塾しているので、日本は学習塾大国といえるが、社会の中に地域と階層という2つの分断線があることに変わりはない。

　地域格差よりも想像しやすい学校間格差についても、公立校に限定できるX市の親調査データで傾向を確認しておこう。[203] ここで紹介するのは高校受験を前にした中学3年生9月時点の調査結果だ。公立中学校に限定しているので、全員に受験圧力がかかっている平均的な通塾率が最も高い時期なので、SESによる通塾格差が義務教育の中で最も小さい時期のはずだが、学校間格差は存在する（表4−17）。

　大都市部の受験直前期なので学校平均72％と高いが、同じ市内の公立校であるにもかかわらず47〜92％と通塾率には学校間で明らかな差がある。両親大卒者割合との相関係数は0・60で、これは通塾率のばらつきの35％を説明することを意味する。

　なお、親学歴や年収などを含む様々な要素を同時に考慮しても、住んでいる地域の親学歴の高さは地域水準の教育期待を介して通塾と関連している（Matsuoka 2018）。すなわち、個人S

表4-17　X市の公立学校間格差

| | 最小値 | 最大値 | 平均 | 標準偏差 | 上位16%あたり | 下位16%あたり |
|---|---|---|---|---|---|---|
| 通塾率（%） | 47 | 92 | 72 | 11 | 83 | 61 |
| 学校外学習時間数（半年換算） | 157 | 386 | 282 | 46 | 328 | 237 |
| メディア消費時間数（月換算） | 69 | 211 | 149 | 23 | 172 | 127 |

出所：X市・中3の回答

ESだけではなく、どんな近隣（地域）に住んでいるかによって近隣間で大学進学期待格差があり、それが通塾格差の基盤になっていると解釈できる結果が得られている。

## †学習努力の公立中学校間格差

小学校と同様に、X市のデータで学校間の学習努力量格差を確認しよう（表4－17）。4月調査で塾の時間も含まれている学校外学習時間の学校平均だ。受験圧力が強まる夏以降になれば学校間格差は縮小すると考えられるので、年間単位ではなく半年換算で示した。受験学年前半期の学校間格差と捉えていい。

この学校平均格差は、社会経済的な文脈と関係している。実際のところ、両親大卒割合と学校外学習努力量の学校平均には相関関係がある（0・66）。これは両親大卒割合が学習時間の学校平均の違いの44%を説明することを意味する。

両親大卒割合に基づいて学校を3層に分けて、学校外学習時間には学習塾の授業と宿題の時間が含まれるので、各層の通塾率と学習時間の平均値を表4－18に示した。[204] 学校の両親大卒者割合[205]によって、通塾率と学校外学習時間が同じ市内であっても（少なくとも平均値は）大きく異なることがわかる。

なお、全国調査のデータを用いても同じような傾向が浮かび上がる。たとえば、学校ではなく近隣（ご近所さん）単位の研究（Matsuoka 2017）[206]によれば、個人水準のSESや通塾などとは別に、近隣SESを土台とした近隣の教育熱（生徒の大学進学期待割合）が生徒の学習時間と関連している。

表4-18　学校水準のSESと通塾・学習努力量・メディア消費時間の関連

| 学校両親大卒割合 | 通塾率（%） | 学習時間（半年） | メディア消費時間（月） |
|---|---|---|---|
| 17%以下（a） | 65 | 243 | 168 |
| 18～33% | 70 | 281 | 151 |
| 34%以上（b） | 80 | 315 | 132 |
| 34%以上（b）と17%以下（a）の差 | 15 | 72 | −36 |

出所：X市・中3・公立のみ

論文（Matsuoka 2017, 2018）の結果と合わせると、どのような社会経済的文脈の近隣に住んでいるのかで、親子の大学進学期待、通塾、学習時間が異なる――住んでいる「近所の同級生」によって「規範」が異なる。目に見える範囲の平均（「みんなと同じぐらい」）で走っていても、その集団そのものが全体の中でトップ集団であったり、すでに平均からも引き離された集団であったりと大きく違うのだ。学力偏差値の意味合いもよくわかっていない中学生にとっては、学習行動や大学進学のような「規範」についても自治体や全国の中でどのような位置にいるかは考えたこともないだろう。中学生の目線で「世界」の大半を占める「みんな」に合わせているうちに進学校にたどり着く生徒もいれば、大学進学する生徒が珍しい高校に入学することになる生徒もいることになるのである。

## †メディア消費量の基準の違い

引き続きX市のデータで、「テレビ・ビデオ・DVD」「ゲーム」「携帯電話やスマートフォン」の時間を合算したメディア消費について学校平均を見てみよう（表4-17）。中3の4月調査の生徒回答によるため受験が近づくにつれて時間数も変わりそうなので、年間換算した第3章とは違って月あたりの時間を出した。同じ市内であっても学校によって「これぐらいテレビ・ゲーム・携帯電話に時間を使うのが当たり前」という基準がだいぶ違うことがわかる。

また、両親大卒割合が高いとメディア消費の学校平均時間は短い傾向にある（表4-18、相関係数マイナス0・58）。両親大卒割合が学校間のメディア消費平均時間のばらつきの34％を説明している。

なお、学校間格差を検討した全国調査データの分析（Matsuoka 2013c）では、生徒本人のSESや学力などとは別に、国私立校に通っていると、学校のある日に4時間以上メディア消費（テレビ・ゲーム）しない傾向にあった。両親大卒層が多く通う国私立（表4-11）では、長時

表 4-19　学校関与を「よくする」割合の学校間格差

| | 最小値 | 最大値 | 平均 | 標準偏差 | 上位 16% あたり | 下位 16% あたり |
|---|---|---|---|---|---|---|
| 授業参観 | 18 | 69 | 41 | 11 | 52 | 29 |
| 学級・学年懇談 | 13 | 64 | 31 | 11 | 42 | 20 |
| 学校行事（運動会・音楽会など） | 55 | 100 | 76 | 8 | 84 | 67 |
| PTA 活動 | 5 | 79 | 21 | 11 | 32 | 10 |

出所：X 市・中 3・公立のみ

間メディア消費することが望ましくない規範や課題の多さなどがあると解釈できる。

## †親の学校関与は学校間で異なる

最後に扱う学校間格差は、親の学校関与についてだ。データはX市で、授業参観を「よくする」と回答した親は学校によって18〜69％と、同じ市内であっても大きく異なる（表4－19）。学級・学年懇談、学校行事、そしてPTA活動についても学校間格差がある。学校行事参加は平均値も高く学校関与に積極的な学校では（調査票に答えた）親全員が「よくする」と回答している。一方で同じ市内でも、親の約半数だけが学校行事参加を「よくする」学校もある。

これらの学校間格差は両親大卒割合と相関関係がある。すなわち、両親大卒割合が高い学校のほうが「授業参観」（0・54）、「学級・学年懇談」（0・36）、「学校行事」（0・44）を親が「よくする」傾向にある。PTA活動のみ、両親大卒者割合と関連がない[207]。同じ市内であっても親の学校関与は学校によって大きく異なり、3つの側面については社会経済的な文脈と無縁ではない。

なお、全国調査データ（TIMSS2011）の分析（Matsuoka 2014b）によると、学校SESと（校長回答による）保護者の学校活動への参加頻度に関連がある。学校平均学力・都市規模・国私立を考慮しても、高SES校のほうが保護者の参加度合いが高い。

## †受験までの「ふつう」な中学生活？

小学校入学以後に確認される格差は、義務教育期間を通してゆっくりと拡大する。同期間に実際に拡大する格差もあれば、学年が上がるにつれ顕在化する格差もある。前者は学習時間が分かりやすい。小学校1年生時点では親大卒者数による差異はほぼないが、学年が上がるにつれ拡大する。後者は、存在しているにもかかわらず、カリキュラム内容が薄く難易度が低ければ表面化しない格差だ。たとえば、授業内容が平易であれば言語力に格差があることは認知されない。また、高校受験結果を左右する中学校の内申書のような力を持たないワークテストや通知表も、格差を炙《あぶ》り出すには弱い。日々の授業でも自らの学力的な位置をある程度は把握しているだろうが、能力差として児童に明示されない限り、格差は潜伏したままだ。でも、それは存在しないことを意味しない。

ただ、どちらの格差にしても特に小学校段階では誰の目にも映るほど明確ではない。家庭学習をほとんどしない子やその親からすれば、高SES家庭の児童が塾や家庭でどれぐらい勉強しているかはわからないだろう。自分がどう育てられたのかを基準に子育てをしているのであれば、そんな「当たり前」の子育てに疑念が呈されることはない。換言すれば、選抜まで年月がありカリキュラム量も多くなく順序付けを伴うテストがない状態では「生まれ」による格差は可視化されづらい。しかし、それは格差そのものがないことを意味しないし、むしろ全員に「平等な」機会が与えられたという見做しが成立してしまい、結果は自己責任と理解される副作用もある。

中学校生活は、小学校ではなかなか可視化されないSES格差が、「選抜」という現実が近づくにつれ炙り出され顕在化する過程だ。小学校で確認できた個人・集団それぞれの水準における格差は中学校にも存在する。本章の結果をまとめておこう。

①親大卒者数による学力格差がある。小6から中3まで学力格差は、大きくは縮小も拡大もしない。

②親大卒者数によって大学進学期待格差がある。中1から中3まで、学力と同じように平均値は上がるが格差そのものはあまり変わらない。

③高校受験が近づくと、公立中学校生徒の通塾率は上がり学習時間数も増加するが、その幅が親大卒者数によって違い、結果的に格差は拡大する。

④「選抜」直前であっても学習努力量が異なる。小中9年間の学習時間総量から、「生まれ」によって「15の春」（高校受験）の段階で全く異なる「練習」蓄積量があることがわかる。一方、受験学年になっても両親非大卒層はメディア消費時間が長い。

⑤小学校時と比べると、学校に関与する親は減少する。中でも両親非大卒層はあまり授業参観しなくなる。

⑥私立中学校進学者の割合は、三大都市圏の両親大卒層で高い。特に東京都区部は地域内部で階層格差が大きい。

⑦公立であっても中学校間でSES格差が存在する。

⑧私立に高学力層が集まっているが、公立学校間にもSESと関連する学力格差はある。これは各学校で「ふつう」の学力が異なることを意味する。

⑨両親大卒割合によって大学進学期待を持つ生徒の割合は大きく異なる。これは学校SESによって各学校に違う規範が存在することを示唆する。

⑩中学3年時は通塾率が最も高い時期で「みんな」が行っているように思えたとしても、その割合は地域・学校SESによって格差がある。

⑪学習量とメディア消費量、それに親の学校関与の度合いも学校間で「ふつう」が異なる。

中学校に入っても生徒は親大卒者数によって異なる学力・教育のゴールを持ち、時間の使い方（通塾・学習時間・メディア消費）にも違いがある。親の学校関与における頻度の差も偶然ではなく、家庭のSESを土台にしている。同様に、公立中学校であっても学力、大学進学期待、通塾、学習努力量、メディア消費、親の学校関与――これらすべての観点で「ふつう」が学校SESによって異なる。また、特に都市部では高SES・高学力層が私立中学に抜けるため、公立校におけるSESと学力は小学校より均質化する。高い学力があり、大学進学期待を持ち、学習努力を惜しまない層がいなくなるのだ――これは平均が下がることを意味する。

高校受験は公立であれば広域の学区単位、私立は通える範囲であれば県境を越えて受験者が集まる。選抜が広域で行われると、家庭と通っている学校の「ふつう」では下位となる層が出てくる。一方、SESを土台とした教育熱の極めて高い家庭・学校で育った生徒にとっては、競争相手の数が増えたところで、そこまで特別なギアチェンジは不要だろう。幼い頃からプロリーグを目指して練習していれば、県大会なんて特別なことではないのだ。

# 第5章

# 高校——間接的に「生まれ」で隔離する制度

生徒を「学力」によって異なる学校に選別するのが高校受験だ。公立高校であっても都道府県によって違いはあるが、基本的に中学校後半の内申点と筆記試験で「学力」が測られる。前期入試として面接があったり、同じ自治体でも内申点と筆記試験の点数配分は学校によって異なったりと様々ではあるが、高校教育に相応しい（とされる）「能力（メリット）」に基づいた選抜が少なくとも建前となっている。

このように学力などを基準にして生徒を異なる教育プログラムに振り分けることをトラッキング（tracking）と呼ぶ（Lucas 1999; Oakes 1985, 2005など）。陸上競技場にあるトラック（track）――いわゆる競走路（コース）を想像して欲しい。トラックに沿って走ると行き先が決まっているように、特定のプログラムに入るとカリキュラム、教師からの期待、生徒文化などによって社会化され、それぞれが大きく制限された進路に向かっていくことになる。

国によって生徒をトラッキングする対象年齢や方法には違いがあるのだが、[208] 日本の高校教育は際立った制度的特徴を持つ。それは、学校単位のトラッキング――高校間に大きな学力格差がある垂直的なランキング構造である。つまり、この社会に住む人誰もが知っている、入学難易度を示す偏差値序列による高校ランクだ。どの地域であっても通学範囲内に相対的な進学校があり、偏差値序列上では下位に位置付けられ、時に「底辺校」と揶揄される学校も存在する。大半が地元の公立校に通う中学校と比べると、学校間の学力差が大きく、学校内のそれは小さくなる。

高校ランクによって授業内容（菊池1986）や生徒集団として文化・規律・モラル（Knip-prath 2010; Rohlen 1983など）が異なるだけではない。学校適応（古田2012）・内発的な学習意欲（荒牧2002）・学習努力量（苅谷2001; Matsuoka 2013d）・学校外教育利用（Entrich 2015; Matsuoka 2013b, 2015b）・大学進学期待（Matsuoka 2015a、白川2011、多喜2011a・2011b）などにも学校間格差がある。ランクが高い高校には学習と親和的な教育環境があり、実際に、有名大学への進学など高い教育達成に繋がる（Kariya 2011; Ono 2001）。そういった各学校の進路実績によって生徒は自らの未来を思い描くことになる。この「予期的社会化」は、中学校卒業前の、進学することが決まった時点で起こることが報告されている（Kariya & Rosenbaum 1987）。

### †制度的に作られる学校間SES格差

このような偏差値序列は生徒の「多様」な「能力」に応じた「効率」的な制度という見方もある（詳細は第7章）。では、「誰」が、進学校で有名大学を目指した効率的な教育を受けているのだろうか。先行研究は一貫して生徒の出身階層と高校ランクの関連を指摘してきた（秦1977、Matsuoka 2013a, 2015a, b、中西・中村・大内1997、Ono 2001、大多和2014、Rohlen 1983、

Tsukada 2010、Yamamoto & Brinton 2010など）。これは不思議な話ではない。「生まれ」によって学力や学歴獲得競争との親和性に格差があるわけで、「選抜」は実質的にＳＥＳによって生徒を別の走路（トラック）に分離することを意味する。もちろん、１００人が１００人「生まれ」と完全に一致する高校に進学するわけではない。あくまでも緩やかな関連だからこそ、「生まれ」が学校ランクに変換されている傾向を把握するためには、データによる可視化が必要となる。

なお、「能力」選抜によって様々な特性が高校内で均一化するので、格差の多くは学校間のものになる。そこで本章では、個人と集合（学校）の二水準について同時に、テーマ別に扱う。

## １ 「能力」による生徒の分離——学校間のＳＥＳ格差

ＳＥＳと学力に強い関連があるので、学力選抜によるトラッキングを行うと、間接的にＳＥＳによって生徒を隔離することになる。まずはこの点を確認しよう。データは高校１年生の６・７月に日本全国を対象に無作為抽出された学校[209]・生徒を対象としたＰＩＳＡの２０１５年調査だ。次章の国際比較でもＰＩＳＡで定義されているＳＥＳ指標を使うので、ここでは主に両親大卒割合ではなく学校の平均ＳＥＳを用いる。生徒の親学歴・職業と家庭の蔵書数・所持品などを合わせて標準化されたSES指標[210]を学校平均にしたのが「学校SES」で、生徒学力の学校平均が「学校ランク」だ。[211]学力選抜によって、学校間で学校SESの偏在があることを示すために、横軸を学校ランク、縦軸を学校SESとした。どちらも理解しやすいように国内で平均50・標準偏差10の偏差値に換算してある。

図5－1が示すように、横軸の学校ランクが高いほど、縦軸の学校SESも高い。相関係数は0・79で、これは学校ランクが学校SESのちらばりの62％を説明することを意味する。[212]学校ランク（平均学力）が偏差値50（平均）であると、学校SESも50を中心に40から60あたりに分布している。換言すれば、平均的なランクの高校に通っている高校生の出身家庭SESは平均的に日本全体の真ん中あたりにある。学力偏差値70以上の高校は上位約2％であるのでどの地域にあっても進学校といえるが、学校SESも高く60から75あたりに集まっている――生徒SESの平均もSESの上位約16％～1％であることを意味する。あくまで各学校の平均であり学校内にばらつきはあるが、進学校の生徒はSESも相当に上位なのだ――SESの高校受験結果への影響力の大きさがうかがえる。

なお、私立と公立で分けても同じ傾向だ。図5－2は同じ散布図で学校の設置者種別を示した。私立もランクが低ければ、そこに集まっているのはSESの低い生徒たちだ。ただ同じランクであれば、私立校のほうが学校SESは高い傾向にある。一方、公立校であっても高ランク校、たとえば偏差値70の学校であれば生徒の平均的なSESも60〜70あたり（上位約16%〜2%）なので、明らかに高い。公立の進学校の生徒は公立小中学校からの進学組が大半であろうが、「生まれ」は相対的に恵まれているといえる。

図 5-1　SES の学校間格差

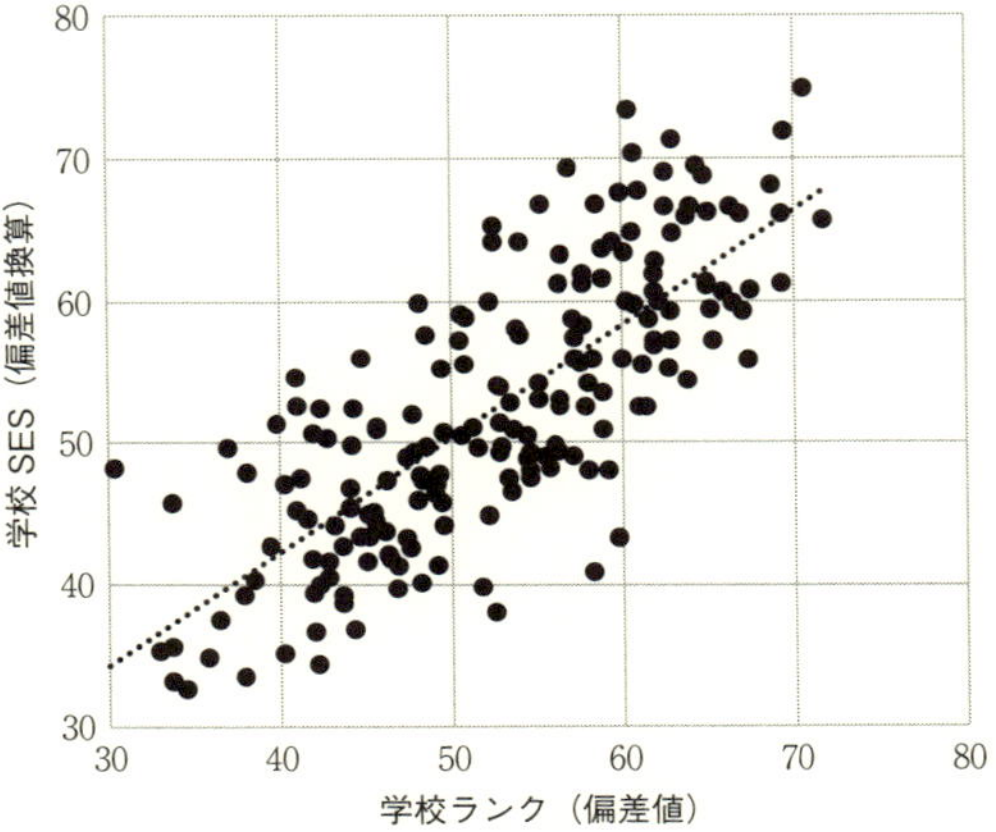


図 5-2　SES の学校間格差（公私）

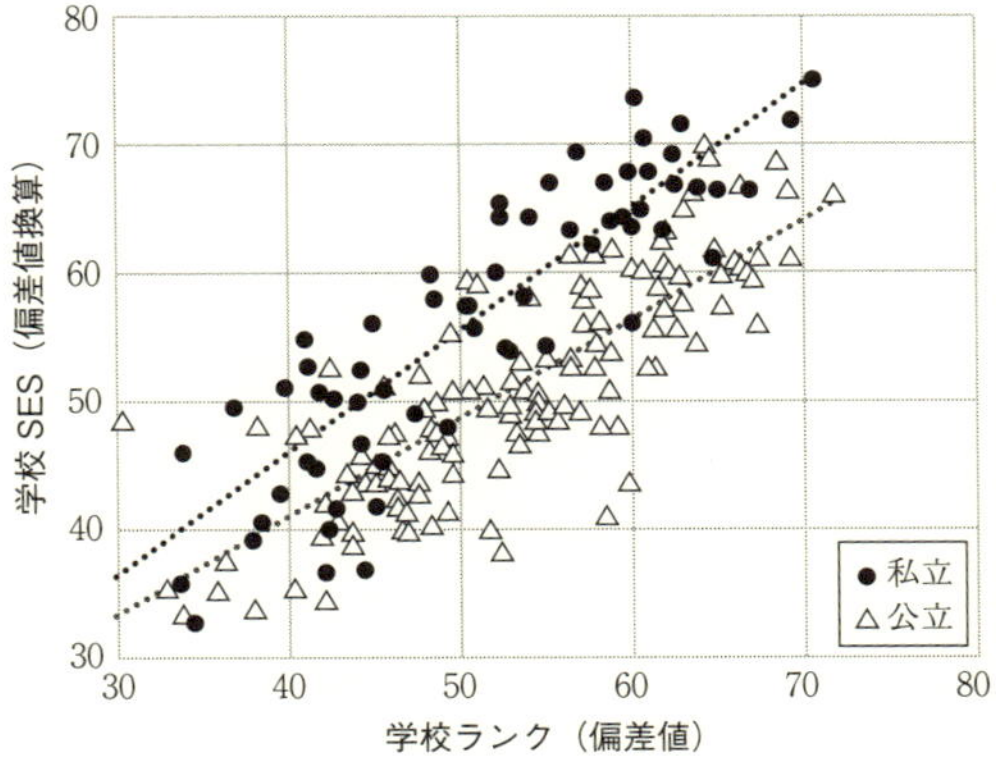


出所：図 5-1・5-2 ともに PISA2015

表5-1　学校ランクと学校SES

| 高校ランク（偏差値） | 母大卒％ | 父大卒％ | 両親大卒％ | 本の冊数平均 |
|---|---|---|---|---|
| 40以下 | 24 | 20 | 12 | 96 |
| 40以上50未満 | 33 | 33 | 20 | 119 |
| 50以上60未満 | 49 | 48 | 34 | 144 |
| 60以上 | 68 | 67 | 54 | 187 |

出所：PISA2015

この学校間のSES格差について、より直感的に理解しやすい小中学校の章（第3・4章）と同じ指標でも確認しよう。SESの主要な構成要素として親学歴が年数として入っているので当然だが、学校ランクと両親大卒割合の相関係数は0・69と高い。[213] 調査回答者や学力の定義など様々な点が異なるので係数の単純比較はできないが、公立中学校出身者も選抜を経ているので、義務教育よりはSESと学力の関連が強くなっている――制度によって学校間格差が拡大しているといえるだろう。

層別の「生まれ」の平均値も確認しよう。個人水準では、親大卒者数0〜2の順[214]で、国内偏差値（平均50・標準偏差10）は46・50・55[215]、偏差値60以上（100人のうち上位16人）を占める割合は7・15・33％だ。[216] これらの親学歴による学力格差が受験によって学校間格差となっている姿を見定めるため、学校をランクによって分割し、大まかな親の大卒割合と本の冊数の平均をまとめた。表5-1にあるように、大きなランク分類でも明確に親の学歴に差がある。[217] 進学校（偏差値60以上）の生徒の半数は両親大卒層だ。この傾向は生徒の家庭の蔵書数の学校平均でも見て取れる。

なお、両親大卒割合を基準にして学校偏差値の平均を出しても同じ姿が立ち上がる。具体的には、小中学校と同じく両親大卒割合によって3層[218]に分割すると、低（両親大卒割合17％以下）・中（18〜37％）・高（38％以上）の順で学校偏差値の平均は43・48・59である。ここまで見てきたように、未就学段階から親大卒者数によって異なる時間を送り、その累積的な経験の格差が高校受験によって学校間格差に変換されたと解釈できる。

この、わたしたちにとって「そういうもの」と（実質的に）受け入れている、高校ランキング制度は世界的にかなり特殊だ。日本では制度として、学力選抜の結果であるので間接的ではあるが、結果的には生徒をＳＥＳによって異なる学校空間に送り込む選別——社会経済的背景による分離（socioeconomic segregation）政策を行っていることになる。義務教育段階で「生まれ」による学力格差を埋めないままの「能力」選別は、ＳＥＳによる分離（隔離）を制度として行っていることになるのだ。この学校間の生徒のＳＥＳの大きな偏りは、学校文化や生徒の進学意欲や学習行動などの基盤になっていると考えられる（Matsuoka 2013a, b, d, 2015a, bなど[219]）。

学校ランクと生徒のＳＥＳの対応関係が社会的に認知されていない理由の一つは、他国と比べて高い人種の均一性によるところが大きいだろう（恒吉２００８）。アメリカでは学校間ではなく学校内で科目履修パターンという目には見えづらい（実質的な）トラッキングを行っているが、大学進学に有利になる難易度の高い科目（advanced placement course など）と低学力者向けの基礎コースの教室を直接見れば、「生まれ」による選抜を行っていることは自明なのだ。[220]もちろん、どの州や学区の高校かにもよるが、基本的には難易度の高い授業の教室には白人と東アジア系ばかりだ。一方、基礎コースの教室には東アジア系を除く有色人種の割合が明らかに高い。[221]「能力」選抜をすると、間接的に「生まれ」で仕分けしている実態が人種の偏りとして可視化されるので、社会問題として共有されやすくなる。日本では偏差値70の進学校だろうが30の「底辺校」だろうが、どこの高校を覗いても大半は似たような見た目なので、「生まれ」は関係なく「メリット（能力と努力）」による選抜という見做しが成立しやすいといえる。[222]しかし、学校間SES格差は目に見えづらいだけで、存在しないわけではない。

### †「生まれ」と教育熱サウナ

前項の結果から、偏差値の高い進学校は「勉強ができる生徒が通う学校」であると同時に、「家庭環境に恵まれた生徒が多く通う学校」でもあることがわかる。これは、進学校の学校文化や生徒の特徴が学力だけに起因しているわけではないことを示唆する。進学校の特徴を「勉強ができるから」とか「頭がいいから」と能力主義的（meritocratic メリトクラティック）な観点だけで理解するのは不適切なのだ。その例として、小中学校と同じように大学進学期待を取り上げよう。誰が高校入学後3か月の時点で、大学進学を現実的な選択肢として希望しているのだろうか。

個人水準で四年制大学・大学院を将来の学歴として選んだ生徒の割合は、親大卒者数0〜2の順で、38・60・78％だ。高校入学後3か月の時点で、両親大卒層（2）と非大卒層（0）の進学期待割合に40％の格差があることになる。[223] 学校水準においても両親大卒割合と大学進学期待割合は強い関連がある（相関係数0・82）。すでに触れたように、両親大卒割合は学校ランクとも相関している（係数0・69）。当然、学校ランクと大学進学期待割合の関連も強い（相関係数0・77）。要するに、高校ランク・両親大卒割合・大学進学期待割合は相互に大きく重なり合っていて、ランクが高い高校は両親大卒と大学進学期待それぞれの割合が高い傾向にある（低ランクだと各割合も低い）。

この3要素と相互の関連を視覚的に示そう（図5－3）。ランクとSESの関連を示す図5－1・2と同様にするため、両親大卒割合ではなくPISAのSES変数を用いる。SESは両親学歴だけではなくより包括的に社会経済的特性を捉えているので、学校SES（平均50・標準偏差10）は学校ランク（相関係数0・79）・大学進学期待割合（相関係数0・88）と一層強く関連している。図5－3の横軸は学校SES、縦軸が各学校の大学進学期待割合だ。学校SESが高いと大学進学期待割合も高く（決定係数0・73）、その多くは偏差値60以上の高ランク校であることがわかる。

学校SESと比べると学校ランクの大学進学期待割合に対する説明力はやや落ちる（決定係数0・59）。横軸を学校ランクに変更したのが図5－4だ。学校ランクが高くても大学進学

図5-3　進学期待の学校間格差

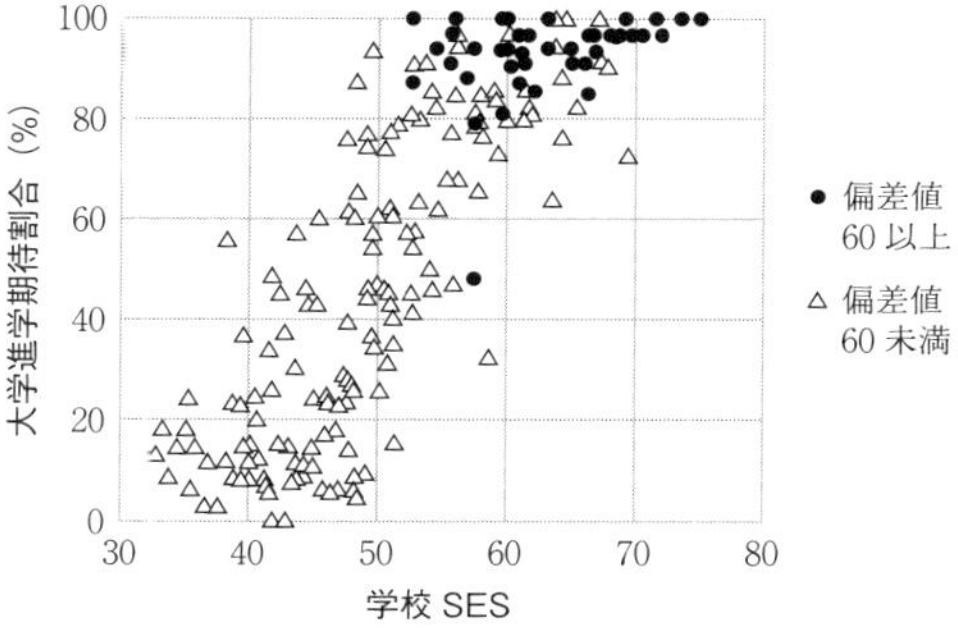


図5-4　進学期待の学校間格差

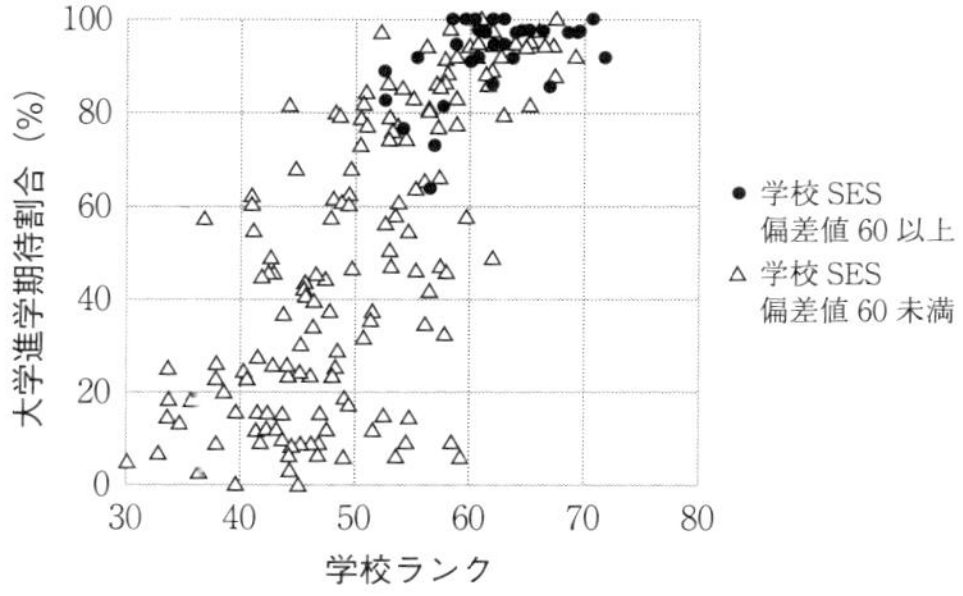


出所：図5-3・5-4ともにPISA2015

期待割合があまり高くない学校が図の中央よりやや右下に確認できる。一方、学校ランクと進学期待割合の両方が高い学校の多くは学校ＳＥＳが上位の学校だ。

ここまで感覚的に理解しやすいように相関係数と図だけを用いて生徒の大学進学期待の学校間格差（ばらつき）を記述してきたが、より発展した分析によって学校ランク[224]などをすべて同時に考慮しても、学校ＳＥＳと生徒の大学進学期待には強い関連が残る。換言すれば、ＰＩＳＡデータで検討可能な範囲ではあるが学校ＳＥＳが過大評価されないように調整しても、図で示したのと同じ傾向が確認できる。

一般的には高校ランクと大学進学実績の関連のみに着目し、進学校は「能力」が高いから大学進学割合が高いという能力主義的な理解をするのだろうが、これは「能力」の過大評価だ。学力が高くなければ現実的に大学進学を具体的な進路として想像できないわけで重要なことに変わりはないが、進学校に存在する高い進学意欲は高い学力とＳＥＳが混ぜ合わさったものと理解したほうが実態に即しているだろう。親が学費を払うことも含めて「大学に行くかどうか」ではなく「どの大学に進学するか」という前提で卒業後の進路を考える生徒たちが集合的に作り出す「校風」や「学校文化」は、社会経済的文脈と無縁ではないのだ。

### †制度による過熱化と塾・予備校利用

「意図的養育」が就学前から観察されるように、高SES層は教育投資の走り出しが早い。これは初期の有利さを保ったまま進学校に入学した後も同じだ。[225] 1年生の夏前――入学後わずか3か月ですでに通塾・予備校通い[226]をしている生徒の割合は、親大卒者数0～2の順で12・17・24％と差がある。[227]

図5-5　塾・予備校利用の学校間格差

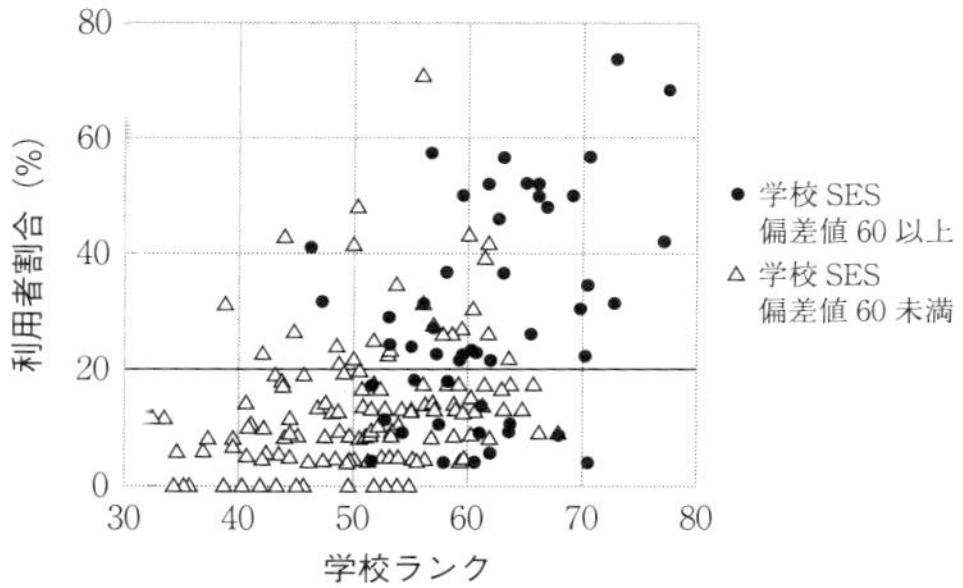


出所：PISA2012

両親大卒層が受験を経て進学校に入学する――それぞれが持つ進学熱が集合することで、大学進学を前提とした学校文化が立ち上がることがデータで把握できる。学校水準で見ると、通塾者・予備校利用者が1人もいない学校は全体の20％だ。[228] ただ、大半の学校の利用者割合は低く、塾・予備校に通っている同級生がいることを実感できる程度を5人に1人（20％）とすれば、そのように感じられるのは全体の25％の学校となる。図5－5は、学校ランクを横軸、塾・予備校利用者割合を縦軸にした散布図だ。学校ランクが高いと塾・予備校利用者割合が高いことがわかる。また、20％を超える学校の多くは学校SES60以上の学校だ。

実際のところ、学校ＳＥＳは、学校ランク・学科（普通科・職業科）・都市規模・種別（私立・公立）を調整しても、生徒の通塾・予備校通いと関連がある（松岡２０１９）。似た「生まれ」の生徒が集まることで、早い時期から学校外に学習機会を求めることが規範になると解釈できる。「先輩たちもそうしてきた」という「学校の伝統」は、毎年似た「生まれ」の生徒が同じ学校に入ってくることで保たれているのだろう。２００６年データ[229]を用いても同じ傾向だ。たとえるなら、進学校は制度的に作り上げられた教育熱のサウナだ。高ＳＥＳ家庭の生徒が集まることで、個人の学力とＳＥＳを超えた集合的な特性が学校外で学習機会を得ることを促していると考えられる。

さらには、高ＳＥＳの生徒は高ＳＥＳ校に在籍していると、より通塾・予備校を利用する傾向にある（Matsuoka 2015b）。これは高ＳＥＳの生徒が難関大学進学を狙う集合的な熱にさらに強く反応しているのだろう。制度として恵まれた「生まれ」の生徒を進学校に集めたことによって、生徒（と親）の教育投資戦略が早い時期に過熱化していく様子がうかがえる。

### †拡大する学習行動の格差

学習時間の格差は、高校入学後３か月の時点ですでに存在する。個人水準では、親大卒者数別の学校授業外[230]の週あたりの学習時間[231]は０〜２の順[232]の平均で、４・２、５・４、６・６時間だ。

学校で学ぶすべての教科についてまったく勉強しない生徒[233]も23%存在し、親大卒者数0〜2の順で、32・23・13%——両親非大卒層の3人に1人は、高校入学後3か月の時点でまったく勉強していない。

トラッキングされてSES・学力・大学進学期待が似た生徒が各学校に集まるので、学校間で学習努力に対する規範が異なる。事実、学校ランクと学習時間の学校平均の相関係数は0・70だ。学校SESと学校平均の学習時間も相関係数0・69と高い。一方、学校ランクと学校SESはそれぞれ学習時間ゼロの生徒の割合と負の関係を持つ。これは低SESの生徒が集まる低ランク校では学習しない生徒割合がとても高いことを意味する。入学直後の段階で学習しないことを「当たり前」とする学校は制度的に作られたものであり、そこに通う15歳（もしくはすでに16歳）の多くは、低SES家庭の出身である。

この論点について視覚的に分かりやすいように散布図を作成した（図5-6）。学校ランクが高いほど学習時間の学校平均が長い。また、高ランクで学習時間が平均的に長い学校の多くが高SES校であることがわかる。一方、学校ランクが高いほど学習時間ゼロの生徒の割合が低い（図5-7）。そして、学校SESが60以上の学校は学校ランクが高く、学習時間ゼロの生徒の割合が低く、図の右下に集中している。

詳細な分析結果によると、学校ランク・学科（普通科・職業科）・都市規模・種別（私立・公立）を調整しても、学校SESは生徒の学習努力量と関連している（Matsuoka 2013d）[234]。同様に、学校ランクなどとは別に学校SESが学習時間ゼロの生徒の割合の学校間格差を説明する（Matsuoka 2013a）。同級生の「生まれ」が生徒の学習行動の基盤になっていることがうかがえ

図 5-6　学習時間の学校間格差

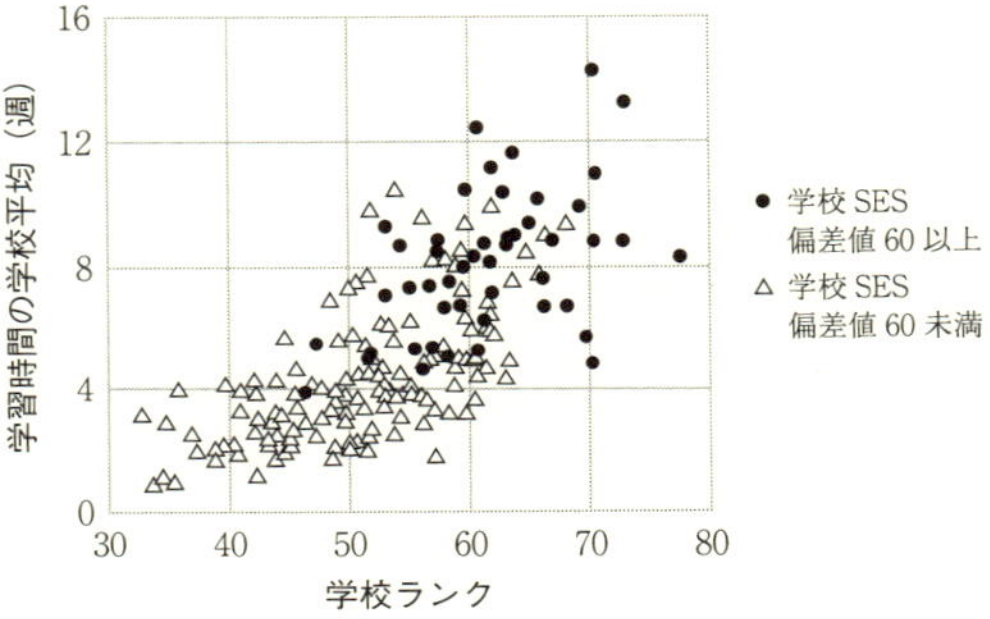


図 5-7　学習時間ゼロの生徒割合

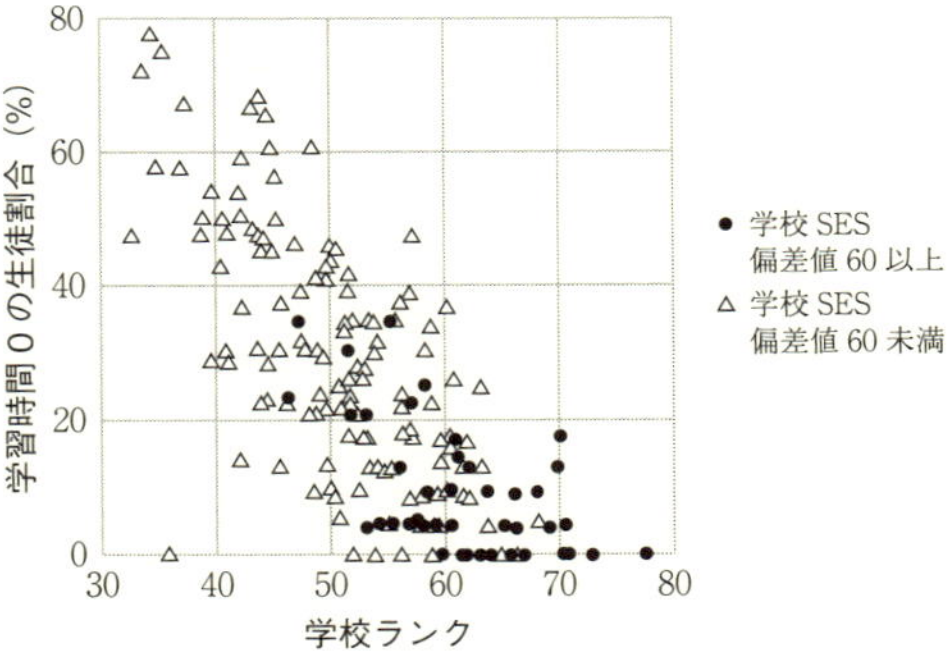


出所：図 5-6・5-7 ともに PISA2012

る。

## †時間の使い方の規範の違い

本項では、放課後の過ごし方[235]について学校間で異なる「ふつう」があり、それが学校ランク・学校SESと関連していることを確認しよう。ここでは業績主義的価値から遠い「テレビゲームをする」「友達に会ったり、電話で話す」「アルバイトをする」の3項目を扱う。「テレビゲームをする」のは、親大卒者数0〜2の順で、34・31・29%で、とても大きいわけではないが差がないわけでもない。同様に、「友達に会ったり、電話で話す」だと67・65・58%と、両親大卒層は比較的抑制的だ。「アルバイトをする」は11・6・4%と、高校生になってまだ3か月だが、親大卒者数0〜2という大きな3層別でも差が見られる。

このような行動をすることが、同じ学校の同級生を見渡して「ふつう」なのかどうか、学校集団水準の基礎的な検討をしよう。「テレビゲームをする」割合は最小値3%から最大値71%と幅があり、平均31%・標準偏差15%だ。この割合が上から16%あたりの学校では46%（平均プラス1標準偏差）の生徒が放課後にゲームをしている。約2人に1人なので、学校があった日の放課後にテレビゲームをすることは特別ではなく「ふつう」な行為と推測できる。これだけ割合が高ければ、どんなゲームをしたかといった会話も日常的な光景だろう。一方、割合が

図 5-8　放課後行動の学校間格差

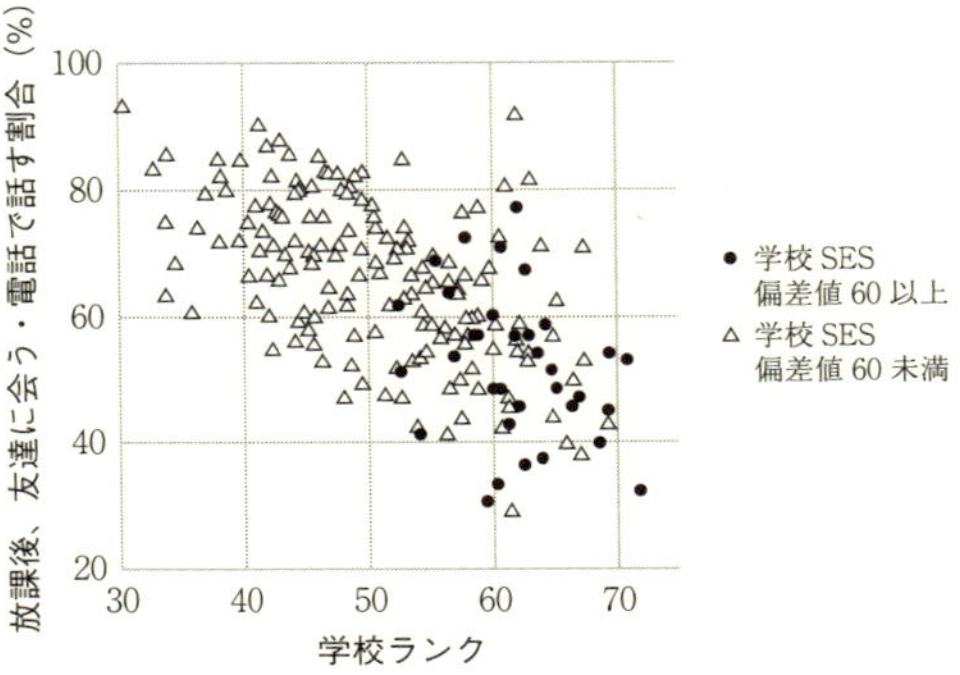


出所：PISA2015

下から16%あたりの学校（平均マイナス1標準偏差）では16%に過ぎず、少数派だ。この学校間で偏る生徒の割合は学校ランク・学校SESと、それぞれマイナス0・46、マイナス0・28と負の相関関係にある。すなわち、学校ランク・学校SESが高いほど「テレビゲームをする」生徒の割合が低い。特に学校ランクとの結びつきが強いので、宿題の量に左右されているのかもしれない。

「友達に会ったり、電話で話す」生徒の割合は最小値29%から最大値93%と幅があり、平均64%・標準偏差14%だ。割合の高さが上位16%あたりの学校では78%（平均プラス1標準偏差）が放課後「友達に会ったり、電話で話す」。もちろん、一緒に宿題をしたり勉強について電話で話している可能性はあるが、学校ランク・学校SESと、それぞれマイナス0・59、マイナス0・46と負の相関関係にある。図5-8で確認すると、学校ランクが高いほど割合が低い関係が見られる。学校SESが偏差値換算で60以上（上位16%）

の学校は、ランクが高く、比較的図の右下に位置する（割合が低い）ことがわかる。「アルバイトをする」生徒の割合は0％が多いので、平均の割合が高い山型の正規分布ではない。最小値の0％が全体の31％、1〜10％未満は39％、10％以上25％未満で17％である。「アルバイトしている同級生がいる」実感を得られるのが4人に1人（25％）以上だとすると、14％の学校が該当し、最大値は50％だ。[236]「アルバイトなんてありえない」学校から「高1の夏休み前からアルバイトも現実的な選択肢」の学校まであるわけだが、これは制度的に作られた学校ランク・学校SESと無縁ではない。実際のところ、アルバイトをする生徒が0％の学校の偏差値の平均は57と高く、4人に1人以上がアルバイトをしている学校の偏差値は41と明らかに低い。[237]同様に、学校SESでも偏差値換算で57と37という大きな差がある。[238]

## †授業の雰囲気・学習姿勢・帰属意識

トラッキングによって似た「生まれ」と学力の生徒が毎年入学することで、各学校では「(生徒) 文化」や「伝統」と呼ばれるものが受け継がれる。言い換えれば、学校の雰囲気や進学実績が毎年（他校との比較において）大きく変わらないのは、生徒のSES層が似ているからだと考えられる。本項では5つの観点[239]で各学校の生徒の集団的特徴が「生まれ」と無縁ではないことを確認しよう。

表 5-2　生徒「文化」の学校間格差（相関係数）

| | 授業の雰囲気 | 学ぶ喜び | 協同姿勢 | 成功へのこだわり | 学校への帰属意識 |
|---|---|---|---|---|---|
| 学校ランク | 0.45 | 0.33 | 0.46 | 0.69 | 0.62 |
| 学校 SES | 0.29 | 0.44 | 0.40 | 0.65 | 0.59 |

図 5-9　生徒「文化」の学校間格差

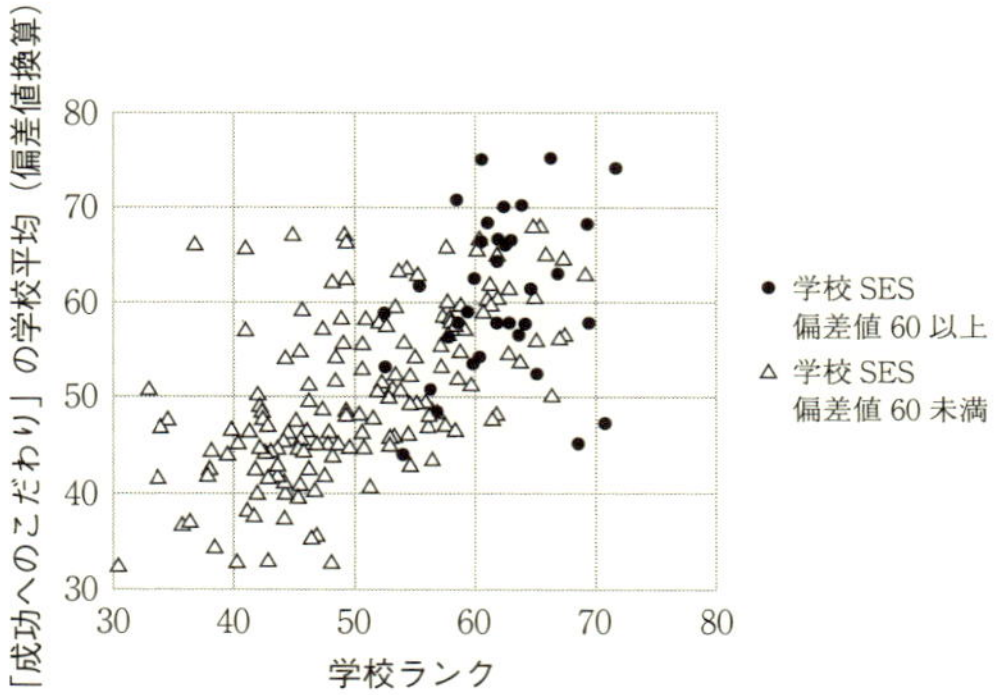


出所：表 5-2・図 5-9 ともに PISA2015

表5－2に、学校ランク・学校SESと各特性の相関係数をまとめた。高ランク・高SES校であると「授業の雰囲気[240]」に規律があり、生徒の多くは「学ぶ喜び[241]」に溢れ、「協同姿勢[242]」を示し、「成功へのこだわり[243]」も強く、高い「学校への帰属意識[244]」を持っている。一方、低ランク・低SES校では、授業に規律がなく、学ぶことに喜びを見出せず、同級生と協同することに積極的ではなく、成功へのこだわりは弱く、学校への帰属意識も薄い。もちろん、白か黒かという話ではなく、連続

する変数同士に一定の関係が認められることを意味する。

特に学校ランク・学校SESの両方と関連が強い「成功へのこだわり」を偏差値換算して図5-9を作成した。横軸が学校ランクで縦軸が「成功へのこだわり」の学校平均だ。高ランク校には「何でも一番になりたい」などの項目に肯定的な生徒が高い割合で在籍する。また、そのような学校の多くは学校SESが上位16%の学校だ。「生まれ」を背景にして高学力を獲得し受験を突破したという成功体験を持つ生徒たちが集まる進学校は成功への欲求が充満するサウナのようなものだ。

一方、低ランクの学校は概ね低SESで、成功へのこだわりは平均的にだいぶ低い。そのような学校で業績主義的な成功である大学進学を煽っても、「生まれ」を背景に成功体験の積み重ねが少ない以上、生徒たちの反応は弱いだろう。

同じく学校ランク・学校SESと関連が比較的強い学校帰属意識からも、学校間で大きく異なる世界があることが垣間見える。学校ランクが高いと学校帰属意識が強く、そのような学校は学校SESも高い。進学校であれば「学校の一員」であることに誇りを感じるだろうし、似た「生まれ」の同級生が多ければ話も合い、居心地がよくても不思議ではない。あなたが公立の中学校から高校、高校から大学と選抜を経て教育段階を進む経験を持っていて、高校や大学の同級生と話が合うと感じているのであれば、それは「生まれ」の合致と、近い学力であることを土台とした共感・連帯感といえるだろう。トラッキングによって「似た者」として隔離されたからこそ立ち上がる生徒集団の特性と解釈できるのだ。

なお、学校間格差には他にもあらゆるものが存在する。たとえば、過去2週間以内の遅刻も学校ランク・学校SESと関連がある（古田2012）[245]。すなわち、低ランク・低SES校のほうが遅刻者の割合が高い。このような逸脱行動について各学校の校長による評価で見ても、ランクとSESが関係している[246]。

## †親の支援・教師の期待・退学

人との「つながり」の観点でも学校間格差は大きい。まず、「親は、私が勉強していることや達成しようとしていることを応援してくれる」に「まったくその通りだ」と回答した生徒は42％いて、残りの58％の生徒は強い同意をしていない。前者の両親大卒割合は40％で後者は32％と、家庭内社会関係資本の個人間格差が確認できる。

親の応援を強く認める42％は各学校に等しく存在するわけではない。最小値3％・最大値74％・平均40％・標準偏差13％と大きく学校間で偏る。親の応援を受けていると強く感じる生徒が過半数を超える学校もあれば、低い割合の生徒しか感じていない学校もあるのだ。このばらつきは学校ランク・学校SESと無縁ではない（それぞれ相関係数0・63、0・57）。図

5－10にあるように、学校ランクが高いほど親の支援に強く同意する生徒の割合が高く、図の右上には学校ＳＥＳ60以上（上位16％）の学校が多い。横軸を学校ＳＥＳにして学力偏差値60以上の高校を探しても同じような関連を見ることができる。まだ実証的な研究があるわけではないが、親から応援を受けていることに全面的に同意する生徒たちの割合の高低が教師たちの教育のやりやすさや手法に影響を与えていても不思議ではない。

図5-10　親の支援の学校間格差

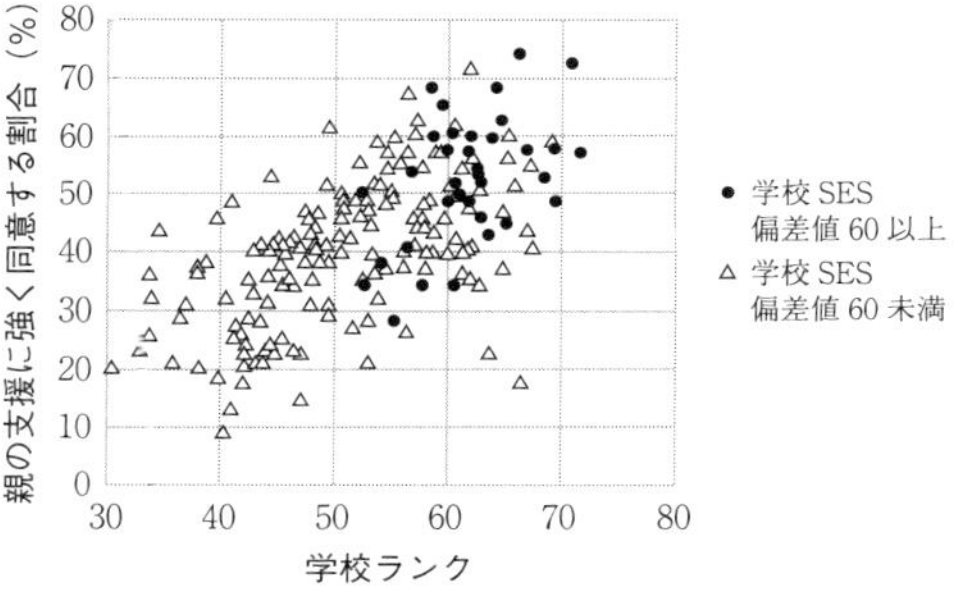


出所：PISA2015

次に、日本であまり研究されてこなかった教師の生徒に対する期待――教員期待（teachers' expectations）に着目しよう。制度的に作られた学校間ＳＥＳ格差によって教員期待が異なることを（松岡2019）、ＰＩＳＡには教員調査がないので校長回答のデータで検証する。自校において生徒の学習に支障となる要因を聞き出す項目に「生徒に対する教師の期待が低いこと」があり、4件法（「まったくない」～「よくある」）で聞いている。「よくある」は数が少なすぎるので「ある程度はある」と合算した。校長回答によると「まったくない」17％、「非常に少ない」61％、「ある程度はある・よくある」22％だ。[247]

これらの分布は学校ＳＥＳ・学校ランクと無縁ではない。実際のところ、表５－３にあるように校長回答別の学校ＳＥＳ・学校ランクの平均値には差がある。特に生徒に対する教師の期待が低いということが「まったくない」17％の学校はＳＥＳもランクも相対的に高い。ＳＥＳとランクは、学科（普通科・職業科）・公私立・都市規模などを調整しても（部分的に）教師期待の度合いと関連している。

教師と生徒の関係性を示唆する項目を他にも見てみよう。「あなたの学校の教師について、あなたはどのように思いますか」（国立教育政策研究所２０１３ｃ、３６４頁）の「教師は学業成績を重視している」に対して、校長は４つの選択肢の中から回答している。最も否定的な選択肢は数が少ないので合算すると、回答分布は「まったくその通りである」10％、「かなりあてはまる」56％、「あまりあてはまらない・まったくあてはまらない」33％だ（小数点以下を四捨五入しているので合算しても１００％にならない）。学業成績を重視しているほうが学校ＳＥＳ・学校ランクが高い（表５－４）。これらの関連は学科・種別・都市規模を調整しても変わらない。

同様に、「教師は本校に誇りをもっている」については、「まったくその通りである」16％、「かなりあてはまる」70％、「あまりあてはまらない・まったくあてはまらない」13％で、回答傾向と学校ＳＥＳ・学校ランクの関連が見られる（表５－４、小数点以下の四捨五入によって合算は100%にならない)。勤務校に対する評価は「誰」が生徒であるかと不可分だろう。高SES・高ランク校のほうが(平均的には)誇りをもつ傾向にあることは冷徹な現実だ。[248]

これらは、各学校で教師がどのような期待と態度で生徒と接しているのかを間接的に示していると考えられる。高SES・高ランク校においては、教師の期待は高く、学業成績を重視し、学校にも誇りを持っている様子が校長の目を通してうかがえる。中学2年生を担当している教員を対象にしたOECDのTALIS調査を分析した結果(Matsuoka 2015c)によれば、高いSESの学校では、教師としての自己効力感と職務満足感の繋がりが強い。また、学校SESは学校における生徒行動を介して職務満足度と関連している。これは、高SES校では生

表 5-3　教師期待と学校 SES・ランク

| 生徒に対する教師の期待が低い | 学校 SES | 学校ランク |
|---|---|---|
| まったくない | 57 | 56 |
| 非常に少ない | 49 | 49 |
| ある程度はある・ある | 47 | 46 |

表 5-4　教師態度と学校 SES・ランク

| 教師は学業成績を重視している | 学校 SES | 学校ランク |
|---|---|---|
| まったくその通りである | 58 | 55 |
| かなりあてはまる | 52 | 52 |
| あまりあてはまらない・まったくあてはまらない | 43 | 45 |
| **教師は本校に誇りをもっている** | **学校 SES** | **学校ランク** |
| まったくその通りである | 55 | 55 |
| かなりあてはまる | 49 | 49 |
| あまりあてはまらない・まったくあてはまらない | 46 | 47 |

出所：表 5-3・5-4 ともに PISA2012

徒の問題行動が少なく、それが教師としての職務満足度の土台となっていることを意味する。もしこれらの知見が高校教師にもあてはまるのであれば、高SES・高ランク校で働く教師は自身の仕事が生徒の学力向上や成長に影響していると感じ、それが高い職務満足度に繋がっているはずだ。また、生徒の問題行動が少ない高SES・高ランク校で働く教師の職務満足度が高いことになる。

一方、低SES・低ランク校では、自分の教育実践で生徒が思い通りに「成長」しないことに苛立ち、問題行動にも手を焼いていて、それらが低い職務満足度に繋がっていることが、校長観察による低い期待や否定的な態度の背景にあるのではないだろうか。

表 5-5　中退と学校 SES・ランク

| 前年度退学者 | 学校 SES | 学校ランク |
|---|---|---|
| なし（0%） | 54 | 54 |
| あり（1%以上） | 46 | 46 |

出所：PISA2012

なお、本項で示した結果の傾向は、広域人事異動のある公立校に限定しても変わらない。よって、生徒が「誰」なのかによって、期待度合いや態度が変わってしまうといえるだろう。

もう一点、「昨年度、あなたの学校（学科）における中途退学者は何％いましたか」（国立教育政策研究所2013c、363頁）に対する校長回答を用いて、「中退なし」が教師と生徒の関係の前提であるのかをデータで見ておこう。学校水準で中退率を見ると0～21％と幅があり、「中退者なし」が48％で「中退者あり」は52％だ。[249] ここでは約2校に1校には「退学させない」という規範の存在[250]があり、前年度に中退者を出している学校には教師と生徒にとって退学という選択肢があり得ると解釈する。

退学が現実的な選択肢であるのは、低SES・低ランク校だ（表5－5）。これは学科などを調整しても同じで、SESとランクはそれぞれ中退者の有無と関連している（松岡2019）。中退者は出さない・全員卒業させるという規範の有無で、教師の生徒に対する関わり方も異なるのではないだろうか。トラッキングによってSESと学力の学校間格差を作り出すことは、中退があり得る前提で教師が生徒と関わる学校——生徒指導上の問題が集積した教育困難校（古賀2001など）・課題集中校（伊藤2013）を制度的に作っていることを意味する。

なお、中退率が10％以上の学校は全体のうちの6％で、平均SES・ランクはそれぞれ39・37だ。どの地域にあっても「底辺校」と呼ばれるランクだが、SESが低いことに留意したい。家庭で困難を抱えた生徒たちが、学力を向上させることなく制度的に教育が困難な課題を抱えた「中退がふつうにあり得る」学校に集められているのだ。中退した先輩がロールモデルになって同じ道（高校中退の中卒）を歩むことになっても不思議ではない。

## 2 制度的に拡大化された教育「環境」の学校間格差

本章の結果をまとめよう。

### †学校の特徴は「生まれ」を基盤としている

①義務教育の終わりで「生まれ」による格差があるので、「能力」選抜の結果、高ランク校は往々にして高SES校となる。
②高ランク・高SES校の生徒の大半は、四年制大学以上への進学を希望している。
③入学後3か月の時点で、高ランク・高SES校の生徒は通塾・予備校通いをはじめる。学校ランクとは別に、学校SESは生徒の通塾・予備校通いを促している。この傾向は、特に高SES校に通う高SESの生徒に見られる。恵まれた「生まれ」の生徒たちが物理的に同じ場に集められることで、熱が高まると解釈できる。
④入学後3か月の時点で個人間・学校間には学習時間格差がある。ここでもSESは個人と学校それぞれの水準で生徒の行動と関連を持つ。似た「生まれ」が集められることで学習行動

が促されていると考えられる。
⑤一方、低ランク・低SES校では、学習時間ゼロの生徒の割合が高い。学校ランクなどとは別に学校SESがこの学校間格差を一部説明する。この勉強しないことが「ふつう」である空間は「能力」選抜の名の下に制度的に作られたものだが、集合的なSESが関連している。
⑥ランクとSESによって時間の使い方に学校間格差がある。低ランク・低SES校では、「テレビゲームをする」「友達に会ったり、電話で話す」「アルバイトをする」ことは「みんな」がしている「ふつう」のことだ。これらの行為が「悪い」わけではないが、卒業生の多くが大学進学をする高ランク・高SES校と異なる規範があるのも事実である。
⑦生徒の学習姿勢や学校への帰属意識も学校SESと無縁ではない――似た「生まれ」の生徒が集められることで、同質的な「生徒文化」が立ち上がるのだ。進学校では授業に規律があり、学ぶ喜びに溢れ、同級生と協同し、成功にこだわる競争意識があり、学校の一員であることに誇りを持つ。進学校で生徒同士が切磋琢磨する一方、「底辺校」には「生まれ」を背景に学習とは遠い「文化」がある。
⑧社会関係資本にも学校間格差がある。高ランク・高SES校の生徒は高い割合で親の支援を感じている。「大人」との「つながり」格差は親子関係だけではない。高ランク・高SES校の教師は生徒に期待し、学業成績を重視し、学校に誇りを持っているし、中退者を出さな

い傾向にある。一方、低ランク・低SES校では、(平均的には) 教師による対生徒の期待は低く、学業成績は諦め、学校に誇りを感じられず、中退もあり得る選択肢として教育を行っている。

これらすべては高校入学後3か月の時点で確認できる。進学校は通学可能範囲の「生まれ」の「上澄《うわず》み」で構成されていることになる。「底辺校」と揶揄される学校の生徒の多くは恵まれない「生まれ」だ。SESという視点でデータを見なければ、これらの学校間格差は「学力偏差値」の高低で説明されてしまうことになる。それは「能力」の過大評価に他ならない。

低SESの「底辺校」と比べると、高いSESである「進学校」での教育はまったく異なる前提で行われている。親の支援を受け、学習意欲に溢れ、塾・予備校に通い、学習時間も長い生徒たちはお互いに刺激し合いながら大学進学に向かう。この進学校の「文化」は、「生まれ」が支えているのだ。一方、「底辺校」では学力だけが教育困難の理由ではない。たとえ教師が強く働きかけても、家庭での支援の厚みがないと響きづらいし、学習に対して成功経験の蓄積が少ない同級生が大半であるので、似た「生まれ」の先輩と同じような道を自発的に選ぶことになっても不思議ではない。低ランクの普通科・職業科の生徒たちは、実質的に大学受験競争から排除されているのだ (Kariya & Rosenbaum 1987)。日本の高校制度は現存する不平等を再生

表5-6　高校ランク別の進路希望・学習行動の割合（%）

| 学校ランク別 | 大学進学希望 | 就職希望 | 長時間学習 | 勉強しない割合 |
|---|---|---|---|---|
| 上位25% | 88 | 2 | 58 | 6 |
| 平均上25% | 61 | 9 | 24 | 28 |
| 平均下25% | 35 | 28 | 8 | 57 |
| 下位25% | 20 | 42 | 3 | 68 |

出所：松岡（2014）・Matsuoka（2015a）を再構成

産する機能を持っているといえるだろう。

### †人生の分岐点

学年が上がるにつれ、このような学校間格差はどのような傾向（縮小・維持・拡大）になるのだろうか。ＰＩＳＡと同等のデータがないので実証できないが、少なくとも縮小することはないと考えられる。

２００５年実施と少し古いが高校3年生11月の全国データで検証した結果（松岡２０１４、Matsuoka 2015a）によると、学校間で大きな進路希望（大学進学・就職）・学習行動の格差を確認できる（表５－６）[251]。まず、個人水準だと、進路については、大学進学希望が全体の54%、就職希望が19%、学習行動については「長時間（3時間以上）学習」が全体の25%、「（まったく・ほとんど）勉強しない」生徒が39%である。

学校水準だと、ランク[252]が高いほど大学進学希望と学校の授業以外で平日に3時間以上勉強する生徒の割合が増える。特に上位25%（偏差値換算で約57より上）となると、進学と学習が規範であることがうかがえる。一方、4つ高校があったとしてそのうちの「底辺」である下位25％（偏差値で43より下）では、卒業後に最も希望する進路として10人に4人が就職を選んでいる。これらの学校では、専門学校にも行かず18歳で就職することが特別ではないことを示している。

より詳しい分析結果（松岡2014、Matsuoka 2015a）によれば、学校ランク・学科（普通科など）・公私立を調整しても、学校SES[253]は卒業4か月前の各進路希望（大学進学・就職）の学校間格差を部分的に説明する。また、SESは進学期待を媒介して長時間学習と関連している。これは個人間・学校間の双方で確認できる。SESという初期条件が、進学期待という生徒に内在化された志向と学校の規範を介して、学習行動を左右していると解釈できる結果だ（松岡2014、Matsuoka 2015a）。入学3か月後のPISAデータで大学進学希望に大きな差が確認できることを踏まえれば、高校生活を通して各学校（トラック）の規範に沿ったまま、あまり進路希望は変わらないようだ。[254]

もちろん、低ランク校から大卒となる人もいる。しかし、第1章の結果を思い出して欲しい。低ランク校や職業科から結果として大卒となった人たちは「生まれ」が比較的高い傾向にあった。何らかの理由で低位トラックに入り、その後、学歴的に上昇を果たした層は、家庭で比較的強い有形無形の支援があったと考えられる。そのような支援のない「生まれ」の生徒は、低トラックが指し示す卒業生と同じような進路を甘受するように促される制度になっているのだ。

第6章

# 凡庸な教育格差社会

## ——国際比較で浮かび上がる日本の特徴

ＰＩＳＡを実施しているＯＥＣＤ（２０１８ｃ）の報告書では、公平性（equity）とは教育結果が同じということではなく、ＳＥＳなど本人が選べない条件によって結果が異ならないことであると定義されている。生徒の「生まれ（ＳＥＳ）」が学力や大学進学などの指標と関連していない状態であれば公平ということになるが、そんな社会は地球上には存在しない。ＳＥＳによる学力などの格差は適切にデータが取得されている国であればどこでも確認できるし、その根底にあるのは文化・教育的資源の偏りであることも世界中で共通している（Pokropek, Borgonovi & Jakubowski 2015など）。そう、教育における「生まれ」の影響を完全に除去した社会は一つとして存在しないのだ（OECD 2018c）。換言すれば、実質的な身分のくびきから人々を解き放った社会は、少なくとも国際調査の対象国・地域については存在しない。これは、人類が未だに生を享《う》けたすべての人たちの潜在可能性を具現化するような社会を作り上げることができていないことを意味する。[255]

もちろん、国によって「生まれ」による教育格差には、大なり小なり公平性の度合いに差がある。では、日本の公平性は他国と比べて高いのだろうか。結果を先取りすると、日本は、公平性が他国に比べて特に高いわけでも低いわけでもない、とても凡庸な教育格差社会だ。詳しくは国際比較が可能なデータで見ていこう。

## 1　すべての社会に格差は存在する

### 隣の花は赤い

　まずは、第1章と同じく「生まれ」による学歴格差について確認する。すべての社会に世代間学歴再生産は存在するが、その差は大きい。成人の「能力」を2013年に調査したOECDによるPIAAC（国際成人力調査）（国立教育政策研究所2013b）の結果を簡単に紹介しよう。幅広い世代（25〜64歳）を含んだ結果では、親学歴によって大きな格差がある。対象国の平均[256]では、低（学歴）層[257]と比べると中位層はその3・1倍、高位層は11・1倍で、子が高等教育卒になっていた。[258]日本は低位層を基準にすると中位層2・5倍・高位層9・1倍と、PIAACの平均とあまり変わらない。なお、自由と不平等の両方で知られるアメリカは3・3倍と9・6倍だ。平等主義として礼賛されるフィンランド[259]は1・8倍と3・6倍で、他国と比べるとだいぶ低いが、親子の学歴に関連がないわけではない。

　過去数十年の間に各国の高等教育は急激に拡大してきたので、若年層（20〜34歳）に限定した結果も確認すると、先の例と国数は異なるが平均は低位層と比べて中位層で2・0倍・高位層で4・5倍だ。[260] 日本は2・0倍と5・1倍、アメリカは2・9倍と6・8倍、そしてフィンランドは1・2倍と1・4倍である。

国によって経済発展段階、教育拡大時期、相対的な学歴の価値[261]など様々な違いがあるので、これらの数値をそのまま鵜呑《うの》みにするのは不適切だ。親学歴の区分が、たとえば低位層は中卒(高卒未満)であるので、特に若年層は極端に不利な層を基準にしていることになる。それに、ここでの高等教育には定義上、短大だけではなく高専と専修学校も含まれる。職業教育を含む高等教育進学率そのものが高ければ、親学歴が低くても進学する個人も多くなり、相対的な格差は小さく示されることになる。四年制の有名大学進学に限定すれば結果は変わるだろうが、すべての国の文脈で意味のある学歴の定義は難しく、どこで切り分けるかによって国別比較による印象は簡単に変わってしまう。

数値の意味を読み込みすぎるのは慎重になったほうがいいが、これらの粗い比較から3点重要なことが浮かび上がる。①各国内で最適な意味合いの学歴グループ分けではないにしても、調査対象国のすべてで、親学歴が低・中・高と上がるにつれ、子が高等教育卒となる傾向が強まる。②親子の学歴における関連の度合いは国によって異なる。③「国際平均」は当然どの国が算入されるかによって変わるが、ここで紹介したOECD報告書の数値によれば、日本は特別でも何でもない凡庸な教育格差社会である。

## †どの社会も大卒は高収入

大卒学歴に対する社会経済的な評価・意味合いは、各国の様々な状況――大学進学率、産業構造、職業教育（vocational education）の労働市場における価値など――によって異なる。ただ、度合いに差はあるが、少なくとも平均的には大卒であると収入が高い傾向にあることは変わらない。ＯＥＣＤの報告書（２０１８ａ）によると、日本の25～64歳の雇用による賃金収入[262]は、短大以上の大卒は高卒の約１・５２倍だ。[263]同じように、ＯＥＣＤ平均の大卒収入は高卒と比べて１・５４倍である。日本は「大卒」の細かいデータがないが、ＯＥＣＤ平均の高卒を１としたときの倍率は、短大１・２３、四年制大学１・４４、大学院１・９１となっている。アメリカは大卒１・７５倍（短大１・１２、四年制大学１・６９、大学院２・３３）、フィンランドは大卒１・４１倍（短大１・２４、四年制大学１・２５、大学院１・６９）だ。

各国の学歴に占める人口・年齢・性別などは様々なので単純な比較は避けるべきだが、データのあるすべての国で学歴によって収入格差がある。親子の学歴に関連があるので、どの国でも程度の差はあれ、親が高学歴の子は自身の高い学歴獲得を通して高収入を得る傾向にあることがわかる。どこの国も「生まれ」によって学歴達成が異なる教育格差社会であり、学歴によって社会経済的便益に差がある学歴社会なのだ。

これらの結果は、あくまでも大きな枠組みでの国際比較だ。若年層に限定しても20〜34歳と幅があるので、なぜこのような結果になっているのかを解釈するのはとても難しい。同じ国であったとしても経済発展の変化、高等教育拡大、初等中等教育の政策転換などがあれば、20歳と30歳ではかなり異なる経験をしている上に、世代間の人口比も変わっているのであれば、それらの国平均が何を意味するのか——いったい何と何を比べているのかよくわからなくなってしまう。

そこで次節以降は、ＰＩＳＡデータによる国際比較に焦点を絞る。対象が「調査年度に15歳」という明確な一時点なので、各国の産業構造や教育政策・制度の時代による変化は横に置き、調査時点の経済水準と教育制度など国の特徴について考慮しながら読めば大きく誤解釈することもないはずだ。

## 2　義務教育の「答え合わせ」

### †平均値の高い日本

日本の義務教育は国際的には「平等的」な制度として知られている（恒吉２００８、OECD

2018bなど）。日本のどこに住んでいても学習指導要領があるので学ぶ内容と目標は同じであり、無償で配布される教科書は学習指導要領を基準とした検定を通っているので標準化されているといえる。また、教員免許制度があることで教師の質も（誰でも教鞭を取れる状態よりは）担保されている。これらの標準化を可能にする国庫負担金（苅谷２００９、小川２０１０など）など地方に対する財政支援もある。

他国と比べれば比較的平等な教育機会が提供されているので（苅谷２００９など）、アメリカのように地方分権が行き過ぎている国の研究者からは高く評価されている。特に低ＳＥＳの児童は未就学段階であまり学習刺激を受けていない分の伸びしろがあるので学校教育効果が大きく、先頭集団に追いつけないまでも平均に近づくことはできるだろう。

実際のところ、学校教育の効果を検討したアメリカの研究によれば、出身階層による学力格差は学期中に縮小するが夏休み中に拡大している（Alexander, Entwisle & Olson 2007; Ready 2010; von Hippel, Workman & Downey 2018など）。夏休みは学校によって生活時間が構造化されていない「自由」な状態であるので、ＳＥＳによる親の子育て格差が直接的に反映されることになる。日本の社会的文脈だと、「意図的な養育」によって朝から晩まで塾や習い事などで忙しい上、食卓では親と豊富な語彙で論理的な会話をするよう促されている子もいれば、子供は放っておいても育つと考える親もおり、後者の下では「自由」にテレビゲームをして一日を終える子もいるだろう。

一方、学期中は時間利用方法の「自由」が大きく制限される。「みんな」が学習指導要領に基づいた学習に（強制的に）参加させられることで、特に低SES層の学力が下支えされる。よって、学校教育には教育機会の平等化装置（the great equalizer）として格差を縮小する機能があるといえる。

「平等主義的」な義務教育の結果を国際比較が可能なPISA[264]で検証しよう。日本については義務教育を終えて高校に入学して間もない調査結果なので、高校教育というよりは義務教育の成果の集大成と解釈できる。換言すれば、義務教育の「答え合わせ」だ。ただ、PISAの国別平均については多く報じられている上にインターネットで検索すれば簡単に出てくるので、本項では近年の結果のみ手短にまとめよう。

①読解力・数学・科学の3分野で日本の平均値は高い。調査に参加したOECD加盟国35か国の中で数学・科学は1位、読解力は6位。
②日本は高学力生徒の割合[265]が高く（OECD平均15％、日本26％、フィンランド21％、アメリカ13％）、低学力生徒の割合[266]が低い（OECD平均13％、日本6％、フィンランド6％、アメリカ14％）。

③日本は協同問題解決能力でOECD（33か国）の中で1位（フィンランド5位、アメリカ9位）。高能力の生徒の割合も高い[267]（OECD平均8％、日本14％、フィンランド14％、アメリカ14％）。
④2012年度調査の問題解決能力は、OECD（28か国）の中で日本は2位（フィンランド3位、アメリカ7位）。高能力の生徒の割合も高い[268]（OECD平均11％、日本22％、フィンランド15％、アメリカ12％）。

そう、国際調査の結果によれば、日本は3科目（分野）だけではなく2種類の問題解決能力でも極めて優秀である。特に減少傾向にあるとはいえ15歳人口が約120万人と規模が大きい国であることを考慮すれば、日本社会で育つ子供たちのPISAが計測する認知と問題解決の「能力」の高さは国際的に傑出している。日本の教育は詰め込みで問題解決力を滋養していないという言説は古くからあるが、少なくとも国際比較が可能なデータでは、日本の15歳の能力は高い[269]。

ただし、これらをそのまま教育実践・政策・制度[270]だけの結果として読むのであれば、それは過大評価だ。TIMSS調査でも同じだが、上位ランクの常連である東アジアの国・地域は、アメリカなどと比べて該当国の第一言語を話さない移民の割合が低い。テストで使用される言語の理解度が低ければ認知力をテストで発揮することはできないし、極端に得点が低い生徒の割合は「平均」に大きな影響を与える。さらに、これらの地域では比較的通塾率も高い。もし学習塾産業が存在しなかったら、「平均」はもっと低いだろう。[271]

それに、アメリカのように所得格差が大きい国は、貧困によって困難を抱えている生徒・学校が多い（ラヴィッチ2015など）。学校の外で腹を空かせ、治安の悪さに怯える生徒の「能力」が低いことは教育制度の帰結ではない。学校教育は経済システムの中に埋め込まれているので、経済格差が大きい社会では、その格差が生徒の学習に与える影響を乗り越えるのはより困難になる（Condron 2011）。換言すれば、経済格差が大きい国では、教育政策・制度が充実したところで家族と地域間のSESによる格差の影響を抑えるには限界があるのだ。同様に、経済水準と平均の相関だけで先進国の教育行政が優れ、発展途上国が失策をしていることにはならない。

要するに、国別の平均値とランキングはそのまま国の教育「制度」の「結果」を意味しない。経済の水準と格差・地域格差・教育制度・家庭教育・塾産業・社会全体の教育との親和性などすべてを含んだ総体だ。国別ランキングの上下に、教育実践・政策・制度の「効果」はあるだろうが、それらだけがその上下の理由だと騒ぐのは的外れでしかない。同じく、順位が以前の調査より上がったことを特定の教育実践・政策の成果だと喧伝《けんでん》するのであれば、それは数字の恣意的な解釈に過ぎない。社会に内包する、直接的に観察できないものも含めたありとあらゆる要素の総体としての結果以上でも以下でもないのだ。

## †国際的に凡庸な教育格差

前項の数字だけを見ると、義務教育を終えた段階の日本の子供たちは、教育行政だけではなく社会全体の「答え合わせ」として卓越した結果を示している。しかし、ＳＥＳによる学力格差という観点で国際比較調査の結果を見ると、日本はとても凡庸な教育格差社会だ。国際的に平均は高いが、「生まれ」による格差の度合いは「ふつう」なのだ。具体的にデータで見ていこう。

ＰＩＳＡの報告書は、ＳＥＳが国内下位25％であっても認知能力が国内上位25％である生徒のことをレジリエント（困難・苦境から立ち直る）生徒（"Nationally resilient students"）と定義している。低ＳＥＳによる困難さ（下位25％）に打ち勝ち高い学力（上位25％）を獲得したレジリエント生徒の割合が高ければ「生まれ」の影響力が少ない社会と解釈できるが、ＯＥＣＤ平均は11・3％で、日本は11・6％とそう変わらない。[272] ＳＥＳが下位25％の生徒１００人のうち、約12人だけが学力上位25％に入っているのだ。格差が大きいことで知られるアメリカは11・3％、教育界で礼賛されることの多いフィンランドでも14・1％に過ぎない。これらは、どのような社会であっても相対的な格差を埋めることが難しいことを意味している。教育行政だけではなく税の再分配を含めてどれだけ平等主義的にしても、ＳＥＳによって15歳時点の学力格差が明確に存在するのだ。

なお、この調査時点では、日本は1学年あたり約120万人なので、SESが下位25%であってもそのうち11・6%――約3・5万人は学力が上位25%（偏差値だとだいたい57より上）である。換言すれば、「低SESだけど高学力」な例は、相対的には少なくても、絶対数ではそれなりに存在することになる。「どんな家庭環境でも結局本人次第で成功できる」という例を意図的に探すことは、他の大多数を無視すれば難しくない。同じSESが下位25%で学力が上位25%に入らなかった26万5000人に触れずに高学力となった3・5万人だけに焦点を合わせれば、日本はどんな家庭に生まれても高学力になる機会のある国と解釈できるのだ。

ただ、学力偏差値に慣れ親しんだ人たちからすると、この上位・下位25%という分類では直感的に分かりにくいかもしれない。なにしろ学力上位25%は偏差値57以上ときりが悪い。そこで、偏差値に換算して結果を出すと、調査年度や試験の科目（分野）によって多少前後するのであくまで概算だが、SES偏差値40以下（100人いたとき下位の16人）が学力偏差値60以上（100人のうち学力が上から順に16人）である割合は約6%だ。OECDの定義より低SESの基準を下げて（下位25%から16%）高い学力（上位25%から16%）にしたので、割合が下がるのは当然だ。SESが下位16%というのはだいたい「子どもの貧困」層と合致すると思われる。このうち学力偏差値60以上の生徒は100人のうち6人である。一方、SES偏差値が60以上の層からは100人のうち約28人が学力偏差値60以上だ。1学年120万人としてSESが下位16％で学力偏差値60以上の生徒は1・2万人——ある程度の規模の人数なので、同じ低SESで学力偏差値60未満の18万人を無視すれば、日本は「誰にでも機会が開かれている国である」と思い込むことができる。

「生まれ」による学力格差という傾向は明確に存在するし、国際比較によれば日本は特別でも何でもない。前述の議論のように、これは教育実践・政策・制度をそのまま反映しているわけではないが、日本は、調査時点では相対的な（通学している）移民割合も低く、それはすなわち母語が日本語一つであるという、アメリカなどと比べて教育制度として負荷の低い状態だ。制度としてはナショナル・カリキュラムである学習指導要領や国庫負担による教育費の地域格差是正政策があるので、国内どこでも一定以上の教育が保障されており「平等主義的」ではある。しかし、それでも家庭や学校外学習の差を打ち消すほどではなく、SESによる学力格差が他国と変わらない程度であるのが現実だ。

## †「生まれ」による期待格差

個人間のSES格差で学力と同じぐらい重要といえる項目は大学進学期待だ。日本についてはすでに示したように、小中学校段階で「生まれ」による格差が個人間・学校間で存在し（第

表6-1　大学進学期待格差の国際比較：各層の割合（%）

| | 平均 | SES | | | | |
|---|---|---|---|---|---|---|
| | | 下25% | 平均より下25% | 平均より上25% | 上25% | 上下SESの差 |
| 日本 | 59 | 34 | 55 | 67 | 79 | 45 |
| フィンランド | 27 | 10 | 19 | 30 | 49 | 39 |
| アメリカ合衆国 | 76 | 60 | 69 | 83 | 92 | 31 |
| OECD平均 | 44 | 26 | 37 | 48 | 66 | 40 |

出所：PISA2015報告書掲載のTable III. 6. 2（p. 327, OECD 2017a）を基に作成

3・4章)、高校でも確認できる(第5章)。PISA2015報告書(OECD 2017a)による結果を表6-1にまとめたので国際比較をしよう。

　大学進学を期待している15歳の割合は各国で異なるが、SES格差という点では大きく変わるわけではなく、高SESであるほど大学進学期待を抱いている傾向はどの社会も同じだ。アメリカは平均値が高いので上下の差が小さいほうだが、それでもSES別に4層という粗い切り分け方でも格差を明確に確認できる。SESによる学力格差だけではなく、大学進学期待格差もあらゆる社会で観察される事象といっていい。

　SESが大学進学期待に与える経路は大きく二つに分けられる。一つはSESが学力を経由して大学進学と関連する経路で、これを第一次効果(primary effect)という。[273] 言い換えると、高SESだと高学力になり、大学進学する——SESは学力を介して進学に繋がる。もう一つは、学力を調整してもSESによって選択格差があることで、第二次効果(secondary effect）と呼ぶ。高ＳＥＳは、学力の高低とは独立して、大学進学を（親の影響も含め）自ら選択することを意味する。国際比較研究[274]の推計値によれば、この第一次効果と第二次効果の割合は教育制度によって異なるが、どちらかに完全に偏っている社会は少なくとも分析対象となった30のＯＥＣＤ加盟国には存在しない。換言すれば、どの社会であっても、ＳＥＳは学力と選択という二つの経路を介して大学進学期待に繋がっている。本章の冒頭で紹介した各国で確認されるＳＥＳによる大卒格差の主要なメカニズムだといえる。

なお、教育制度によってＳＥＳと教育期待の関連度合いが異なることが指摘されている。子供の年齢が低いうちに大学進学準備教育と職業教育を分けるドイツのような国では、ＳＥＳと教育期待の関連が比較的強い（Buchmann & Park 2009）。一方、アメリカのようにトラッキング度合いが弱い、「みんな」が普通教育を受ける国では、制度ではなく、個人のＳＥＳによる教育期待格差がある。早い時期のトラッキングで期待を冷却しないので、教育期待は高いまま維持されている（多喜２０１１ａ）。この点は、アメリカの15歳の大学進学期待割合の平均的な高さに表れている（表６－１）。

## 3 「効率」を追求する高校教育制度

### †学校SESと学力の強い関連

日本の義務教育は「公平性」に重きを置き、高校教育は制度として「効率」を重視する。義務教育の小中学校と大半が進学するとはいえ高校では、教育の価値軸が大きく異なるのだ（Kariya 2011）。この世界的には特異な急激な価値の転換が何を意味するのか、国際的な観点から検討しよう。

小中学校でも学校間格差はあるが、どこに住むかは個人の「自由」であり、経済状態などを考慮した選択の違いにより結果的に近隣間でSES格差が生じる。政策によって意図的に起きているわけではない、現実に存在する分離（de facto segregation）状態だ。この分離を制度的に推し進めるのが高校受験である。日本では国際的に平凡な水準のSESによる学力格差のまま、教育選抜を行う。結果として、この制度による分離（institutional segregation）によって、学校間でSESの大きな格差が作り出されている（第5章）。

学校内と学校間のSESのばらつきを推計した報告書の結果（OECD 2016）によれば、日本の個人間SES格差はOECD加盟国でかなり小さいほうだが、学校間SES格差はOECD平均とほとんど変わらない。[275]さらに言えば、学校間SES格差の大きさで知られるアメリカともあまり変わらない。一方、フィンランドは学校間SES格差が小さい。日本は義務教育段階で比較的小さかった学校間SES格差を、制度的な分離政策によって国際平均水準まで拡大していると解釈できる。

日本が特殊なのは、制度的に学校間SES格差を押し広げたことで生じていると考えられる、学校SESと生徒学力の関連の強さだ。どの科目でもあまり変わらないが、たとえば、読解力だと学校内のSES格差はあまりない（日本11、OECD平均19、アメリカ19、フィンランド33）。[276]しかし、学校SESと生徒読解力の関連はかなり強いほうだ（日本124、OECD平均71、アメリカ34、フィンランド36）。[277]別の調査年度の結果を見ても同様で、科目によるばらつきはあるが、OECD加盟国の中でだいたい3位以内には入る。これはドイツのように低年齢のうちに大学準備教育と職業教育が分岐する制度や日本のような受験競争型の教育制度に見られる特徴で（多喜2010）、学校SESが学校間学力格差の大半を説明することを意味している。

## †学習努力量の格差

第4・5章で解説したように、学校SESは学力と関連しているだけではなく、学校間の学習努力量格差を部分的に説明している。本項では国際比較をしやすい学習を一切しない生徒の割合（Matsuoka 2013a）を紹介しよう。[278] 日本の15歳（高校1年生）で学校の授業以外でまったく勉強しない割合は国語32%、数学21%、科学42%、その他すべての科目29%だ。アメリカは同じ順番で13%・11%・15%・11%、フィンランドは16%・14%・19%・9%である。57の調査参加国・地域の平均は11%・10%・18%・10%で、日本がすべての科目において1位である。そして、この日米比較研究の結果によれば、生徒SESはこの学習（しないという）行動と関連している。一方、日本では学校SESがこの学習（無）行動の学校間格差を部分的に説明しているが、学校間トラッキングをしていないアメリカでは有意な関連を持たない。

高校受験を経て、低ランク校（ほぼ低SES校）に集められた生徒たちは勉強しないことを規範としている。熱心に勉強する同級生もあまりいない上に、先輩（卒業生）も大学など学力選抜が求められる進路を選んできていないわけで、勉強する強い動機を持ちにくいことは不思議ではない。教育困難校・課題集中校は制度によって作られているし、それは国際的に特異なことだ。

## †教員の学業に対する期待

もう一点、日本の学校間トラッキングの帰結について国際比較をしよう。扱うのは第5章で扱った校長評価による教師の学業成績重視度である。設問は「教師は学業成績を重視している」で、ＰＩＳＡ報告書（OECD 2013, p. 179）によると64の国・地域の中で日本は最も重視度が低い。具体的には、ＯＥＣＤ加盟国だけではなく非加盟国のＰＩＳＡ２０１２年調査に参加した地域・国すべてにおいて「strongly agree（まったくそのとおりである）」と「agree（かなりあてはまる）」を合算した割合は90％台で平均97％であるのに、日本のみ76％となっている。[279]

日本以外にもトラッキングをしている国はあるので一概にはいえないが、高校ランキング制度が特殊であるので、高校ランク・学校ＳＥＳによって教師は期待値を大きく変えていると考えられる。第5章で見たように、主に低ランク高校において学業達成はすでに教師によって期待されていない――諦められている。繰り返すが低ランク校の多くは低ＳＥＳ校である。子供の大半が受ける高校教育で、制度側である教師からの期待値に集団として大きな差があるのが現実なのだ。

**†学力水準が高く、格差の度合いが平均的な日本社会**

国際比較によって見えてきたことをまとめよう。

①データが取得されたすべての社会において、ＳＥＳによる学力・学歴達成格差がある。

②親子の学歴の関連の度合いは、日本は国際平均とあまり変わらない。
③どの社会も大卒は高収入になる傾向にあり、学歴によって処遇が異なる学歴社会といえる。
④日本の生徒の学力と問題解決能力は平均的に卓越している。高学力・能力の生徒の割合も高い。ただし、これは教育実践・政策・制度だけに起因するわけではなく、社会のありとあらゆる要素の総和としての結果である。
⑤各国内で低SESの生徒が高学力になる割合は低い。すなわち、「生まれ」による学力格差はどの社会においても存在し、日本の割合は国際平均と同水準である。
⑥日本では、SES下位16％で学力上位16％（偏差値60以上）となる割合は6％と低いが、学年人口が約120万人なので、実数としては1・2万人前後いることになる。「誰にでも機会が開かれている」という主張を裏付けようと、意図的に多くの「低SESで高学力の生徒」を実例として集めることは難しくない。無論、数多くの珍しい実例をかき集めたところで、代表性のあるデータが示す傾向の反証にはならない。
⑦大学進学期待の割合は国によって大きく違うが、高SESの生徒が進学期待を持つ傾向はどの社会でも変わらない。これは学力を調整しても同様である。ただ、制度によってSESと進学期待の関連の程度は異なる。
⑧日本は高校受験によるトラッキングで政策的に学校間のSES格差を国際平均にまで押し上

げている。結果的に、学校SESと生徒学力の関連が最も強い社会の一つになっている。

⑨高校受験から間もない時期である日本の高校1年生は、学校の授業以外でまったく勉強しない割合が高い。全科目において、57の国・地域の中で勉強しない割合ランキングの1位である。生徒SESだけではなく学校SESも学習しないことと関連している。

⑩校長観察による「教師は学業成績を重視している」の割合が日本は国際的に突出して低い。教師が学業成績を重視していない高校は低ランク・低SES校に集中している（第5章）。

SSMのように幅広い世代を分析し、時代・世代による変化を検証する視点が縦軸だとすれば、一時点であっても数十の社会との国際比較は横軸の視点を与えてくれる。国際比較によって浮かび上がったのは、卓越した学力・問題解決能力の平均値の高さ、国際平均レベルのSESによる学力・大学進学期待・学歴の格差、平均的な学歴と収入の関連度合い、そして突出した学校SESと学力・学習行動・教師期待の関連だ。これらの国際比較によって因果関係を特定できるわけではないが、自明性を疑い、冷静な視点を持つ契機にはなる。

この社会に長く住んでいるとその特殊性に無自覚になってしまう制度の一つだ、高校階層構造（偏差値ランキング）だ。日本は制度的に学力とSESが低い生徒を集めて課題が集中した教育困難校を作り、そんな「底辺校」の生徒たちは、先ほども述べたように、教師たちから学業成績については諦められている（第5章）。日本においては長らく「そういうもの」であっても、国際比較するとその異様さが浮かび上がる。この現実と向き合い、制度の在り方や教員配置を含む資源配分について議論することが必要だ。

一方で、国際ランキングの「よい結果」には喜びすぎないほうがいい。何しろ日本はアメリカなどと比べて教育制度として負荷が低い国なのだ。たとえるなら、「アメリカ（の教育制度）」は、筋力トレーニング用の重りをつけて走っているようなもので（大きな経済格差、多様な人種・文化・言語の生徒たち）、さらに筋肉の一つひとつが脳の指令に従わないこともある（地方分権が強い）。しかも身体のあらゆるところは疲労骨折している（極端な貧困地域が国中に数多くある）。一方、「日本（の教育制度）」は、重りはまだ軽く、教育熱の高い親たちから配給と応援を受け、学習塾に至っては直接背中を押してくれている。身体も痛む箇所はあれど、アメリカほどではなく、まだ走れないわけではない。この競争で「日本」が勝利したところで、それは「制度」のまっとうな評価にはならないのだ。

今後、国内でSES格差、それに地域間の大卒居住割合の格差（第1章）が拡大し、地方分権の名の下に教育予算の格差が広がれば、「日本」はアメリカのような重りをつけて痛みと共に走ることになる。制度を強化しないのであれば重りや身体の痛みが増し、少しずつ結果が悪化していくだろう。この暗い「未来」を回避するために、わたしたちにできることがあるはずだ。

# 第７章
# わたしたちはどのような社会を生きたいのか

この日本社会において、「生まれ」は人生の可能性を大きく制限している。子供が生まれてから成人するまで、「生まれ」の効果を縮小・拡大する教育実践・制度が入り交じるが、結果的に、出発点の格差は消えることなく持続する。この意味を敷衍《ふえん》するために、ライフコース（人生の軌跡）研究を紹介しよう。

パネル調査を分析した結果[280]によれば、図7-1[281]にあるように、出身家庭のSES（社会的背景）[282]、教育達成[283]、初職（はじめて就いた仕事）、現職という4つのライフステージ間で格差は縮小しない。すなわち、SESが教育達成に、教育達成が初職に、初職が現職に影響を与える「格差の連鎖・蓄積」が起きている[284]――「生まれ」というスタートラインの差はそのまま次のライフステージに持ち込まれているのだ。[285]

概念図（図7-1）のように、出身家庭のSES（社会的背景）と教育達成の関係は平行移動である。各教育段階だと拡大する格差もあるが、「生まれ」と最終学歴という時間的に距離の離れた2つの関連でみれば、結果として、格差はそのまま少なくとも平均的には大きく拡大も縮小もせずに変わらない。小中学校の運動場を何周もする長距離走にたとえれば、1周遅れでスタートし、そのまま距離を詰めることも離されることもなく、1周遅れてゴールする感じだ。全員汗を流して走っているが、順位は変わらない。

本書はこのSES（生まれ）と教育達成とを繋ぐ各教育段階の実態を検討してきた。まず、

「生まれ」によって未就学段階（第2章）、そして小学校入学時点（第3章）で格差が確認できる。義務教育は制度として標準化されているが、学校間・地域間においても様々な格差がある上、学校外で子供は異なる経験を蓄積する（第3・4章）。この期間、学力は向上するが格差は

図7-1 「格差の連鎖・蓄積」

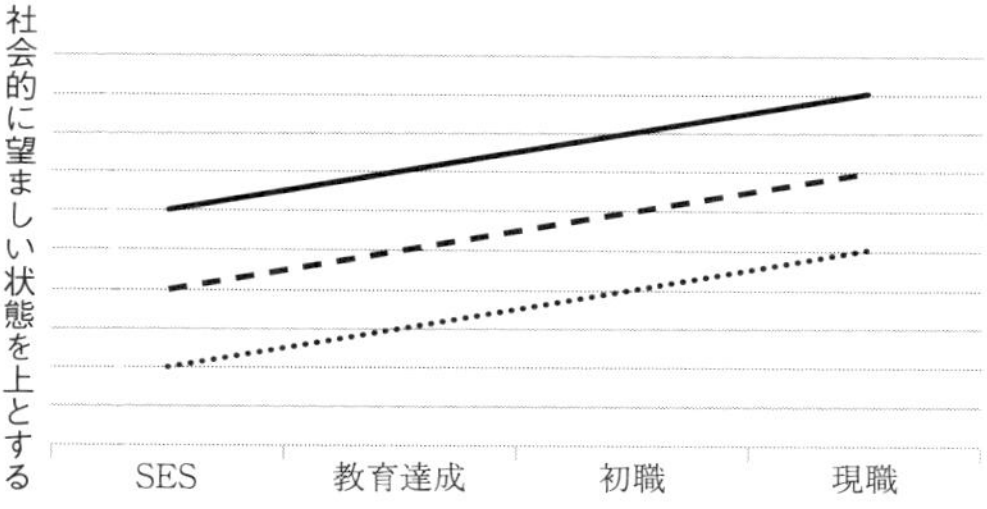


出所：石田（2017）の概念図を基に作成

平行移動であまり変わらず、学習行動などのSES格差は拡大する（第3・4章）。そして、「生まれ」によって大きく異なる学力のまま高校受験という選抜が行われ、結果的に、高校間に明瞭なSES格差ができる（第5章）。各学校（トラック）には異なる社会化過程があり、卒業生と似たような進路を選ぶことになる（第5章）。

　ここまでが第1～5章の内容だ。日本社会では20代前半で大半の人々の最終学歴が確定し、大学ランク（学校歴）を含む学歴によって就業機会格差があり、初職は現職と関連することになる。そう、初期の格差は縮小しない。

　先に走り始めた人との差をつめ、追い抜くのは相当に難しい。視界に入る背中が小さくならないように追いかけるだけで大変だ。国の平均として学力は高いが（第6章）、先を走

っている層は立ち止まるどころか学校外で追加訓練をしてコース（学校教育）に戻ってくるし、強力かつ継続的な支援を親から受けているわけで、同じ機会を与えただけでは差は縮小しない。低SES層が平均的集団、ましてや先頭集団に追いつくには平等な機会を超えた相当に意図的な介入が必要となるのだ。

このような「生まれ」による目には見えづらい機会の格差が存在する緩やかな身分社会という現実に対して、わたしたちには何ができるのだろうか。本章では議論の基盤をまとめた上で、2つの具体的な提言を行う。

## 1　建設的な議論のための4カ条

教育は誰もが何らかの実体験を持っているので自説を持ちやすい。どんな見解であったとしても白黒をつけることは難しく、「そういう教育（手法）が適した（適していない）子もいる」とか「そういう状況もあるかもしれない」あたりで落ち着くことになる。そう、大半の教育論はその性質から完全な肯定も否定もできない。結果的に、閑散とした遊園地の、年季の入った大きなメリーゴーラウンドにでも乗っているのかと錯覚を覚えるほど、いつの時代も表現が変わるだけで、実質的に同じ中身の意見（小針2018、中村2018など）が表明されてきた。[286]

研究者にできるのは、「それは30年前と同じ議論ですよ」「その理想を政策として実施するのに失敗した実例があります」「社会全体で俯瞰すると、そういう事例は圧倒的少数派です」、それに「日本であてはまるかどうかはわからないけれど他国では効果がない（あるいはとても小さい）と報告されています」などのように、議論を発展させるために（冷笑的ではなく）建設的なトーンで指摘することだ。先人たちが「同じような議論」をして失敗してきた経緯を踏まえて、巨大な螺旋階段をゆっくり上がるように議論の水準を向上させて、具体的に教育実践・政策・制度の改善に繋げたいところである。

建設的な議論をするために考慮すべきことは無数にある。たとえば、日本が後追いするアメリカの「改革」の功罪（ラヴィッチ2015など）については、多くの実証研究が発表されているので参考にしたい。無論、他国の事例がそのまま再現されるかどうかはわからないので、詳細な検討が求められるが、同時代を生きる他の社会がすでに経験した実例から学ばず似た失敗を繰り返すことだけは避けたいところだ。

本章では紙面の限りもあるので、最低限踏まえておきたい、まっとうな議論を可能とする4カ条を簡単にまとめた。これらを意識するだけで教育論議のメリーゴーラウンドから脱出することができるはずだ。

①価値・目標・機能の自覚化

②「同じ扱い」だけでは格差を縮小できない現実
③教育制度の選抜機能
④データを用いて現状と向き合う

### †4カ条その①価値・目標・機能の自覚化

近代社会の基本理念である「平等」と「自由」（苅谷2014、岡田2013など）を意識することは、現実的に意味のある教育論議をする上で重要だ。学校現場における教育実践、それに地方自治体や国の教育政策や制度設計において、全員の機会の「平等」と個人の選択の「自由」は相反するケースが多い。「平等」を重視する場合、教育目標は「公平（equity）」で、教育に期待される機能は「平等化」となる。一方、「自由」に軸を置くのであれば目標は「優秀さ（excellence）」・「効率（efficiency）」の追求となり、教育機能は「差異化」となる。[287] 大まかな切り分けではあるが、[288] どちらを重視するのか、という観点に自覚的であることは、教育実践・政策・制度の実態を理解し、対策を提案する際に大きな手助けとなる。[289]

本人の「能力」に従ってグループ分けする習熟度別学習[290]は、この2つの軸を理解する際にうってつけの教育実践例だ。たとえば、小学校低学年の学級内で習熟度別学習を行うことは、「個人」の「能力」に合った「効率」的な実践であるので、より「優秀さ・効率」を目指していることになるし、「差異化」を志向している。ただ、現実として「生まれ」によって「能力」格差があるので、高SESの児童は似たSESの同級生と、より発展的な学習をすることになる。比較的低SES家庭出身である児童たちは（平均的には）小学校入学時点で「能力」が低いので（第3章）、同じ学級内であっても下位グループに集められる（Condron 2007）可能性が高い。さらに、「能力」とは別にSESの低さそのものによって、下位グループに振り分けられることもあり得る。[291] これらのことに自覚的でなく単にグループ分けした場合は、「優秀さ・効率」を目指すことで「差異化」が進み、「生まれ」と結果の相関が強まる。すなわち、「公平性」が崩されることになっても不思議ではない。

制度についても例を挙げよう。習熟度別学習は学級・学年内の実践だが、高校トラッキングはまったくの別プログラムに選抜する（日本においては定着した）制度だ。[292] 高校受験の結果、学校ランクに従って（第5章）各人の「能力」に「適した」教育が行われる。よって、これも「優秀さ・効率」を重視した「差異化」制度だ。「生まれ」によって「能力」と「選択」の格差がある以上（第6章）、「自由」を重視し「優秀さ・効率」を追求すると、結果として分離（差異化）が促進されることになる。すなわち、格差が拡大する。

もちろん、実際の施策上のデザインによって、どんな結果になるかは変わり得る。[293] たとえば、習熟度別学習とトラッキングでも単に「能力」別にグループ分けして学習するのと、「能力」

に応じて教育目標・教材を含むカリキュラムまで変えるのとでは次元が異なる（恒吉２００８など）。ただ、一般的には、「能力」に基づくトラッキングを行うとＳＥＳによる学力格差が拡大する。国際比較研究の結果（Hanushek and Woessmann 2006; Woessmann 2009 など）は、教育制度を「みんな」が共通の教育を受ける単線から、異なる進路に向かうトラックのある複線にする時期が低年齢であるほど格差が大きくなることを示唆している。[294]

そう、学習指導要領のように明確な目標を含む標準化された枠組みに従って学習を行う義務教育のような単線型教育制度であれば、学習と親和性のない低ＳＥＳの生徒が「落ちこぼれる」ことを（ある程度）抑制することになる。「平等」を重視し「公平」を目指した「平等化」機能を託された制度といえる。これは一切学習しないことや、より発展的学習に個人のペースで進むという「優秀さ」追求の侵害を意味するし、「能力」別ではないから「効率」が悪いと考えることもできる。

理想的な教育を語るのはよいが、現実的に実施し結果に結びつかないのであれば、子供たちの人生の可能性を拡大することにはならない。「平等」なのか「自由」なのか、どちらに軸足を置くのか自覚することが重要だ。換言すれば、一つの実践・政策・制度では、どちらかを重視すると、一方を軽視することになる。どちらに進んでも誰かの可能性が失われる——血が流れるのだ。もちろん、どちらを重視するかによって「誰」の血がどれだけ流れるかは変わる。

## †「大きな学校」と「小さな学校」

あらゆる政策・制度を論じる際に、学校教育の役割を意識することは避けられない。学校教育の役割を後退させる――市場原理主義的な「小さな政府」のように「小さな学校」を志向するのか、それとも、役割を拡大し「大きな学校」とするのか、ここでも価値判断が求められる。

教育制度によって構造化された時間を縮小し、児童・生徒の選択の「自由」を尊重するのが「小さな学校」だ。部活動や補習・宿題の廃止論などは典型例で、学校にいる時間を減らし、家庭の中に学校（の課題）が入り込んでくることを「自由」の侵害としている。動画授業や人工知能を利用した学習の個別化も同じく「自由」と個人の「優秀さ」を最大限に尊重する「効率」的な教育といえる。授業時間やカリキュラム量を削減した「ゆとり」教育も学校の介入から「自由」にすることを志向したという意味で同じ系統だ。

「自由」による自己選択は理念としては素晴らしい。ただ、もし単純に公教育の役割を縮小するのであれば、「生まれ」は現在よりも直接的に子に引き継がれることになり、厳密な身分社会に近づくことを意味する。事実、２００２年に土曜日が休日になったことにより、ＳＥＳによる中学3年生の学習時間と高校1年生の読解力の格差が拡大したと解釈できる研究結果がある（Kawaguchi 2016）。「小さな学校」による個人の「自由」の拡大によって「差異化」が進み、結果の「公平性」が脅かされることになるのだ。同様に、学習を徹底的に個別化すれば、初期の「能力」と親の子育てパターンにSES格差があるので（第2章）、学校の「平等化」機能は弱まり、格差は拡大すると考えられる。「能力」に合わせた「効率」重視の飛び級・留年も同じだろう。

もちろん、価値の相克と向き合った上で、「結果としてより厳密な身分社会になったとしても、個人の自由（な選択）が尊重されるべきだ」という主張であれば、それは一つの意見だ。後半の耳あたりのよいところだけを主張する偽善（あるいは単なる無知）より、よっぽど建設的な議論に繋がる。

無論、学校の役割を「大きな政府」のように拡大することにも批判はついてまわる。「悪平等」という言葉があるように、画一的な教育に対する否定的なエピソードには事欠かないだろう。確かに「みんな」が同じことをするのは「効率」が悪いし往々にして理不尽だ。すでに家庭や学習塾で学んだ内容を学校の授業で再び聞くのは時間の有効利用とは言い難い。「平等化」のために教師が勉強のできない子ばかりに注意を払って授業の進度が遅ければ、退屈に思う児童・生徒も出てくる。個々の能力や適性が異質である以上、「同じ処遇」は高い平均値には繋がるかもしれないが、その分、個人の「優秀さ」を潰してしまう危険性もある。

## †すでに恵まれた生徒への税金による追加支援

価値の相克という観点で予算配分についても例を挙げよう。文部科学省は先進的・発展的教育を実施する各高校からの応募に対して採択する形で追加的予算配分をしている。2002年に開始され現時点（2019年度）も行われているスーパー・サイエンス・ハイスクール（SSH）支援事業は、明らかに「自由」で「優秀さ」を重視した政策だ。

すべての採択された学校を調べたところ、都道府県間で比較可能な偏差値を出すことはできないのであくまで概算となるが、SSH指定校の平均偏差値は65・中央値で67だ。[295] これらはどの地域にあっても進学校なので、生徒の平均SESも高いはずだ（第5章）。[296] これは偶然ではなく、従来の高校教育のカリキュラムよりも発展した内容を探究するのは高SESを背景に（第2〜5章）高い学力と学習意欲を持つ生徒が多ければこそ成り立つ教育だといえる。さらに付言すべきは、2018年度までにSSHとして採択された280校のうち163校（58％）が、3年度もしくは5年度ごとに複数回採択されていることである。2002年度からずっと指定を受けている高校も20校ある。これらの大半は高偏差値校だ。

そう、この「優秀さ」を追求する政策は、税金による追加的な予算配分によって、（平均的に）すでに恵まれた生徒たちをより一層有利にしているのだ。2019年度のSSH事業予算は22億円（文部科学省2019）で、指定校数で割ると1校あたり約1000万円の税金投入だ。10年以上SSHである高偏差値（すなわち高SESの生徒が多い）高校は1億円以上の追加予算を受けていることになる。[297]

「生まれ」格差拡大に加担していることをわかった上で「優秀さ」のために「差異化」を促進しているのであればそれは一つの判断だが、一体それは価値の相克の葛藤と向き合った上での政策決断なのだろうか。次世代の理数系人材を増やすという「正しさ」に酔って思考停止していないことを願う。

## †「正しさ」に酔わないために

価値に照らして個々の実践・政策を検討すると、いずれも完璧ではない。教育分野において万能薬は存在しないのだ（"no panacea in education"）。価値軸が異なれば同じ政策に対する評価はまるで変わる。どちらの価値を重視した議論をしているのか──「誰」の血（可能性）がどれぐらい流れているのかに自覚的になることは、建設的な議論をする上で重要だ。

たとえば、学習の個別化を推進したいと強く願っている人であっても、（その多くは）「公平さなんてどうでもいい」とは主張しないだろう。個別化政策の「効率」性の高さという「正しさ」に酔うだけではなく、その政策の「差異化」機能が格差を拡大する可能性を意識することで、「個別化を推進しながら、なんとか格差にも対処できる方策を同時に打てないか」と議論を進めることができる。

総体として「平等」と「自由」両方を達成するべく、単発ではなく包括案で考えることができるようになるはずだ。換言すれば、相克する価値・目標・機能を意識することで、より具体的かつ多くの子供たちを対象とした「みんな」のための議論が可能となるのだ。

## †4カ条その②「同じ扱い」だけでは格差を縮小できない現実

日本の義務教育制度には(特に他国と比較すると)高度に標準化された「平等化」機能があるし、学校現場でも個人間の差異が表面化しないよう「平等」を重視する傾向がある(苅谷2009)。ただ、ここでの「平等」は「同じ扱い」(equal treatment)を意味し、処遇を変えるのは差別感の温床とされてきた(苅谷1995)。この帰結は明快だ。学力格差は縮小せず、学習努力など行動格差は拡大している(第3・4章)。そう、どれだけカリキュラムを含む様々な要素を標準化しても、「扱いの平等」では格差縮小という結果には結びつかない。

格差が維持される理由は大きく分けて2つ考えられる。まず、義務教育に入る段階で一生まれ」格差があり(第2章)、小学校に通いながらも子供たちは学校外で大きく異なる日常を生きていること(第3章)が挙げられるだろう。「同じ」速度で走ってもすでに開いた差を埋めることはできないし、先頭集団は学校外の資源・機会から支援を受けている。

次に、制度が「平等」志向でも広い意味での教育「環境」格差が解消されるわけではないことを挙げなければならない。たとえば、SES格差を基盤として、大学進学期待を持つ親の割合の学校間格差がある（第3・4章）。制度として教員免許や広域人事異動による人的資源の「平等」な配分も含めて「同じ箱」を用意したところで、そこで「誰」が学ぶかは大きく異なり、それが規範の違いに繋がる。同じ公立であっても、同級生の大半が大学進学を前提に勉強する小学校と進学を考えることが比較的珍しい小学校では異世界なのだ（第3章）。

また、児童の学校外経験は学校内の教育内容に影響を与え得る。たとえば海外・国内旅行を含めて文化的活動を頻繁にするのは両親大卒層（第3章）なので、「夏休みどこに行った？」という児童間の会話の内容であるとか、社会科や外国語の授業時間内における（学校外）経験の共有についても、個人間・学校間で格差がある。そのような中身まで学習指導要領は縛ることはできない。

学校をコミュニティに開くといった議論もされ始めて久しいが、明確な目標も手段も共有せずに単に地域の人々の補助的参加に留まるのであれば、生徒が得られる便益に学校間格差があるはずだ。社会経済的にどんな地域か（どんな階層の人たちが住んでいるか）によって、学校が使える資源量に格差があると考えられるからである。たとえば、地域によって住民の学歴と職業の構成が異なる以上、職業体験や地元の「名士」による講演会の中身は大きく変わるだろう。これでは近隣の大人たちをロールモデルにすることで、地域ＳＥＳを子供たちに継承させる刷り込みになってしまう。

もちろん、これは公教育が無力という意味ではない。もし「平等化」を意図した標準化された制度がなければ、家庭と地域のＳＥＳがより直接的に子供の教育機会の質と量を左右することになるはずだ。一方で、「同じ扱い」の義務教育があるからこそ「機会の平等」という幻想が流布していると解釈することもできる。特に小学校では私立小学校通学者の割合は低く、都市部を除けば私立中学校も一般的ではない（第3・4章）。「みんな」が学習指導要領準拠の教科書で学び、似たような桜並木と入学式、同じような種目の運動会、合唱や証書の授与を含む卒業式という演出があれば、機会が「等しく」与えられたという幻想を事実として認識する人が増えても不思議ではない。「平等な機会」が付与されているのであれば、最終学歴・職業・収入・健康などあらゆる社会的に構成される「結果」は個人の責任となり、社会福祉政策は「能力」の低い「弱者」に対する「お情け」となる。

学校教育の内外の格差をなくすために――「平等」のために、私立校や塾などを禁止して、高ＳＥＳの児童・生徒の学力向上を阻止しようと主張する人もいるかもしれない。事実、現在教育市場が高度に発展している韓国では、１９８０年代に塾や家庭教師を法律で禁止していた

(Lee, Lee, & Jang, 2010など)。しかし、人々は何とか有利になろうと、マンションの一室などで違法授業が行われた。つまり教育産業が地下に潜っただけだったのだ。もし現在の日本でそのように禁止したところで、オンラインで海外サーバーを経由して追加授業を受けたり海外で教育を受けたりと、SESによる影響を除去しきることはできないだろう。それにそもそも親によって幼少期から構造化された時間を過ごすことで、森羅万象に興味を持って「自発的」に学習し「優秀さ」を追求する児童・生徒の足を引っ張ることは、社会的損失でもある。

求められるのは底上げとなるが、「同じ扱い」では距離をつめるには不十分なのだ。そこで登場するのが追加的に機会を付与するプログラムだ。[298] たとえばアメリカ[299]ではヘッドスタート(Head Start)と呼ばれる低SESの児童に対象を限定した未就学段階における特別支援プログラムがある(岡田2013など)。他にもタイトル・ワン(Title 1)と呼ばれる低SES(地域の)公立校への追加的財政支援がある。これらの追加支援の有効性については様々な議論があり、完全に格差を埋めることができるわけではないが、政策的努力ではある。少なくとも、単に「同じ扱い」を繰り返すだけでは「いつの時代にも教育格差がある」ことは変わらないだろう。

## †4カ条その③教育制度の選抜機能

教育は、個人が社会で生きていくための知識や技能などを身につける――社会化する過程だ。なかでも教育制度は個人を社会に適応させるために存在する。[300] その重要な機能の一つとして、わたしたちは教育制度に選抜・配分機能を託している。換言すれば、教育制度には人を社会的「身分」に振り分ける選抜機能があるし、それが期待されている。

学歴は個人の「能力」を代理的に示すものとして扱われ（中村2018など）、特に就職の際に重要視される。学歴差別という言葉があるように嫌悪感を持たれることもあるが、わたしたちは実質的に同じようなことを毎日している。食品であれ日用品であれ、値札の付いていない裸の商品を見せられて相応の金額と交換と言われたら、価値判断する能力も知識もない大半の人々は困るだろう。市場における「価値」を誰かに貼ってもらって、それに基づいて選ぶしかないのが現実なのだ。

人間の能力と潜在可能性を評価することは商品の市場価値を見極めるよりもさらに難しい。その上、食品であれば咀嚼して一度胃の中に入れれば終わりだが、人事の決定は中長期的な影響がある。数十分の面接を複数回したところで、人の潜在可能性など簡単にわかるものではない――「正解」がわからない分、有名大学卒、大卒、専門卒、高卒のようなラベルで人を「とりあえず」選別することになる。

企業の採用人数は限られているわけで（広田2015など）、何らかの方法で人を選別しなければばならない。レストラン評価サイトで「とりあえず」3・5以上の評価がついている店を探して、その中から選ぶのと同じだ。もちろん星の色が変わる境目である3・49と3・50に本質的な差などないことぐらい、大半の人はわかっているだろう。それでも店を選ぶ時間と労力を抑えるためには、何らかの基準で線引きすることになる。学歴によってそもそも申し込めない業種や職位がある以上、教育制度は人間を選別する機能があるし、それをわたしたちも期待しているのだ。

さらに付言すべきは、そもそも筆記試験などによる選抜は、どんな親の下に「生まれ」たかではなく、「能力」によって社会的上昇を可能にするために行われたという経緯があることだ（中村2011）。それに教育制度の中で選抜をなくしたところで、社会におけるSESの格差がなくなるわけではない（苅谷2014）。職業によって要求する「能力」が異なるわけで、教育制度が選抜しなくなったところで、他の何かが選別機能を持つことになるだけだ。

選別機能がある限り、全員が満足することはない。たとえば、もしあなたが有名大学の学生や卒業生であるのなら、簡単に一人の人間を笑顔にできる方法があったはずだ。そう、あなたが大学入試で不合格になれば、他の誰かが合格して「幸せ」になっただろう。同様に、ボランティアで恵まれていない中学生に勉強を教えている学生で、実際にその教え子がたとえば偏差値の高い高校に合格したのであれば、それは代わりに誰かが不合格になっていることを意味する。その「誰か」も恵まれていない環境で育ったかもしれないし、高ＳＥＳの生徒であれば不合格になってよいという話でもないだろう。望ましいとされる椅子の数が限られている以上、目の前の子供を笑顔にすることはできても、それは目には見えないどこかの誰かの涙と落胆を引き起こす行為である。教育政策・制度を議論する際、労働市場との繋がりも含めて、この選抜機能という現実に向き合う必要があるのだ。

## †4カ条その④データを用いて現状と向き合う

教育格差を話題にすると、すぐに対策を求められる。解決を目指すその情熱は素晴らしいが、まずは何が起きているのか――現状把握に徹しないと、その対策は的外れなものとなる。どうしようもないぐらい複合的な要素が絡み合って教育格差が生じていることを理解しないと、一つの価値・目標・機能を軸とする単発の対策志向になってしまい、狙いが達成されないどころか意図しなかった副作用――「意図せざる帰結」（unintended consequences）が起きる危険性がある。

低所得世帯層に対する大学の授業料無償化案が分かりやすい事例だ。「経済資本の多寡のみで進学格差が生じている」という仮定が適切であれば、政策の意図通りになるかもしれない。しかし、中学1年生時点で経験蓄積格差があり、それが大学進学期待と関連しているし（第4

章）、「生まれ」によって学力格差があり（第3〜5章）、さらには、近所に大卒の大人が少なく（第1章）、進学意欲を持つ同級生の割合が低い学校もある（第3・4章）。階層と地域を土台に、様々な経験の上で大学に進学する自分の姿を現実的に想像できない生徒が、奨学金によって突如意欲を持ち出すのだろうか。

もちろん、「お金の心配はない」という一貫したメッセージが幼少期からあれば、「うちの家計では考えられない」と（無意識のうちに）選択肢から除外することはなくなるだろうから、財源があれば無償化したほうが良いことに異論はない。しかし、奨学金だけで「生まれ」による進学格差が大幅に縮小すると考えるのであれば、それは現実を無視した夢想に過ぎない。むしろ「無償化で機会は全員にあるのだから、それでも進学しないのは自己責任」と非大卒層に対する風当たりが強くなることすら起こり得る。

この無償化案の例のようにほとんどの教育論には一理あり、完全に間違っていることはあまりない。だからこそ、自分の経験だけに基づいた思い込みで、いつまで経っても高尚な「理念」の正しさを主張することが可能だ。会話そのものが目的である雑談であればそれでもよいだろうが、政策となると多くの人たちの未来に影響を与えることになるので、客観的なデータと研究知の蓄積に基づいた判断が望ましいことに異論のある人はいないだろう。

換言すれば、上の世代の失敗と向き合わずにほぼ同型の失敗をしました、と次世代に言わなくて済むように、過去の事例から学び同じ轍を踏まないようにするべきだ。ここでは複雑な「現実」と向き合わず高尚な「理念」先行によって失敗した3つの例を挙げよう。

### †学校群制度

かつて高校は一部のエリートが行く教育機関だったが、戦後に進学率が急上昇し、1970年代には「みんな」が進学するようになり、高校受験の競争が過熱した。そして進学者が増えると教育問題は「みんな」の関心事となり、受験圧力を緩和しようという動きが出てきた。そんな進学校への競争の過熱を防ぐために実施された学校群制度は、（おそらく）善意に基づいた政策だった。現在のように生徒が受験校を決めるのではなく、複数の高校で構成される各群の中の学校間学力格差がなくなるように生徒を振り分けたのだ。この制度の結果、高SES層は私立に流出し（苅谷2001、Kariya & Rosenbaum 1999）、公立校の大学進学実績は急激に落ちた。これは公立校にしか行くことのできない低SES層に対して、社会的地位上昇の門戸を狭めたことを実質的に意味する。

学校を構成する最大の要素は生徒が「誰」であるかだ。カリキュラム、教育手法、伝統などの特色と進学実績を関連付けて議論する有名進学校の校長インタビュー記事が散見されるが、「どんな生徒がその高校に通っているか」を考慮すると、学校の効果はとても小さいはずだ。[301]

学校そのものに「箱」として力があるのであれば、[302]受験制度変更によって入ってくる15歳が大きく変わっても、進学実績を保てるはずだ。でも、実際はそうならない。たとえ教職員、カリキュラム、校舎などが同じであっても、ＳＥＳと学力が異なる生徒が入ってくれば、それまでと同じ「特色ある教育」を行うことはできない。

学校群制度によって「東京大学に合格するような高学力・高ＳＥＳ生徒」が私立に流出し、進学実績が落ち込んだ都立日比谷高校がその好例だ。進学実績のよい高校の教育手法は注目を集めるが、それらは高学力・高ＳＥＳ校だからこそ実践できるのであり、高い進学実績を作っているのが本当にそれらの手法なのかはかなり疑わしい。（平均的に）高ＳＥＳである生徒は入学時点ですでに様々な経験を蓄積し高学力かつ安定した学習習慣を身体化している。極論すれば、もし学校が生徒を放っておいたとしても、自習と塾・予備校を利用することで、進学実績はそう例年と変わらないだろう。

このような理解もなく学校群制度を実施したため、高学力・高ＳＥＳの生徒は私立に流れた。今となっては実証できないが、制度変更前は、高学力ではあってもＳＥＳが高くない公立進学校の生徒は、高ＳＥＳ・高学力の同級生から大学受験に資する影響を受けることができていたはずだ。一方、学校群制度によって高ＳＥＳ層がいなくなり学力的にも均一的になった公立高校で有名大学進学を目指して受験勉強を継続するのは、以前より難しくなっただろう。塾や予備校に通えれば競争仲間を得ることはできるが、親が費用を負担しなければならないし、親が非大卒で進学期待が低い場合（第3・4章）は、生徒が親を説得しなければならない。同級生の特性を含めた教育「環境」が脆弱な低SESの生徒の前には、目に見えない障壁が重なっているのだ。

ここでは高校ランキング制度が良いとか、有名大学進学が「正しい」と主張しているわけではない。善意と高尚な理念があったとしても、現状を把握せずに制度変更したことで「生まれ」による格差拡大という「意図せざる帰結」があったことを記述しているに過ぎない。

## †「ゆとり」教育

1980年以降のいわゆる「ゆとり」教育の最大の問題点は、思い込みに基づいた政策だったことだろう。教育「問題」とされた前提は、過度な受験競争、詰め込み教育、画一教育だった（苅谷2002）。しかし、議論のあった1990年代のデータによれば、中学3年生であっても毎日2時間以上勉強していた生徒は20%に届かなかった。39〜48%はときどき勉強する（毎日はしない）生徒で、約1割にいたってには帰宅後にまったく勉強していなかった（苅谷2002）。「受験地獄」とは局所的な体験に過ぎなかったのだ。

立法・行政やメディアなど教育政策の議論をする人たちは有名大学卒が大半で、実際に「受験地獄」を潜り抜けてきたのだろう。ノートを取るばかりの眠気を誘う授業や意味があると思えない暗記による筆記試験対策は確かに苦行だったのかもしれない。しかし、それは一部の層の経験、それに「受験地獄」というメディアなどで描かれていたイメージに過ぎず、１９７０年代から学習時間は減りつつあったのだ（苅谷２００２）。また、教育内容を削減すれば授業理解度が改善するとか、教師主導の「詰め込み」から子供の興味・関心に沿った体験型授業にすれば学習意欲が湧き上がるという主張は、理論や実証研究に裏付けられていたわけではない。「思い込み」に基づいて授業時間数とカリキュラムが削減され、学習圧力が低下した結果、存在するデータでは授業内容の理解度に変化はなく、到達度はむしろ低下傾向で、学習意欲も改善しなかった（苅谷２００２）。また、２００２年度に実施された学習指導要領で土曜日が休みになったことで、ＳＥＳによる学力格差が拡大した（Kawaguchi 2016）。さらには、低ＳＥＳの生徒には学習へのインセンティブ（勉強するといいことがあるよ！という誘因）が見えづらくなり、１９７９年と比べて１９９７年には学習時間の格差が拡大（苅谷２００１）し、[303] 土曜日が休みになった２００２年の後にもＳＥＳによる学習時間格差が拡大した（Kawaguchi 2016）。

そして「ゆとり」を忌避する親は、選択の「自由」を行使することになった。事実、首都圏の富裕層が近所の公立学校ではなく私立や小中一貫校などを選ぶ「リッチ・フライト」現象（Fujita 2010）が報告された。選択の「自由」を行使できるのは高ＳＥＳの親なので、[304] 市場デザインの工夫がないまま単に選択肢だけ増やすのでは、[305] 格差拡大の方向に進むことになるのは不思議な結果ではない。[306]

なお、「ゆとり教育」による学習への圧力減だけが理由ではないだろうが、公立校を忌避する高ＳＥＳの親の動向によって、私立教育が有名大学への主要ルートになったことを示す研究（Kariya 2011）がある。かつては公立の進学高校から有名大学へのルートがあったが、近年では私立の進学高校から有名大学卒となる傾向が確認されている。私立進学高校の多くは付属中学校を持つため、私立中学進学準備が可能である高ＳＥＳ層にとって有利な構図になったといえる。

## †高校教育改革

進学率が向上し「みんな」が高校に通う「大衆教育社会」（苅谷１９９５）になると、カリキュラムに対する批判が集まるようになった。高校教育政策の転換の研究（荒川２００９）によれば、１９８４年設置の臨時教育審議会以降、高校の個性化・多様化政策が推進されることになった。教育達成による成功というのは一元的な価値に過ぎないという批判に対し、多元的・多様な「興味・関心」「夢」を生徒が追いかけるようにカリキュラムを変更することで、学歴獲得競争の緩和を目指したとされる。

その結果、高ランク校は大学進学準備のための学術的なカリキュラム、中・低ランク校では大学進学に繋がるような内容が削減された「実践的」なカリキュラムになった（荒川２００９）。これは実質的に中・低ランク校の生徒から大学進学という選択肢を遠ざけることを意味する。換言すれば、カリキュラム「改革」の前と比べて、中・低ランク校の生徒が高校の授業を通して大学進学期待を持つ可能性が減ったと考えられる。ＳＥＳが比較的高い生徒であれば家庭の支援によって進学期待を持つ（あるいは温存する）だろうが、カリキュラムが実践的であれば受験対策として塾・予備校に（より一層）頼らなければならなくなる。

カリキュラムの「個性化・多様化」を推進した人たちは、高度にトラッキングされた高校教育制度が「身分」の振り分け装置になっている現状を理解せず、また、政策によって低ＳＥＳ層の選択肢が大きく狭まることなど考えもしなかったのではないだろうか。中・低ランク校に学習意欲のない集団が集中している背景――どんな「生まれ」の生徒が集まった結果なのかという現実を見据えず、おそらくは善意で行った「改革」なのだろう。しかし、この政策によってトラック（高校）間の教育内容の格差は拡大した。つまり、それは実質的に「生まれ」による機会格差の拡大を意味するのだ。15歳時点で進学校に合格できた生徒はよいが、家庭ＳＥＳに恵まれず進学校に入れなかった生徒は「興味・関心」に基づき「夢」を追い求めることを煽られ、中には就業機会が少数の人たちに限られた憧れの職業を希望する者も出てくる。カリキュラムの「個性化・多様化」による「生まれ」格差の拡大――「差異化」を志向した政策にありがちな帰結である。

この政策の例に関連して付言すべきは、教育の中でどれだけ表面的な平等を取り繕い「夢」を煽ったところで、わたしたちは労働市場において冷徹な評価を受けるということだ。有名な曲の歌詞にあるように、花屋の軒先には様々な種類の花が並んでいて、価値観によってどれが美しいと思うかは個々に違うだろうし、ナンバーワンを決めることは野暮だろう。ただ、花屋のたとえをするのであれば、すべての花は商品であり、異なる数字の値札が貼られているのだ。もちろんすべて同じ値段ではない。「個性」や「多様性」をどれだけ主張したところで、100円は100円であり、1万円は1万円なのだ。わたしたち一人ひとりは代替することができない存在であるはずだが、労働市場においては値札が貼られるのだ。この現実が存在しないかのように学校の中で振る舞ったところで、労働市場に出なければならない時期が来る。同様に、反学校的な若者グループ（MacLeod 1995）の中で独自の価値体系を持ったところで、遅かれ早かれ労働市場における価値基準で評価されることになる。

学校や若者グループのような小さな「世界」で「個性」を認めたり「仲間」として連帯したりすることで一時的な居場所を確保し、資本主義の現実から匿ったところで、（死が訪れるまで一切の外出を禁じるカルトでもない限り）何の解決にもならない。少なくとも「理想」に基づいたカリキュラム改革で、主に低SES層の進学機会を閉ざし、実際の就業機会に繋がらない教育をしたところで、生徒一人ひとりが数十年にわたって生きていける助けにはならないのだ。

## †失われた可能性

「生まれ」によって学力や大学進学期待など長期間の経験蓄積に基づく格差があるという「現状」(第2〜5章)と向き合わずに実施されたこれらの実践・政策・制度変更によって影響を受けてきた児童・生徒たちの中で、自身の可能性が失われたこと――血が流れたことに自覚的である人は皆無に近いのではないだろうか。

たとえば、小学校の算数で習熟度別学習が行われ、「能力」が低いと教師に判定され「ゆっくり」グループに振り分けられたとする。それで相対的に低い学力と学習意欲の同級生に引っ張られるように算数を好きにならないまま中学生になったとしよう。もしグループ分けがなかったり単に「能力別」ではなかったりしたら――教師の教え方も含めて異なる実践であったら、この生徒は算数を好きになったかもしれない。

しかし本人はそのような「あり得たかもしれない未来」について考えない。おそらく、自分はもともと算数が好きじゃない、そういう性質だと理解するだろう。また、発展学習グループに振り分けられた同級生が通塾していることは知っていても、その両親が大卒であることに気付くこともない。その同級生はあくまでも「頭がいい」と理解されることになるし、学級委員に選ばれることも自然なように感じるだろう。

同様に、学校群制度が導入されなかったら、低SESでも中学3年生の時点で高学力であった生徒は高ランク公立校を経由して有名大学に入っていたかもしれない。でも、この境遇の元生徒たちは、「あのとき、進学一色の高校に行っていたら、大学に行っていたかもしれない」とはあまり考えないだろう。何しろ高校入学後に大学受験準備を全力で行わなかったのは、同じく進学意欲を持たなかった同級生や進学を大前提としない授業の影響ではなく、自分の意思による選択だと解釈してしまうからだ。

「ゆとり」教育も高校教育改革も同じだ。大人が作ったカリキュラムを粛々と受け止め、その枠組みの中における「学力」などの評価を自己の社会的評価であると内在化していく。そして、「実際に勉強しなかったから」とその結果を受け入れることになる。[307] もし実践的なカリキュラムではなく、大学受験との距離が近い授業内容だったら、挑戦してみようという気持ちになったかもしれない。そんな可能性に思い至らず、まるで運命であったかのように自分の現在の人生を受け入れる。

そう、「制度とそれに伴う教育環境が異なれば、自分の人生、違ったかもしれない」という「あり得たかもしれない未来」の仮説を立てないのであれば、現在の社会的地位——たとえば、高卒で長時間労働の割に非正規雇用で低収入——という「現実」を受け入れるしかない。政策・制度変更によって不利益を得た人々は潜在的な層でしかなく、本人たち自身が可能性を喪失した——血が流れた——ことに気付かないし声を上げることもない。「「本人」の選択の連続の先の結果であるから自己責任だ」という見方も可能だが、その責任を取る層の「生まれ」は下位に集積しているのだ。「生まれ」格差を考慮せず、個人の自由意思のみに基づく選択としている限りすべては自己責任となる。

### †「重たい」教育論議

教育価値・目標・機能の自覚化、扱いの平等の限界、教育制度の選抜機能、それにデータによる現状把握——この4点を踏まえると、教育は楽しいキラキラした話題ではなくなる。たとえば、画一的な「詰め込み教育」に対して「多様な価値観・個人を認める教育制度」を作ろうとしたとしよう。頻繁に耳にする主張で、理想としては素晴らしい。ただ、実際の政策や教育現場の実践に落とし込むときにＳＥＳによる選択格差という現実が立ちはだかるし、教育に選抜機能を託していることに変わりはない。ＳＥＳと教育達成を繋ぐのは「学力」だけではない。高校受験を例にするのであれば、「学力」を調整しても高ＳＥＳの生徒は高ランク校に進学する傾向がある（Yamamoto and Brinton 2010など）。ＳＥＳは「学力」と「選択」を経由して進学先に関連する（第6章）。

「多様な価値観・個性」の「多様」は何を意味するのだろう。「学校の勉強が好きではない」のも「多様な価値観・個性」として、「ありのまま」許容するのだろうか。ＳＥＳによって異なる時間を過ごし（第2・3章）、大学進学期待、通塾、努力、行動などなど様々な点で蓄積量が異なるので（第4章）、学習で成功体験を積み重ねることができなかった中学生の「勉強したくない」という意思を尊重すれば、実質的に高い確率で「生まれ」によって子供を「選抜」することになる。しかも本人の意向を尊重するのであれば、それは自分で学歴獲得競争から降りることを意味する。

一方で、高校受験の学力選抜を廃止して、「本人の意思」に任せたら、大学進学準備科目を提供する高校に「自発的に」高ＳＥＳの生徒が集まることになるだろう。これは学校間でトラックを作らずに学校内でカリキュラムを「多様」にしても同じことだ。実際のところ、履修科目の選択肢が多いアメリカの高校についての研究によれば、ＳＥＳによって科目履修パターンに違いがあり、高ＳＥＳの生徒が大学進学準備科目を選択することがわかっている（Heck, Price & Thomas 2004など）。高校生活の間、「興味」に任せて科目を履修して卒業直前で「やっぱり大学に行きたい」と思ったとしても、進学に有利な科目の組み合わせの履修をしていないと、進学先の選択肢がだいぶ絞られることになる。

では、すべての子供の生活時間を構造化して同じような選択をするように仕向けるべきなのだろうか。これについては「良いこと」を押し付けるパターナリズムであるという批判があるだろう。介入度合いを下げて行動を促す政策（ナッジ〔nudge〕やブースト〔boost〕）にすればよいという意見もあるだろうが、そこには「〝良い〟方向に持っていこう」という意図があるので、後は介入の仕方とどれだけ「自発的な選択」と解釈できるかという程度の問題となる。

基本的には、「平等」に軸を置いて「公平」を目指す介入か、個人の「自由」による「優秀さ・効率」の追求かという価値の相克に話が戻る。1つの価値軸を重視することは誰かの血が流れることを意味し、同じ扱いでは結果が出ず、選抜という現実があり、データによる現状把握をすると「自己責任」の名の下に格差が拡大する姿が顕わになる——現実と向き合うと教育議論はグッと重たくなる。

### †現状のままでよいわけでもない

では、現行の教育制度に問題点がないのかと言えば、無数にある。日本社会は教育格差について凡庸な社会であるし、多くの生徒が学習せずに時間をゲームなどメディアに使うのは（第2〜5章）他に打ち込めるものが見つからないからだろう。

教育制度の肝である選抜基準も現状のままでよいかは疑わしい。高ＳＥＳ層の親は幼児期から小学校3年生ぐらいまで自らの子が多種多様な習い事や文化的な経験を積むことを重視するが、4年生からそれらを減らして学習に重点を移行する（第4章）。これは、中学受験や公立中学進学後の学習への適応、さらには高校や大学受験までを見据えた子育て戦略と解釈できる。このような戦略の理由は、いわゆる有名大学ルートで「選抜」されるためには筆記試験で計測されるような「学力」が大切であると、大卒の親自身が知っているからだろう。

これは、選抜基準が筆記試験で計測する学力でなければ、異なる戦略になることを示唆する。たとえば、アメリカのように大学受験の選抜方法がAO（アドミッション・オフィス）である社会では、小学校4年生になっても習い事を減らしていない（Potter & Roksa 2013）。標準化された試験であるSATなどがあるし学校での学業成績は重要だが、同時に、習い事などの課外活動も評価対象となるからだろう。課外活動を何もしていないと願書に空欄ができるだけでなく、志願理由書（Statement of Intent）で自分の「個性」を主張する際に不利になるのだ。

日米の習い事戦略の違いは、ゲームのルールが変われば高SES層の戦略も変わる例と言えるだろう。ただ、あくまで現行の選抜方法に高SES層が「適応」しているだけで、それは選抜基準が妥当であるとか正しいという意味ではない。これはあり得ないたとえだが、有名高校・大学がすべて「髪の毛をショッキング・ピンクに染めなければ受験資格を与えない」と決めたら、高SES層の子供がこぞって美容室に駆け込むことになるだけだ。

## †「生まれ」と「選抜」基準

筆記試験では人間を計測できないから「多様」な基準で人を評価すべきだ、という声が定期的に上がるが、ここでも格差問題が顔を出す。標準化された制度では評価基準が明快で透明性が高いが、標準化度合いが低い制度では地域間格差が大きく、選抜・評価基準が不透明だ(Park 2008)。標準化された制度のほうが低ＳＥＳの生徒は便益を受けやすい。

たとえば、大学受験経験のない非大卒の親でも「先生の言うことを聞きなさい」であるとか「勉強時間、足りているの？」と言うことはできる。目標が明快なので子の手助けをしやすいのだ。一方で、標準化されていない制度だと、高ＳＥＳの親はあらゆる資源を使って子を育てる余地がある。言い換えれば、点数さえ取れれば評価され上の教育段階に進める制度と比べて、ＡＯ入試のように評価基準が多角的かつ不透明だと、準備への負荷が高まるので、高ＳＥＳ層にとって有利になるのだ。たとえ低ＳＥＳ層にＡＯ入試の受験指導をして評価基準などをできるだけ言語化して伝えたところで、高ＳＥＳ層は小さい頃から国内外の旅行、複数の習い事、読書(第3章)をしているわけで、小論文や面接で訴えるエピソードも多彩になるし、「意図的な養育」で鍛えられているので面接で知らない大人相手にも堂々と適切な言語表現で話すことができるだろう。

確かに筆記試験だけではない入試制度は「優秀さ」の追求にはよいかもしれないが、「選抜」しなければならないことに変わりはないし、相対的には低ＳＥＳ層にとって大学進学の障壁が高くなる。準備しなければならない項目リストの長さを前に、進学期待さえ持たなくなったり受験を避けたりするようになれば、それは低ＳＥＳ層に自らの可能性を捨て去るように制度が仕向けていることになる。

それでも大学が「自由・優秀さ」を重視して、[308] 階層性が高まることを自覚した上で、筆記試験以外に高校の成績、面接、小論文、推薦書などで多角的に生徒を選抜するのは一つの価値判断だ。同時に、「公平」性を補填するために、一定数は低ＳＥＳ家庭の枠を設けるとか（積極的是正措置 affirmative action）、半数は筆記試験で選抜するなど工夫すれば、相克する価値観と向き合っていることになる。大切なのは、あらゆる実践・政策・制度の「よい側面」だけを見て「正しさ」に酔うのではなく、相反する価値・目標・機能の中で葛藤し、総体としての「みんな」の可能性の喪失を最小化することなのだ。

## 2 〈提案1〉分析可能なデータを収集する

### †「生まれ」による格差とその拡大の兆しを前にして

戦後、他国と同様に（第6章）日本においても社会的再生産が起きてきた（第1章）。出身階層による社会的地位——身分を一定水準で再生産してきた以上、日本は「生まれ」によって機会と結果に格差のある「緩やかな身分社会」なのである。確かに、他国と比べれば日本ほど平均的教育水準が高い国は珍しい（第6章）。人口規模が大きい国に限定すれば、その稀有さが際立つ。一方で、教育格差については極めて凡庸な国だ（第6章）。もし肯定的な意味合いで日本が社会として「回ってきた」と主張するのであれば、それは都合の良い面ばかりを見ているからだ。もしあなたの社会経済的地位が高いのであれば（たとえば大卒で専門・管理職などであるのならば）、周囲を見渡しても特に問題を感じないかもしれない。でも、それは住民大卒割合の地域格差（第1章）に見られるように、社会経済的に分離された「社会」にあなたが生きているからだろう。

もちろん、少数派であったとしても、恵まれない「生まれ」であなたと同水準の学歴・収入・職種となった人たちもいるはずだ。「現状の社会（制度）を肯定したい」という動機があれば、そのような正当化のための実例を探すのはそんなに難しくはない。割合が低いだけで、低SESから高学力（第6章）・大卒（第1章）となる人たちは存在する。ただ、そのような個別的ケースをいくらかき集めたところで、代表性のあるデータが示す「生まれ」による学力格差（第3〜6章）と全ての世代の最終学歴格差（第1章）という傾向を否定することはできない。

この社会では、現在まで無数の人たちの大量の血が流れてきた（可能性を喪失してきた）。今後どうなるかは誰にも正確な予測はできないが、少なくとも同じ程度の格差は維持されるだろう。換言すれば、拡大しなかったところで、「これまで」が十二分に「緩やかな身分社会」であるので、行動しなければならないことに変わりはない。

ただ、国勢調査による15歳以上人口の大卒者割合の地域格差は一貫して拡大しており、今後は女性だけではなく男性についても地域格差が存在するだけではなく、拡大する可能性がある。「平等」に軸足を置いた「公平」を重視した義務教育が十分な予算と共に維持されたとしても、広い意味での教育「環境」は地域によって大きく異なっていく。大卒者割合が高い地域であれば、実際の大卒者ロールモデルに囲まれ、大学進学が前提という規範のある空間で児童・生徒は育つことになる。また、そのような地域では義務教育段階であっても公立学校教育に対する期待は高等教育進学を前提にしたものとなり（第3章）、大卒である教員もそのような地域の集合的な期待に応えようと努めるだろう。また、前述のように親の協力や地域に学校を開く取り組みが奨励されているが、就業体験一つとっても、地元の産業構造によって生徒たちの選択肢には大きな制限があり、それは地域の社会経済的文脈と無関係ではない。

大卒者割合の地域格差の拡大傾向（第1章）から、義務教育の学校間SES格差（第3・4章）はさらに大きくなると推測される。これまでと同水準の政策的対処では「生まれ」による人生の機会格差は拡大する可能性があるのだ。表面的な「扱いの平等」ではなく低SES層・地域への追加支援をしないのであれば、可能性という血を流した本人たちが気づかないまま、より厳密な身分社会になるかもしれない。

## †教育制度内で分析可能なデータを蓄積していない

「いつの時代にも教育格差がある」、そしてさらに拡大する可能性を示す数値を前に肩を竦《すく》めてみたところで、建前としての「機会の平等」の名の下に存在する格差構造が子供たちに人生の可能性を諦めるよう差し向けている現状は変わらない。緩やかな身分制度という現実に介入するためにできることの大きな対策の一つは、継続的なデータの収集だ。

今更そんな当たり前のことを、と思うかもしれないが、現時点では政策・実践を分析可能なデータは極めて少ない。教育制度内部で意味のあるデータを回収・保存していないだけではなく、学校で取得されているデータの大半は個人情報の名の下に研究者に公開されていない。さらには、そもそも電子データとして整理された形式で保存されていない。

それだけではない、全国学力・学習状況調査や自治体が行っている学校長と児童・生徒が回答する調査票には、国際的な水準の学術的根拠があるとは言い難い項目が（特に学校票にて）散見される。本来であれば、すべての設問に依拠する複数の先行研究があり、文言も完全に一致していなければ、いったい何を測っているのかわからない。そんな項目を、調査の継続性を理由に使用し続けたところで、何かよくわからない項目の経年変化しかわからず、数値の上下の意味が判明するわけでもない。調査（らしきもの）を（継続）することが目的になってしまっていては、多くの児童・生徒、教員、学校長などの回答時間・労力に報いるような、現場や政策に還元できる知見を出すことはできない。

少数の自治体はパネル調査として同じ児童・生徒を追跡しているのでまだ分析が可能だが、一時点の何を測っているのかよくわからない項目が何個あっても何もわからないことに変わりはない。少なくとも現在学校現場で実施されている調査によるデータでは、教育社会学的分析を行うにはあまりに不十分だ。

日本では「個人情報」を盾にデータへのアクセスが大きく制限されてきた。その中で社会学者がＳＳＭのような調査を行うことで――教育制度とは関係のないところで、すなわち、直接個人を調査することで、「いつの時代にも教育格差がある」という「答え合わせ」をしてきた。いわば「外側」から教育格差について分析してきたのだ。しかし、ＳＳＭのような大規模社会調査では、社会の大きな傾向を把握することはできても、個別の教育実践や政策を直接的に評価することはできない。対策に繋がるような10年ぐらいの期間に亘る大規模パネルデータと研究の蓄積は、特にアメリカなどと比べるとかなり少ない（中澤２０１２）。これまでの大半の研究は、社会科学分野の研究者が個人的に協力関係を築き、特定の自治体や学校のデータを取得して分析されたものだ。中には行政による委託研究もあるが、教育格差についてはかなり少ない。これらの取り組みは日本の学術界においては貴重だが、限定されたデータによる知見なので他の自治体・学校にあてはめることができるかどうかはわからない。

前節で例に挙げた学校群制度、「ゆとり」教育、高校教育改革――これらの政策による「意図せざる帰結」を現在指摘できるのは、研究者が「外側」から工夫して分析したり、一部の地域の協力を得て内部に入り込んで調査したりしてきたからだ。本来であれば、政策変更前から研究者が分析を前提としたデータ収集計画を立て、政策変更のない他自治体との比較も念頭に置いて効果検証をすべきだったのに、そういう体制にはなっていない。たとえば、生徒の人生を大きく左右する高校入試「改革」も同様だ。「個性重視」の名の下で推薦入学が導入され普及したが、制度を変更すること自体が目的化し、その「改革」の帰結についてはほとんど検証されていない（中澤2007）。

結局のところ、「教育改革」のやりっ放しなのである。アメリカのようにデータが豊富で膨大な研究[309]が常に行われている社会であれば、様々な観点から「改革」の功罪（ラヴィッチ2015など）を検証し、建設的な議論に繋げることができるが、日本は改革前後でまっとうなデータを蓄積していない。査読付き論文のデータとして利用できるぐらいの学術的に耐えうる水準ではない、都合の良い適当な数字や感想文の切り貼りによる結論の決まった報告書（らしきもの）は「効果」の「証拠」にはならないのだ。さながら、テストの解答用紙を返却され点数だけ一瞥して不機嫌になった中学生が、何がどのように間違っていたのかを確認もせずにゴミ箱に捨てるようなものである。児童・生徒に「ちゃんと見直して自分の弱点を把握しなさい」と言う資格はわたしたちにはないのだ。

### †現在の子供たちと次世代のためにできること

ただ、これらの「改革」が善意に基づいて行われたことを疑うつもりはない。自分たちの視界の範囲だけで全体の現状を把握せずに理念先行で政策を作り、妥当な手法でデータを集めて効果を検証することもない。改革の推進者は善良ではあるけれど、無知で無能だっただけだろう。もしくは、「生まれ」による格差拡大を意図的に狙った高度に政治的な陰謀だったのかもしれない。万一そうなのであれば、人々が反対することが難しい高尚な「理念」を前面に出すことで政策を押し通し、実際に意図通りにより厳密な身分社会に戻す方向を作り、その「本当の狙い」が明るみにでないようにまっとうな手法でデータの回収・分析もしない――政策立案・実行者としては極めて有能と言えるだろう。

「改革」を推進したい政治家、教育行政官、現場の校長や教師にとっては、現在進行形のデータを集められることは、格差が縮小していない実態を明らかにされるので都合が悪いかもしれない。だが、本書の冒頭で重病の喩えをしたように、痛みがないふりをしたところで病気は消えない。積極的に現状を明らかにして介入策を打ち続けるのか、それともデータを取らずに「改革」で「何かやっている感」の演出だけして「いつの時代にも教育格差がある」となるのかのどちらかだ。

なお、失敗の犯人として個人や少数の集団を特定して吊るしあげたところで次世代の改善には繋がらないだろう。何しろ、世界のどこの社会であっても相対的な格差はあるのだ。「機会の平等」は響きの美しい建前でしかなく、実質的に達成した社会は一つとして存在しない。無謬性を求めるほうがおかしいのだ。教育行政は「機会の平等」という人類未踏の、実質化するのが極めて難しい目標を課されていることを忘れてはならない。まだ誰も成し遂げていないことを達成していないと声高に非難するのであれば、予算案も含め、より実現可能性の高い代案を出すべきだ。データを取りながら微調整を繰り返して少しずつ理念的な「機会の平等」に近づいていくまっとうな努力をしている限り、絵空事（〝高尚〟な理念）に基づいた具体的な改善策のない非難こそが的外れなのだ。

　教育実践・政策を厳密に検証すると、その効果が意図通りでない可能性は十二分にある。対象となった児童・生徒にとってその年齢は人生に一度しかないわけで、失政に納得のいかない人は出てくるだろうが、データを取らなければ現行の教育がどのような効果を持っているのかもわからないままだ。特定の実践・政策・制度の効果がなかったとしても検証可能なデータと共に分析をして、なぜ、意図通りにならなかったのか議論をすることで、何が足りなかったのかのあたりをつけることはできる。次に繋がる貴重な失敗なわけで、検証をしなくて効果があったかどうかもわからない状態の繰り返しよりもよっぽどよい。研究者も交えて、教育行政や学校現場が質の高いデータに基づいて改善のための自己批評によって暫時的に改善を行う。この同じ失敗を次の世代に残さない努力のサイクルそのものが称賛される体制作りが必要だ。

　教育格差を踏まえた上で、どのような教育手法がよいとか、学級規模はどうすべきかとか、そういう具体的な実践・政策に還元できるほどまっとうなデータの蓄積が日本にはないのが現状である。限定された層を対象にした研究はあるが[310]、それらすべてを足し合わせても教育実践という日々1000万人以上が関わる営為のほんの一部しか把握できていない。どんな内容・手法であれ、初等中等教育だけではなく、高等教育についても体系的に分析できるようにデータを収集するサイクルを確立することが急務だ。[311] これまでの実践の焼き直しのままでは「いつの時代にも教育格差がある」ことは変わらない。すなわち、一人ひとりの無限の可能性の開花を押し留める緩やかな身分社会が再生産されることになる。活力漲る個人で溢れる社会を望むのであれば、まずは現状と向き合うことが求められるのだ。

### †「効果」検証の難しさ――相関と因果

分析可能なデータを経時的に取得することが大切だが、それだけでは因果的な「効果」の特定は難しい。たとえば、自習時間と大学受験結果の関係を知りたいとしよう。「長時間自習すれば大学受験に合格する」というのが一般的な理解だろうが、この因果関係を実証するのは容易なことではない。もちろん、高校3年生の自己申告に基づく自習時間と合格した大学の中で最も高い偏差値の関連をみれば、そこには一定の相関関係があるだろう。ただ、これだけでは因果関係を立証したことにはならない。自習時間と偏差値の両方と相関関係にある他の要素があまりに多いのだ。予備校の宿題をするのに自習時間が長いのであれば、自習時間の合否への影響を過大に評価してしまうことになるし、予備校の授業時間と自習時間に相関関係があれば、本当に合否に効果があるのは予備校の授業そのもので自習時間ではないかもしれない。

このような状況に対処するために、過去の研究から関係のありそうな項目について調べて統制することはできる。予備校通いの有無だけではなく、出身家庭の社会経済的地位（親の学歴・世帯収入・職種・職位）、高校の偏差値、高学歴に対する姿勢（こだわり）などを考慮する。ただ、これらを調整して学習時間と合格大学の偏差値に関連があったとしても、まだ因果関係を特定したとは言えない。[312] 何しろ観察されていない要素がある可能性が高いのだ。そしてそれらすべてを調査票の自己申告などによる観察データで把握することは非現実的だ。

因果関係をすっきりと特定するためには薬の効果検証のようにランダム化比較試験（Randomized controlled trial、以下RCT）を行うことが望ましい（伊藤2017、中室・津川2017など）。対象者をランダム（無作為）に薬を処方するグループと偽薬を与えるグループに分ければ、他のあらゆる観察されない特性も振り分けられるため、薬の因果効果がわかる。この例でいえば、ランダムにグループを分ければ、予備校通い、出身家庭のSES、高校の偏差値などあらゆる確率変数について期待値は等しくなる。しかし、高校3年生をランダムにグループ分けして、それぞれ研究者が決めた時間のみ自習させることは現実的ではない。それに、「自習したい」対照群に選ばれた生徒が大学受験に不合格であれば研究として意義はあっても、生徒の人生に責任を取ることができないので非倫理的だ。

それにもしＲＣＴによって長時間学習がより高偏差値の大学に合格することを実証できたとしても、長時間学習のどの要素（what）がなぜ（why）合格に繋がったのかを特定するのは難しい。「長時間学習（X）→知識増加（M）→受験問題正答率向上（Y）」は一つのメカニズムに過ぎない。このXがMを介してYという結果を出すモデルで考えると、知識増加以外にもMは数多く考えられる。たとえば、長い時間集中することや受験問題の形式への慣れだ。また、Mの中にも複雑な連鎖があるだろう。長時間学習（X）によって親や学校・予備校の教師に肯定的に評価されることで自己肯定感が高まり学習への集中力が強まり（M）受験で高得点を得る（Y）などのように、Mは無数にあり得る。なぜ（why）・どのように（how）効果があったのかを因果的に明らかにするためには、考えられるメカニズムをすべて組み込んだＲＣＴが望ましいが、この実施には多額の費用を要するし倫理的問題もある。

さらに言えば、実験対象者となった層については「学習時間が年間１０００時間増えれば合格大学の偏差値が5上がる」のように因果的効果がわかったとしても、次の学年にそれがあてはまるかはわからない。今年度と来年度の高校3年生の特性が同じである保証はないし、受験内容や大学定員数調整で合格者数が変われば同じ大きさの「効果」は期待できない。それに、特定の学校や地域の実験結果であれば、偏差値（入学難易度）や社会経済的特性が異なる学校・地域の生徒に同じ効果が得られるかはわからない。よって、現実的には観察データを用いて分析し、「おそらく」自習時間が長ければ合格に繫がるだろう、という理解しかできないのだ。

さらに付言すべきは、完璧な研究は存在しないことだ。換言すれば、批判できない研究などないのである。抽象的な「能力」である以上、厳密に測定することはできないし（中村2018）、どれだけ数量化する際に工夫したところで、「学力」の概念定義に異議を申し立てることは難しくない。たとえ計測した「学力」が20年後の収入と相関していたとしても、調査していないだけで短期的な幸福感とは負の関係にあるかもしれない。研究者は、因果関係立証の難しさに向き合い、限られたことしか把握できない無力感に打ちひしがれながらも、誠実に知見を積み重ねることしかできないのだ。

## †子供たちの可能性を少しでも引き出すために

多くの人たちが知りたいのは、半年後とか1年後のような比較的短い効果だけではないだろう。可能であれば、たとえば、小学校低学年を対象とした特定の教育手法が、20年後に創造的な生産活動に繫がっているかを知りたいはずだ。日本でも注目されているアメリカの幼児教育介入実験[313]にとても魅力的ではある。ただ、たとえば対象者を20年間追いかけて、特定の幼児教育プログラムに効果があることがわかっても、それからそのプログラムを実施しても20年後に同じ効果があるかどうかはわからない。社会はあまりに複雑なので、実際に年月が経過してから「答え合わせ」するしかないのだ。そして、5歳のときに介入を受けていれば高い確率で現在の収入や健康状態が向上していたと同年齢層の分析の結果から言われたところで――その世代にとって長期的な「結果」が出たときにはもう「遅い」のだ。

よって、常に日本各地で様々なRCTが行われ、活発に途中結果も含め研究知見が共有されるようになることが望ましい。学校で特定の教育手法・実践について毎学期のように行って効果検証をしながら微修正するのでもよいし、もっと長期的に介入効果を観察するプロジェクトも考えられる。もちろん、倫理的にRCTをできない状況はあるが、同時に、工夫によって可能なことも数多いはずだ。生徒単位で実施が難しいのであれば、妥協案として学校単位で行うことも考えられる。たとえば、同一自治体の中で学校を無作為抽出した上で、給食内容、始業時間、時間割、部活の強制の有無などを変えて、様々な指標に望ましい結果が出るかどうか実験してみる。わたしたちが「当たり前」だと思っていたことを変えるだけで、子供たちの心身の成長を促進することができるかもしれないのだ。

RCTに比べれば仮定が強く、因果関係を特定するには弱い手法、たとえば、差の差分析では、効果検証したいプログラムの参加者である介入群だけではなく何の「扱い」も受けていない対照群が必要だ。日本各地でこのような実験を行うことは、全員ではなく一部の児童・生徒に別のプログラム機会を与えることになるので、「扱いの平等」に反する。そのため（表面的な）不公平を理由に実施が難しいかもしれない。

しかし、義務教育の公立校であっても学校間には大きなSES格差があるわけで（第3・4章）、大半の児童・生徒が大学進学期待を持ち通塾している学校とそうでない学校で、まったく同じ教育行為が行われていると見做すのは現状で無理がある。「扱いの平等」という実態を伴わない建前を理由に実験を忌避するのではなく、研究で結果を出し、知見を応用して全体として教育実践の質を高めていくことを提案したい。何しろ、相当に強烈な意志を持って変えなければ、強い慣性によって少なくともこれまでと同程度の再生産が起こるはずなのだ。

## †「誰」に効果があるのか

実践に還元できる知見を引き出すためには、SESや関連項目を調査に含めることが欠かせない。たとえば、RCTで特定の教育手法の効果を見ようとしたとしよう。介入群と対照群に無作為に振り分けた上で、特定の教育手法を用いた介入群に学力向上などの効果があったとする。この平均処置効果がわかっただけでも素晴らしいが、生徒のSESをデータとして取得しておけば、たとえば、低SES生徒により強く効果が出たかどうかを検討できる。

RCTができない状況でも、SES、過去の学力、それに経験の蓄積を変数としてデータに含めれば、「低SESの生徒と特定の手法との相関関係が強い」とあたりを示すことはできる。この結果を「効果」と解釈するのは避けるべきだが、次の実践や研究の参考にはなるだろう。少なくとも現状の、実践と政策のやりっ放しで何がどうなっているのかよくわからない大海原を海図も灯台も方位磁石もないままただひたすらに櫂を漕ぐ状態よりはずっとましなはずだ。

同様に、政策評価の際にも個人・学校・地域などのSESを指標化しておくべきだ。カリキュラムを全国で削減した「ゆとり」教育によって、高SES層が公立学校外に学習機会を求めたり、低SES層が学歴獲得競争から「自ら」降りたりしたように、政策の影響は誰にとっても同じとは限らない。両親大卒割合を土台に大学進学期待の割合が大きく異なる小中学校（第3・4章）で、同じ政策が同じ効果を持つことはないだろう。「誰」が便益（もしくは不利益）をより受けたのか明らかにするためには、SESの把握は必須なのだ。

### †研究知見に基づいた実践の拡散を

データと研究を充実させることは、教育を職人芸の領域から再現性のある科学とするには欠かせない。もちろん、現在だけでなく数十年前であっても、強い意志を持って「現実」を変えようと戦ってきた教育関係者はたくさんいるだろう。実際のところ、強い意志、情熱、それに児童・生徒を継続的に引き付ける技能があれば、それなりに変化を起こすことは可能なはずだ。

ただ、そのような良い取り組みがあったとしても、代表性のあるデータで「生まれ」格差が観察できなくなるほどの大きな動きではない。社会の様々なところで散発的な良い取り組みが起きても、社会全体は変わらないのだ。

　ギラギラと輝く太陽と雲一つない青い空の下にとても大きな熱い石が鎮座していて、個々が自主的な判断で水を撒いて冷やそうとしているようなものだ。もっと体系的かつ大規模にやらないと、石は太陽熱を吸収して人が触れない温度に戻ってしまう。社会のいろいろなところに存在する取り組みの効果検証をして、「優れた取り組み（good practice）」を拡散する仕組みが必要なのだ。他国ではすでに効果のある実践を研究知見として集めてデータベース化している。[314]税金を投じて作るべき公共設備だ。

## 3　〈提案2〉教職課程で「教育格差」を必修に！

　教育政策は格差の根にある子供と地域のSESを変えることはできないし、学校以外について強制力を働かすことができない。たとえば、親を集めて研修することはあまり現実的ではない。自主的な参加を促すことはできても、それでは最も伝えたい層の親は仕事を休めないことも含めて様々な理由で欠席するだろう。教育行政として直接的に手を入れることができる対象は、予算の大半を占める人件費を受け取っている教員だ。雇用している以上、職務として（有給の上で）教育実践の改善に繋がる知識や技能の研修を実施することができる。

もちろん、長時間労働の是正、給与向上、これらに関連して優秀な人材が教員を志望するような仕組み作りなどなされるべき政策は数多い。ただ、これらは最重要項目であるが、大きな予算増額という政治的障壁があるので、ここでは、（あまり）お金をかけずに改善可能な教員施策として教職課程の改善を提案する。具体的には、本書で描いたような「教育格差」を教職課程の独立した必修科目にすることだ。[315]

### †教師が再生産に寄与？

教師が生徒の社会階層によって異なる期待・評価をしてそれに指導法を対応させ実際に学力に影響を与えることは、教師のラベリング（labeling）による予言の自己成就（self-fulfilling prophecy）として知られる。[316] これは主に１９６０年代に指摘された事象で、近年の海外の実証研究も教師の期待・評価が生徒の出身階層によって異なることを示している（Ready & Wright 2011など）。また、教師期待が学力（Rubie-Davies et al. 2015; Sorhagen 2013など）、退学抑制（Van Houtte & Demanet 2016）、大学進学（Gregory & Huang 2013）などに影響することも明らかにされている。

日本においては、質的研究が教師による貧困層の児童・生徒（久冨１９９３、盛満２０１１、西田２０１２、籠山１９５３）やその親（伊佐２０１５）に対する否定的なまなざし、それに教師の対応（伊佐２０１０）と役割認識（神村２０１４）が学校の社会経済的文脈によって異なることを報告してきた。計量分析の結果も、生徒（西本２００１、Yamamoto & Brinton 2010）や学校（Matsuoka 2014a）の社会階層指標によって、教師が違う評価を生徒にしていることを示唆している。さらには、教員期待が高い中学校ではより高い頻度で数学の宿題が出されている（Matsuoka 2014a）[317]。これらの研究は、比較的平等な義務教育制度を持つ日本においても、教師が社会階層再生産に寄与している可能性――平等化装置として期待される教育制度に逆機能が内在することを示している。

教師が低ＳＥＳの児童や親に対して否定的な姿勢を持つのは、教師が望むような反応をしない――職務上の阻害・負担要因と捉えてしまうからだ（西田２０１２）という指摘がある。親についても、教師は自らと異なる出身階層である低ＳＥＳ層が不十分な家庭教育をしているように思ってしまう（伊佐２０１５）。実際のところ、代表性のあるデータを用いた計量分析によって、教師の出身階層が高いことはわかっている。ＳＳＭと他の全国調査を利用した分析[318]（近藤２００６）によれば、教員の父親の職業の社会的地位を示すスコア（平均50、標準偏差15）は小学校59・2、中学校61・9、高校70・6である。

このように比較的高SES層出身の（多くの）教師は、公立小中学校に通ったとしても、似たSESの、習い事や塾にも積極的に参加するような学習意欲を持つ同級生に囲まれて育った可能性が高い。そのまま高ランク・高SESである高校で学び大学まで出た教師からすれば、かつての自分と違い一生懸命勉強しない低SESの児童・生徒、それに自分や近所の同級生の親と比べて子育てに専念しているように思えない親が不真面目に見えてもおかしくはない。教育格差について体系的に学ばなければ、低SESの児童・生徒が日々どのような現実を潜り抜け、その総体として授業に関心を持たないように見えるのか理解できないだろう。

## †「教育格差」を教えない教職課程

「平等化」のための教育制度で教師が再生産に寄与するのでは本末転倒だが、教師たちも階層格差という現実に翻弄されている。すでに言及したOECDのTALIS調査を分析した研究(Matsuoka 2015c)によると、勤務する中学校のSESによって教師の自己効力感と職務満足度の関連の強さ、それに満足度そのものに学校間格差が存在する。勤務校の社会経済的文脈によって抱え込む困難さの度合いを考慮せず、生徒・学校SESによる教師の期待の格差について教師だけの責任を問うことは現実的な解決には結びつかない。

さらに重要なことに、多くの教師は、そもそも教育格差について教職課程で学ぶ機会を与えられていない。義務教育であっても学校間のSES格差が大きいのに（第3・4章）、自身の出身階層に自覚的になる機会もないまま正式に採用されるのだ。当然、「自分が卒業したのとは全然違う規範を持つ学校」が勤務校となる可能性はある。その際、専門知によってなぜ規範が違うのか仮説を立てることができなければ、「学習意欲の低い地域」や「最近の親はわがままで子の教育に関心がない」という適当な言説のつぎはぎで「理解」してしまう危険性がある。

社会階層論を含む教育社会学は、現場で起きている様々な現象を理解する手助けとして使える実践的な知になり得る。しかし、教職課程において必修ではなく選択科目に過ぎない上、学生が教員免許を取得する前に教育格差について学ぶ機会がどの程度あるのかはほとんど検証されてこなかった。本項では、教職課程において教育社会学が最も教えられていると考えられる「教育に関する社会的、制度的又は経営的事項」に関する科目シラバスの計量テキスト分析（松岡2018a）の結果を簡潔に紹介しよう。

調査対象は、2017年度において小学校教員免許の取得が可能な四年制大学通学課程の全数だ。課程によっては複数科目を選択必修として開講しているので課程数より科目数が多くなる。回収シラバスは214大学260課程505科目分である（科目単位でシラバス収集率は97・1%）。また、数が多い中学校・高等学校免許課程についても教科と大学を限定し、73大学377科目分のシラバスを収集した。

計量テキスト分析[319]の結果、教育社会学の科目数は3割に満たないことがわかった。また、格差、貧困、階層などの単語がシラバスに一度でも記載されている科目は全体で1割、教育社会学科目に限定しても4割に届かなかった。各科目の実際の履修者数まではわからないので、教職課程履修者数のうち何割という数値を出すことはできないが、日本においては教育格差をまったく学ばないまま教員免許を取得する学生が大多数であると考えられる。

さらに、1学期全15回授業のうち3回以上シラバスで明示的に言及している数は全体で6%、教育社会学科目だけでも26%に過ぎない。これを4回以上の言及に限定すると、それぞれ3%と13%まで落ちる。なお、中学・高校の免許課程についても結果の傾向は変わらない。このような状況では、教職科目外における自主的な情報取得が少ない学生（酒井他2013、中村他2017）の大半は、学力や進学に対する社会的影響について（ほとんど）学ぶことのないまま教師になることになる。また、教職に就かない学生も、その多くは、教育格差について学ばぬまま教員免許保持者として社会に出て行くことになる。

もちろん、親学歴や世帯収入によって学力や大学進学に差があることはメディアなどを通して知ってはいるかもしれないし、シラバスに記載がなくても（教職課程の他科目も含め）授業で扱われている可能性はある。しかし、そこで、どのようなメカニズムによって格差が世代間で再生産されているのか包括的に理論と実証知見を学ばなければ現場で児童・生徒や親の言動の理解の手助けにはならないだろう。いや、むしろ、断片的な教育格差の情報だけでは、自らの（比較的高い）出身階層を意識することなく、「親が高卒だと子も学習意欲が低い」というように低SES層の学力や行動の背景にあるものを見ずに、彼らを教師役割遂行の負担・疎外要因（西田2012）と捉えてしまう危険すらある。

なお、全数を対象とした小学校課程のデータを用いた分析結果によれば、学部の特徴が三大都市圏、国公立、上位校であると、該当科目が「教育格差」項目を扱う傾向にあった。教育格差を教える教職課程の科目が少ないだけではなく、学べる大学（学部）にも大きな偏りがあることになる。

一言でまとめると、日本は国際的に凡庸な教育格差社会（第6章）であるにもかかわらず、教育格差を学ばずに教師になれる国なのだ。この点、階層や人種による教育格差や学校間SES格差について自覚的なアメリカから学ぶことは多い。教育行政が分権化しているので日米で同じような比較をすることはできないが、教職課程向けの教科書やシラバスを見れば、簡単に階層・人種・地域による公平性（equity）のような単元を見つけることができるし、数多くのデータと研究知見が平易な言葉で紹介されている。[320]

アメリカに比べたら目に見えづらいだけで日本にも「生まれ」による教育格差が存在する（第1〜6章）以上、教職課程で扱わないのは制度的欠陥である。こういう分野でこそ中央集権によって標準化できる力を活用し、1学期全15回授業でも足りないぐらいだが、早急に教育格差を必修科目にすべきではないだろうか。

必修化は子供たちのためだけではなく、教師にとっても大きな便益をもたらし得る。教師自身が「平等化」という高尚な理念の具現化を託されていることを把握し、なぜ自分が育ってきた「常識」と合致しない言動をする層がいるのか、その背景を理解することは日々の教育実践で役立つはずだ。たとえば、低SES層の児童・生徒や親がどんな困難を抱えているのかわかれば、不要な反目を避けることができるし、低い学力や学習意欲に引っ張られて低い期待（第5章）を持ってしまうことを回避できる。また、「大卒で教師」という自分の立場そのものが、低SES層の親と距離を作っていること（Lareau 2003, 2011）を自覚すれば、対話の工夫もできる。実際に現場の実践で応用できる知見は多いのだ。

もし教育格差を教えない教職課程の現状を放置するのであれば、比較的高SES層が教師となり、低SESの児童と親に対して（悪気のないまま）低い教育期待を持つという負の連鎖が続くことを制度として看過していることになる。それは「平等化」機能を託された教育制度の中における矛盾を放置する過失なのだ。

## 4　総括——未踏の領域

### 岐路に立つわたしたち

第7章の論点を含め、本書をまとめよう。

①いつの時代にも教育格差・子どもの貧困がある。
②教育意識の地域格差は2000年代以降拡大している。
③住民大卒割合の地域格差が戦後一貫して緩やかに拡大。
④格差は未就学時点で存在。親学歴によって異なる時間を過ごしている。
⑤「多様な（背景の）子が通う公立校」は小学校であっても幻想に過ぎない。
⑥中学校入学時点で経験の蓄積に大きな格差があり、中学校教育への適応度と関連している。
⑦私立中学進学層が抜けても公立中学校間には大きなSES格差がある。
⑧高校受験によって、小中学校よりも大きな「生まれ」の学校間格差が生じる。
⑨他国と比較すると日本の児童・生徒のPISA平均値は高い。しかし、「生まれ」による学

力格差について日本は凡庸な社会である。

⑩他国と比べて日本の高校教育制度は特異。中退があり得る、教員の期待が低い教育困難な低ランク校は低SES校でもある。

⑪価値・目標・機能の自覚化、「扱いの平等」の限界、教育制度の選抜機能を意識した上で、現状把握なき「改革」のやりっ放しを止めよう。

⑫分析可能なデータの継続的収集・効果測定による実践の漸次的改善を通して、一人でも多くの可能性を最大限に開花させよう。

⑬教育格差を学ばずに教員免許取得が可能な現状を改め、「教育格差」を必修科目にしよう。

この国では、実践・政策がどのような意味を持つのかまっとうに検証されないまま「改革」が繰り返されてきた。そして、研究者が制度の外側から「答え合わせ」すると「いつの時代にも教育格差がある」のである。分析可能なデータを定期的に取得していないのは、病変がどれだけ広がっているのか見ようともしない行為だ。放置して悪化させるか、現実を見据えて介入を繰り返すのか。諦めて単にいつもやっている実践を繰り返すのか、効果があるかわからないが社会全体として試行錯誤の蓄積を増やしていくのか。無知なまま諦めるのか、微力であることを自覚しながらもあがいてみるのか。わたしたちは岐路に立っている。

## †人類史上存在しなかった社会を夢見よう

ここまでのデータが描いているのは「現実」だ。教育格差を解消した社会は存在せず、戦後日本社会も例外ではない。人類は未だに厳密な、よくても緩やかな、身分社会の段階にいるのだ。ただ、データが照射しているのはあくまでも「これまで」であって、「これから」が同じであるとすでに決まっているわけではない。「これまで」の社会に「社会化」されて育ってきたわたしたちは、時に、現状が永続し、他の社会の在り方などないような錯覚を持ってしまう。もちろん、社会が大きく変わっても相対的な有利不利が色濃く残る緩やかな身分社会は持続してきたわけで、ただ抽象的にそれとは違う社会になることを願うだけでは、劣化コピーになることを避けることはできないだろう。

前例がないことを達成するなんて無理だと諦めるのであれば、目の前にあるのは茫漠な暗闇の中に漂いながらわたしたちをせせら笑う虚無だけである。なにも「完全な状態」以外すべて失敗だと主張しているわけではない。対象学年の１％にしか効かない施策であったとしても、それは１学年あたり約１・２万人の未来を変えることを意味する。試行錯誤する価値はあるはずだ。

ＳＥＳによる教育格差は、学問的とは言えない表現をするのならば「愛」――高ＳＥＳの親が「子に最善の機会を与えたい」という気持ち——に立脚するのだろう。[322] 子の社会的成功を自分の達成と捉える自己「愛」も入り混じった感情だ。自分の子供のために良かれと思って多くの機会を与えようとし、自らの教育経験に基づき意識的・無意識的に資本を駆使して教育達成に繋がるような子育てを行う。それは当然の行為ともいえ、これからも高ＳＥＳの親が続けるのは間違いない。教育制度による介入をしないのであれば、格差は不可避である。

それで何がいけないのか？ と思う人もいるかもしれない。自分は比較的高ＳＥＳだから、現状のままでいい、と。それはとても正直な感想である。ただ、低ＳＥＳの子供たちの可能性に投資しないことで、わたしたちは潜在的な損失を受けているかもしれない。想像してみよう。一人ひとりに教育機会がもっと与えられていれば、あなたが癌になったとき、担当医は現在の平均的な医者よりも優秀かもしれないし、新しい抗癌剤を創薬する研究者も増えるかもしれない。ありとあらゆるモノ・サービスの質はもっと上がるだろう。環境保全に対する行動も全体として改善し、短期的な利己心を押し通す人が減って社会そのものがより生きやすくなるかもしれない。

もちろん、単に「良い」ことばかりではない。誰もが学習機会を与えられ、励まされ、自身の可能性を最大化すると、教育競争は激しくなるだろう。現在の大学数などに変更がないまま今まで学校教育で低「能力」扱いを受け「制約感覚」を持ち「自発的」に学歴獲得競争から降りた低SES層が参入すれば、入試倍率は上がり「受験地獄」が実際に普遍化する。根本的には有名高校・大学の定員数にしろ、人気企業の採用数にしろ、憧れの職業にしろ、社会的に「みんな」が欲しがるものの「椅子の数」はある程度決まっていて、だからこそわたしたちは教育制度に「選抜」を期待している。この席数は社会の変化に応じて増減を繰り返すが、全員が同じものを手にすることはない。希少性そのものだけで労働市場などにおける価値が上がってしまう以上、相対的な椅子の奪い合いはこれからも続くだろう。ただ、「みんな」が自らの可能性を追求することで、社会の平均値が上がるだろうし、それにより新たな産業や職種の創出など椅子の種類や数を増やすことはできるはずだ。すでに伝統のある人気業種でも同じだ。たとえば、みなさんがもっと書籍を購入するのであれば、より多くの人たちが編集者として出版業界で働くことができる。

一人ひとりが学識を高めることそのものも、社会の成熟度と幸せの最大公約数を上げることに繋がるのではないだろうか。高校進学率が9割を超えたのは1970年代で、現在、四年制大学進学率は5割を超えた。15歳の高校受験で「身の程」を知るような社会ではなく、学び直しも含めて、すべての人が常に自分の可能性に挑戦できることが「常識」になり、大半の人々が現在の大学教育レベルの学識を持つ日が来ることを夢見るのは世迷言だろうか。「学力」や「知識量」の平均値が上がることは突飛な話ではない。現在の中学や高校の教科書は、ほんの

100年前の大学の授業よりも膨大な知識体系に基づいた上で、簡略的に書かれている。一昔前の先祖と比べて、わたしたちは地球の裏側で起こっていることも含めて、幅広い知を基に考え、生産・社会活動をしているのだ。

学歴と特定の職業の対応は現在の社会を反映したものに過ぎないわけで、それは大学水準の一般教養が不要という意味にはならない。たとえば、農業であっても、英語とIT知識・技能があれば、オンラインで独自に海外に販路を持つとか、海外に移住して農作物を日本に輸出するとか、海外からの旅行者に農業体験を提供するなど、経済活動の選択肢を広げることができるだろうし、その際、歴史、文化、社会構造（社会学！）の知識も有用なはずだ。人口規模が縮小する中で、今までと同じことを繰り返すよりは収入を得られるという形にもなるだろうし、社会関係資本も広がり、幸福感や生活満足度も上がるはずだ。今までの劣化コピーを受け入れるのではなく、人類史上存在しなかった社会の在り方を夢見るべきなのだ。

## †埋もれたままの「才能」

本書の冒頭に記したように、私は一人ひとりの可能性を信じている。そして、その無限とも思えるほど多くの「こうであったかもしれない」は、日々、宙に消えていく。その帰結は緩やかな身分制度の安定的な推移だ。そう、一見平和に見えるこの社会においても、可能性という

図7-2　2つの成長曲線

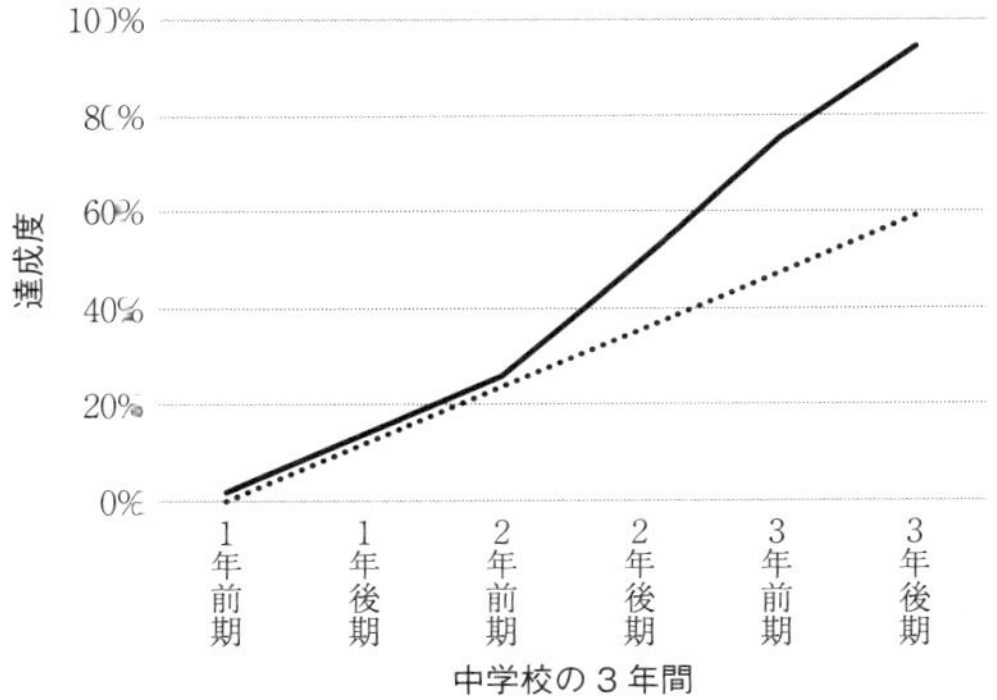


血は常に流れている。それも「生まれ」によって出血量に差がある。

実際のところ、高SESであれば学習機会に恵まれているので、遺伝による知的関心と一致した経験を探し便益を受けることができる――高SESだと遺伝子と認知力・学力の関連が強いこと(Tucker-Drob & Harden 2012)が報告されている。これは、社会全体として、低SES家庭出身者の遺伝的「才能」を無駄にしていることを意味する。

「生まれ」によって大学進学期待格差(第3〜6章)があるように、成長期の社会化過程でわたしたちは「身の程」を知って「期待」を冷却する。その主観的な自己理解は、あまりに自分を低く見積もったものではないだろうか。「もし」と反実仮想をしてみよう。

図7-2の横軸は2学期制の中学校の3年間の学期数、縦軸の数値は高ければ「望ましい」達成度としよう。中学生は成長期なので放っておいても体が大きくなり知識を吸収する(点線)。よって、「なんとなく」生活していても、学期を経るごとに縦軸の数値は

上がる。これは知識量でもいいし、筋肉量でもいい。具体的に想像できるのであれば、特定の部活の技能を数値化したものでもいい。とにかく成長期であるので非効率な学習・練習をしたところで「望ましい」方向に向かうのだ。誰もがそこそこ成長するので、そのバージョンの世界がすべてだと思ってしまいがちだ。しかし、もし2年生の前期に最先端の専門知を持つ国や世界のトップレベルの教師が赴任してきて、生徒の潜在可能性を具現化するあらゆる教育介入をしたらどうだろう（太線）。ほぼ間違いなくただ成長するだけではなく、その曲線はずっと上振れするのだ。そう、同じ学期でも結果はもっとよかったかもしれないのだ。

実際のところ、中学校の卒業式では体育館の後ろに並ぶ1年生と比べて卒業生はみんなずっと大人びている。身長も大きいし、同じ制服であっても明らかに体格が（平均的には）異なる。第一志望かどうかは別にして、とりあえず進学する高校も決まっているとしよう。親や教師が背筋を伸ばした生徒たちを見て感慨深くなり、中学校3年間をちゃんと無事に育った期間として肯定的に感じてしまう気持ちは理解できる。

しかし、単なる事実として、形而上的な「もっとよい教育的介入」は常にあったはずなのだ。換言すれば、子供の可能性が無限である以上、教師も親も本人も「満点」になることはないのである。確かに背格好は大きくなったし進学先も決まっている。1年生の頃と比べて「成長」したのは明らかだ。でも、その成長曲線はもっと上振れできなかったのか——この答えは明確に「できた」はずである。常に「もっとできたはず（could have been better）」なのだ。極端な話、放っておいても大きくなった（点線）わけで、満足している場合ではないのだ。

一人ひとりの潜在可能性を最大限に追求すると、家庭環境の影響が減り、すべて遺伝で説明できるようになると言われている。[323] もし生まれた時点で教育年数など未来がすべて決まっているのであれば、それはディストピア（暗黒郷）である。ただ、研究が進んで遺伝と結果の対応が明確になったところで、評価や「望ましい」達成の基準が変われば、どのような遺伝が社会的に有利になるかは変わる。[324] 遺伝の影響がそれなりに大きくても（安藤2018など）、1点刻みで高校と大学の合否が決まる選抜をしているわけで、遺伝以外、特にSESは人生を明確に左右する。[325]

また、そもそも現在の教育制度下では、主に低SES層が社会や教育の制度によって「身の程」を突きつけられ、高校受験前であっても長時間勉強しているわけでもなく（第4章）、低ランク校に入ってからはますます勉強しない（第5・6章）。勉強以外に心から没頭できるものがあるのであればよいが、メディア消費時間が長いわけで（第2〜5章）、何に、どうやって向かっていけばよいのかわかっていない児童・生徒が多いと考えられる。遺伝的に学習に向いているかどうかを判断する以前の問題なのだ。

まずは、精神的にも物質的にも安定した家庭と学校で、親と教師だけではなく多くの大人に励まされ成功体験を少しずつ積むようなまっとうな教育を長期間受ける機会を付与しなければ、どれぐらい可能性があるのかわかることはないだろう。そう、遺伝による支配の到来を憂う前に、一人ひとりの潜在可能性を最大化するための教育環境の整備が先なのだ。これは何も低SES層だけの話ではない。高SES層でも、一人ひとりがよりよく生きるために受験勉強だけではなく様々な機会を通して自己の可能性を最大化できる機会に溢れた社会であることが望ましい。なにしろ、常に「もっとできたはず」なのだ。あなたも私も、生きている限り「こんなもんじゃない」のである。

# おわりに

## †未完のままの締め口上（epilogue）

私は大学で教育社会学を教えている。これは大きな矛盾を孕《はら》んだ選択だ。難しい話ではない。大学生は平均的に高SES家庭出身であるわけで、教育格差とメカニズムを学んだ学生はその知識を使って助言を弟や妹にしたり、自身が親になったときに現在の社会制度の中で生き抜くのに「適切」な子育てをしたりするだろう。私は教育格差を高SES家庭出身の学生に教えることで、「生まれ」の世代間再生産を強化しているのだ。

この書籍に手を伸ばす人たちも学生を含む大卒者が多いだろう。格差の現実を知って、自分の家族や身近な人たちに便益をもたらすかもしれない。住居を決めるとき、学区の大卒者割合を調べて選択するようになれば社会経済的な分断を後押ししていることになる。私は教育格差を発信することで、格差の再生産を強化していることになるのだ。私の両手も他者の血で赤く染まっている。

では、黙っていればよいのだろうか。もし誰も声を上げなければ、居住地の分断化が進行することで、緩やかさが失われた身分社会に近づいていくだろう。それを座して見つめ、自分は手を汚していない、これは自分の責任ではないと嘯くのか、それとも、自らの行為が内在する有害さを意識し返り血を浴びながら教育と社会の在り方の転換を進める試みに従事するのか——私は随分と長い逡巡の上で、後者を選ぶことにした。

これは崇高な勇敢さではなく、渋々と現実を受け入れた結果だ。と言うのも、査読論文もそうだし、この書籍も、特に私が書きたいものではない。理論と先行研究を読み、この世界に足りないものを粛々と埋めているだけだ。村上春樹氏の長編小説『ダンス・ダンス・ダンス』で主人公のコピーライターが自らの仕事を「文化的雪かき」と自嘲したのに近い。誰かがやらなければならないことであるが、別に似たことは誰にでもできる——そんな研究知見の発表を淡々と行う、学術的雪かきだ。何で2010年代も終わろうとしているのに、この程度のことがまっとうなデータで示されていないのだろうか、という社会全体に対する落胆と共に液晶画面に向かって黙々と作業してきた。初期の村上春樹小説の主人公のように、「やれやれ」と肩を竦めてしまう日々だ。

もちろん、個人的な情熱のようなものがまったくないわけではない。この世界がどのように構成されているのか自分で理解したい、という極めて単純な欲求が根底にある。「あの山の向うに何があるのだろう」みたいな、幼児が抱くような疑問と同じだ。実際のところ、成長する過程で多くの大人に、この手の単純な疑問を投げかけてきた。なぜ、勉強しなければならないのか。なぜ、学校に行かなければならないのか。なぜ、主要科目は国数社理英なのか。なぜ、受験があるのか。なぜ、英語の配点が高い入学試験があるのか。なぜ、大学に行かない人がいるのか。なぜ、大卒でないと入れない会社があるのか。

湧き上がる疑問に対して納得のいく回答を得られたことは一度もなかった。多くの場合は「そういうものだ」と面倒臭そうに言われたし、時には暴力によって言葉を発することを止められた。仕方がないから自分で調べることにした。一冊の書籍に自分の疑問を解消する知が凝縮されていればよいのだけれど、そんな都合のよいものはどこにもなく、乱読の末に、様々な社会の仕組みが立脚しているものが脆弱であることを知った。子供の頃に制度やルールに従うことを余儀なくされる度に、大人がしっかりと考えた相当な理由があるのだろうと違和感を飲み込んできた私が期待していたほど、頑健な合理性のあるものなどなく、恣意的に決まっていることばかりであると、「勉強」だけではなく四十数か国の旅や10年の滞米生活を経て、ようやく「こんなものだ」と理解することになった（まだあまりしっくりしていないのだけれど）。

今思えば、中学生のときにすでに「こんなものだ」と諦観している同級生がいた。大人に「何で？」と質問ばかりしていた私にたいして「そんなのあいつらに答えられるわけがない」

と寂しそうな目で諭されたことがある。まだ1年生の夏前のことだ。それから卒業するまで同じようなやりとりが何度もあり、その度に、「いつになっても懲りないね」と笑いながら肩を叩かれた。別々の高校に入った後も、その同級生の言う通りだった。どれだけ投げかけてもまっとうな回答が得られたことはなく、ただ従うことを強いられた。

そんな自分が抱いてきた疑念に対する回答をしようと、研究することになった。言い換えれば、誰かが発表してくれていたら、研究もしていないし本書も執筆していない。もっと他にやりたいことがあるので、人生の時間が有限であることと合わせて、「やれやれ」と思う。しかも、中学生の私は本書を読んだら、追加の質問をしてくるに違いない。実際のところ、15歳の私は現在進行形で心の中に居座っているので、執筆しながら日々疑問を投げかけられていた。「彼」は一つの研究の限界に自覚的な国内外の学術誌の査読者たちよりずっと率直で手厳しい。その都度できるだけ答えたつもりなのだけど、「彼」はまだ全然納得していない。「この程度のことしかわかっていないのに、昨日の劣化コピーのような教育実践とか政策が今日も疑いなく行われているのっておかしくない？　過去や現状を把握せず内省もしないのに「主体的で深い学び」？　批判的思考《クリティカル・シンキング》？　それって悪い冗談だよね」と細い肩を震わせて怒っている。ちゃんと答えられない大人の一人になってしまって、申し訳ないと思う。

## †『教育格差』の後

第1〜6章までは「これまで」、第7章ではまっとうな教育論議を可能にするための4カ条と具体的な2つの提言をした。一人でも多くの人たちが、本書でまとめたことを議論の叩き台にしてくれれば、この社会は、教育論議のメリーゴーラウンド（堂々巡り）から離脱できるはずだ。是非、本書の内容、たとえば、「いつの時代にも教育格差がある」ことや地域・学校間格差について、周囲の人たちと話してみて欲しい。

教育についての「これから」、すなわち、「どのような社会を生きたいのか」を議論するための基盤を整備したという意味で、本書に意義はあると信じる（著者としてはそう信じたい）。ただ、15歳の自分は非常に手厳しい。初校では前項のあとは謝辞だけだったのだが、ゲラとなった原稿を読了した際、「この本だけで何かが変わると思っているわけ？」と睨《にら》まれた。

教育格差について興味関心を持っているすべての人に「とりあえずこの新書を読んでくださ い」と言うことができるようになったのは、少なくとも私にとって重要な一歩だ。同じ話を繰り返さなくて済むようになって生じた余力を、次の展開に振り分けたい。

そこで、謝辞に入る前に、本書『教育格差』の後について、私自身が実践する3つの〝架橋〟計画を簡単に述べよう。いずれも様々な境界を越える（村上春樹氏の表現を借りれば〝壁抜け〟の）ための仕組み作りとなるよう意識している。

まず、本書で描いたような教育機会の格差構造について、大学生や若い人に向けた新書を刊行する。個々の目線に立って、みなさんの教育の軌跡（educational trajectory）がどのようにして形成されたのか、データを通して解釈し言語化する手助けをする本になる。社会科学のデータが無意味な数字の羅列ではなく、自己理解のためにいかに有用な手がかりになりうるかという意味では、「研究」と「みなさん」自身を繋げる試みであるし、一人ひとりの軌跡の違いを可視化することで境界を自覚的に越えるよう促すという意味では細かく分離された「社会」間の架橋でもある。２０２０年には光文社から出ることが決まっているので、こちらも出版された暁には手に取ったり若い人に読むよう薦めたりしていただけるとありがたい。

２つ目に、教職課程で必修化すべき「教育格差」の教科書を出版する。これは２０１８年９月に始動した、中村高康教授（東京大学）と共同している出版企画だ。１学期15回の授業に対応した全15章で、中村高康教授と私のほかに様々なトピックの専門家にも参加していただき、議論をしながら作り上げる計画である。今までに発刊されてきた教育社会学概論のような学術的色彩の強い教科書とは一線を画し、草稿ができた後、教職課程に在籍している学生や現役教師のみなさんに批評していただき、「現場で応用できる研究知」をまとめた教育社会学の教科書とする。これは「研究」と「教育現場」を架橋する試みだ。２０２０年に出版される。

3つ目は、みなさんとオンラインで緩く繋がることだ。地理的・時間的制約を越えて関心や個々の実践について共有することで、教育格差を是正する具体的な行動に繋げたい。ツイッターで「松岡亮二」と検索してアカウント（https://twitter.com/ryojimatsuoka）をフォロー、それに、フェイスブックのグループ（https://www.facebook.com/groups/kyoikukakusa）に参加していただければと思う（フェイスブックは検索窓で、「教育格差」とタイプし結果を「グループ」に限定すれば「「教育格差」（ちくま新書）」が出てくる）。なお、特定の政治的立場ではなく、すべての子供たちの可能性を最大化する（あるいは、出血量を最小化する）というシングル・イシューで、（目標が大きいので、肩の力を抜いてじっくりと）緩く繋がることを目的としている。

最後に、あくまでも研究者としての本分である論文執筆が基軸であることは強調させていただきたい。常に新しい研究知見を提出できないようでは、これらの活動も薄いものになってしまう。よって、可能な限りの時間は海外の学術誌で査読論文として掲載される水準の学術的雪かき（研究）に振り分けた上で、〝架橋〟活動をしていこうと思う。ご支援いただけますと幸いです。

## †本書の成分

本書は多くの人たちなしでは形にならなかったことを明記したい。もし本書に何らかの意義があるのであれば、それは現時点の私を構成するすべて――直接・間接的に私に影響をもたらした人々のお蔭に他ならない。思い出すだけで温かい気持ちになる記憶を与えてくれた人たち・共有している人たちだけではなく、痛みや悲しみや怒りは物事と向き合うのに不可欠なので、私を大いに苦しめた個人・集団・制度も含む。私に影響を与えてきたあらゆる人たちも、多くの人々の中で生きてきたはずだ。その相互影響のネットワークは個人では把握できないほど広く、結局のところ世界中の人々、そして今は亡き先人すべてが関わっているのだろうと思う。この星に生を享けたすべての人々に感謝を申し上げたい。

学問的なことを言えば、本書と引用文献に挙げている著者である国内外の研究者には心から敬意を表したい。どれか一つでも欠ければ本書は存在しない。また、これらの研究もすべて、さらに上の世代の研究者であったり、研究を遂行する上での家族、友人、学生、大学職員、出版社のみなさんであったりと、多くの人たちの理解と協力がなければ存在しなかったはずだ。やはりこの世界を共有することになったすべての人に感謝を申し上げたい。

ただ、影響力の大小で切り分けるつもりもないが、それでもやはり本書を完成させるにあたって直接的に影響を与えた方々の名を挙げさせていただきたい。まず、私に命を授けた両親には言葉で感謝を伝え切ることはできない。

大学院まで教育学と社会学を専攻していなかった分、研究者になるまで長い期間を要したが、その過程を伴走して下さったのは、博士論文の主査であるRonald H. Heck教授（University of Hawaii at Manoa）だ。質問ばかりする異邦人である私を真正面から受け止めていただいたことへの感謝は尽きない。博士論文の審査員である中嶋聖雄教授（早稲田大学）にも数多くのご助言をいただいた。

また、論文の内容以外どこの誰かもわからないのに、高い倍率の中で東北大学大学院文学研究科グローバルCOE「社会階層と不平等教育研究拠点」のポスドク研究員（COEフェロー）として選んでいただいた佐藤嘉倫教授（東北大学）をはじめとする関係者の皆様にも深く感謝申し上げたい。アメリカ滞在も10年になり帰国を視野に入れていなかったので、佐藤教授が英語でアメリカの研究者ネットワークに対して公募情報を出していなかったら、そして英字で書かれた私の論文に潜在可能性を見出していただいていなければ、帰国することも、日本の学会や研究者との繋がりを持つことも、こうして日本語で文章を書くこともなかったはずだ。

東北大学では、当時助教をされていた中室牧子教授（慶應義塾大学）にお会いできたことも大きかった。教育経済学の学問的見識に加え、研究によって社会を改善しようとする真摯な姿勢と無尽蔵に溢れるエネルギーには大きく触発されてきた。

東北大学の後の1年間は、特任研究員として情報・システム研究機構の統計数理研究所・調査科学研究センターに勤める機会に恵まれた。日本における社会調査について、仕事と研究を通して前田忠彦准教授（統計数理研究所）から多くを学んだ。特に地域格差や近隣効果研究についてはこのときの勤務経験が土台になっている。

早稲田大学では、高等研究所、国際教養学部、グローバル・エデュケーション・センター、留学センターなど多くの所でお世話になってきた。宮島英昭教授、篠田徹教授、黒田一雄教授、Kate Elwood教授、油布佐和子教授など多くの先生方の支援を受けてきた。また、研究補助者とティーチング・アシスタントとして優秀な多くの学生・院生にも支えられてきた。

所属機関以外でも、乾友彦教授（学習院大学）をはじめ独立行政法人経済産業研究所の皆様など、多方面で数多くの研究者のお世話になった。また、ここではすべてのお名前を挙げることはできないが、帰国後に所属してきた機関（東北大学、統計数理研究所、早稲田大学）の職員の皆様には、私が日本社会に（再）適応する過程にお付き合いいただいた。

さらには本書で扱っているデータの関係者と調査に回答したすべての人たちにも謝意を伝えたい。データを適切に集め保持することは非常に大きな労力を要するし、長時間の調査に回答してくださった多くの個人がいなければ実証的知見は得られない。なかでもX市調査を実施している川口俊明准教授（福岡教育大学）や関係者、同様に、埼玉県学力・学習状況調査に携わった教育委員会含めすべての人々に御礼申し上げたい。

本書を出版するにあたっても多くの人々の手助けを受けた。本田由紀教授（東京大学）には筑摩書房の河内卓氏をご紹介いただいた。また、石田賢示准教授（東京大学）、多喜弘文准教授（法政大学）、藤原翔准教授（東京大学）（以上、帰国後に知り合った順）にはほぼ全文、中室牧子教授（慶應義塾大学）と伊藤寛武特任助教（慶應義塾大学）には部分的に原稿に目を通していただき、多くのご助言を受けた。

編集の河内卓氏には、完成するまでの長い過程に辛抱強くお付き合いいただいた。いったい何をわけのわからないことを言っているのだと怪訝に思われたでしょうが、数字の奥に人々の体温と息遣いを感じるまで書き上げることができないというのは、執筆が遅れた本当の理由（の一つ）です。数々の率直なご意見によって本書の内容と構成が大きく改善したことは不確かな世界における数少ない確かなことの一つだ。特に入稿後、新書としてはだいぶ厚く図表も多く、骨の折れる作業の連続であるのにもかかわらず、良い本にしようと向き合う姿には頭が下がりました。

最後に、私の担当科目を履修したすべての早稲田大学の学生にも感謝を表したい。大半の学生は（少なくとも文化資本的側面で）高SES家庭の出身であるので、私の授業は「都合の悪い事実」に自覚的になる過程だ。椅子の数が限られている早稲田大学に合格したことをすべて自らの「能力と努力」と解釈したほうがずっと気分がよいのに、それでも理論とデータに向き合い、文字数（あるいは英単語数）の多いレポートを毎週提出してくる真摯さには大いに影響された。「査読論文、特に英字論文なんて誰も読まないから、分かりやすく日本語でまとめた一般書をさっさと出してください！」（大意）という励ましなのか悪口なのかよくわからないけれど、一人でも多くの人が知るべき知見であると訴える確かな熱を帯びた数々のメッセージが本書を構想し書き終える原動力になったことは間違いない。また、「現実」を様々な角度から見つめる執筆作業そのもので何度も心身共に疲弊したのだけれど、対岸まで渡り切ることができたのも学生のお蔭だ。教育格差を示す理論とデータに困惑したり憤ったりしながら、それでも何かできることがあるのではないかと現実と向き合い考えることを諦めないみなさんこそ、希望を抱かせてくれる存在です。ありがとう。

### †謝辞

本書の完成にあたり、下記の関係機関ならびに関係者各位に深く御礼申し上げます。

✧ＳＳＭの分析（第1章）は、ＪＳＰＳ科研費特別推進研究事業（課題番号25000001）に伴う成果の一つであり、本データ使用にあたっては２０１５年ＳＳＭ調査データ管理委員会の許可を得た。

✧ＳＳＰの分析（第1章）は、ＪＳＰＳ科研費（JP16H02045）の助成を受けて、ＳＳＰプロジェクト（http://ssp.hus.osaka-u.ac.jp）の一環として行われたものである。SSP-I2010とSSP2015データの使用にあたってはＳＳＰプロジェクトの許可を得た。

✧統計法33条に基づき、21世紀出生児縦断調査（厚生労働省）の調査票情報の提供を受けた。

✧独立行政法人経済産業研究所、乾友彦教授（学習院大学）をリーダーとするプロジェクト「サービス産業に対する経済分析：生産性・経済厚生・政策評価」・「医療・教育の質の計測とその決定要因に関する分析」、並びに、関係者各位から研究協力を受けた。

✧研究代表者としてＪＳＰＳ科研費（JP24830009・JP26780488・JP17K04713）・早稲田大学特定課題研究助成費（2014S-190・2015K-344・2016K-370・2017K-396・2018K-451）の支援を受けた。

✧研究分担者として「自治体学力調査を利用した、学力格差の変容に関する量的・質的研究」（ＪＳＰＳ科研費・JP17H02683）の助成を受けた。また、ＪＳＰＳ科研費（JP26285067・JP16H02022）からも協力を得た。

✧二次分析にあたり、東京大学社会科学研究所附属社会調査・データアーカイブ研究センターＳＳＪデータアーカイブから「親と子の生活意識に関する調査、２０１１」（内閣府子ども若者・子育て施策総合推進室）の個票データの提供を受けた。

# 註記

## はじめに

1　日本では短大を含む大卒学歴の有無が職業や意識・志向・行動など様々な領域における分断線となっているという指摘がある（吉川２００９・２０１８）。

2　本書では各時代と年齢層を重なるものとして大まかに論じている。時代効果とコーホート（世代）効果を識別した分析（中村１９８９など）ではない。

3　20編のうち単著は15編、共著の第一著者として5編。なお、2編は社会調査法に関する論文だが、学歴や居住地を分析の中心としているので本書で提示する分析の重要な基礎となっている。

4　英語名は「The National Survey of Social Stratification and Social Mobility」で、ＳＳＭが略称。

5　専門家が主導し、時代を超えて同じ質問項目を引き継いでいる調査となると数少ない。ＳＳＭ以外の社会調査で代表的なものには１９５３年から5年ごとに実施されている「日本人の国民性調査」（統計数理研究所）、それに２０００年からほぼ毎年行われている「日本版総合的社会調査（ＪＧＳＳ）」（大阪商業大学）がある。ＳＳＭとの比較を前提とした「階層と社会意識全国調査（ＳＳＰ）」も２０１０年に予備調査、２０１５年に一回目の本調査が実施され、本書でも分析結果を紹介している。他にも、ＳＳＭを土台に教育項目に特化したESSM2013（中村ほか編２０１８）がある。公的調査であれば「国民生活に関する世論調査」（内閣府）などもあるが、多くの場合、分析するのに必要な個票データが研究者に公開されていない。また、利用できたとしても調査項目の制限があるので、人々が何をどう考えてきたのか代表性のあるデータで描ける項目には限りがある。さらには、個人情報保護を理由に調査地点の情報が研究者に開示されることは基本的にないので、国勢調査など他の統計データと合わせた分析ができない。

6　ようやく、２０１３・１６年に実施された経年比較のための抽出調査の結果を対応づけることで、全国学力調査の年度間比較を行う試み（国立大学法人東北大学２０１８）が発表された。

7　ＴＩＭＳＳは「Trends in International Mathematics and Science Study」（国際数学・理科教育調査）の略称。小学4年生と中学2年生を対象とし、算数・数学と理科の学力を調査している。ＰＩＳＡは「Programme for International Student Assessment」（生徒の学習到達度調査）の略称。ＯＥＣＤ（経済協力開発機構）による15歳（日本では高校1年生）を対象とした国際比較調査。

8　因果推論について参考になる日本語の書籍は下記の通り（伊藤２０１７、岩波データサイエンス刊行委員会２０１６、原田２０１５、星野２００９、石田２０１２、中室・津川２０１７、中澤２０１８など）。

9　遺伝については第7章で言及。
10　本書では便宜上、保護者を親・父・母と記載している。
11　この点も調査法の観点から厳密には様々な留保が付く。たとえば、サンプリングの時点で調査実施が相当に困難な島嶼部や外国人は含まれていないので正確には日本全体を対象としているわけではない。しかし、社会調査法の専門家を含む社会学者の研究会による日本最大規模の社会調査であり、調査時点での最善ではある。なお、過去の調査との整合性を保つため、日本国籍保持者のみが対象となっている（白波瀬２０１８）。調査の実施難易度が上がる外国籍保持者を対象とした調査もＳＳＭ研究会によって実施されている。
12　一時点の研究であれば、観察されない要因によって、たとえば家庭環境が過大（もしくは過小）に評価されている可能性を排除することはできない。観察されない要因のうち時間によって変わらないものを統制できる同一個人を追跡した縦断調査（パネルデータ）を使った研究も行ってきたが、同時期に変化する要因の影響を取り除くことはできない。

## 第1章

13　高校制度の発展については下記文献などを参照（香川・児玉・相澤２０１４、中西・中村・大内１９９７）。
14　「大学（学部）への進学率」の「過年度高卒者等を含む」結果。
15　ＳＳＭを分析した研究の中でも最も伝統的なテーマで、出身階層としては父職（父親の職業）を用いることが多い。職業の分類方法を変えると結果の数値は変わるが、社会の中における相対的な有利・不利を軸としているので大まかな知見は変わらない。ＳＳＭを用いた研究（Fujihara & Ishida 2016、Ishida 2018、近藤２００６、鹿又２０１４、平沢２０１４など）は数多く、学術誌や書籍以外でも、調査年度ごとに報告書が刊行されている。たとえば、１９９５年、２００５年、２０１５年に実施された調査についてはそれぞれ数十の論文がすべてオンラインで公開されている（１９９５年と２００５年については書籍も刊行されている）。
16　２０１５年ＳＳＭを用いた一般向け書籍として橋本（２０１８）と吉川（２０１８）がある。
17　本章では３つの年齢層の分析結果を論じているが、10歳刻みの６つの層にしても結果の傾向は変わらない。
18　無作為抽出された2015SSMの回答者（男女合算）の父親の大卒割合であって、上の世代の大卒割合を代表するものではない。
19　吉川（２００９・２０１８）は短大以上を大卒、それ以外を非大卒と分類している。
20　女性は短大以上（高専・短大、四大、大学院）を大卒とする。男性同様、四大卒以上を大卒としても結果の傾向は変わらない。同様に、男性について短大卒以上を大卒としても、相対的な有利・不利で分類しているので、結果の傾向は変わらない。
21　大半は最終学歴だが、大学卒業後に専門学校などを卒業した場合も大卒と分類される最高学歴であるＳＳＭ学歴分類を用いた。なお、若年（たとえば30歳）の調査対象者が後に進学する可能性はゼロではないが、大卒・非大卒の区分ではかなりケースは少ないと考えられる。たとえば、四年制大学卒が大学院卒となっても大卒カテゴリーであることに変わりはない。

22　同等の学歴同士で結婚する傾向（学歴同類婚）があるので（打越2016など）、父母どちらの学歴を用いても似たパターンとなる。

23　父職（専門管理）、国私立中学進学、中学3年時成績、三大都市圏などを統制しても、父母学歴は大卒学歴と強く関連する（松岡2018b）。

24　各年度の入学定員割合が変動することによって多少変わりうる。

25　記事データベースである朝日新聞「聞蔵Ⅱビジュアル」と読売新聞「ヨミダス歴史館」を利用して集計した結果。朝日新聞は1985年以降、読売新聞は1986年以降の記事のテキストを検索できる。図1-3では省略して1999年以降を示した。

26　言葉の組み合わせなどを変更しても、結果に変わりはない。

27　1950・60年代の子どもの貧困ついては相澤ほか（2016）に詳しい。1980年代後半・1990年代前半については久冨ほか（1993）の研究がある。

28　学校基本調査（文部科学省2018aなど）が報告する1985年に15歳であった1988年の18歳人口を参照した。

29　「子どもの貧困」率は年度ごとの17歳以下の人口で出している（厚生労働省2011）。よって、学年人口における貧困率ではないし、基準年齢を小学生から高校生までに限定すれば数値の変動はあるだろう。どこで切り分けるかによって変わるので、これらの数値がそのまま「子どもの貧困」の実態を反映しているわけではない。あくまで1980年代の「子どもの貧困」の実数が少ないわけではないことを示す参考値である。

30　長期的なデフレーションと技術発展による乗用車、エアコン、パソコン、携帯電話などの廉価版の普及があったので、1980年代に「子どもの貧困」であるほうが物質的に乏しかったと考えられる。事実、本文でも指摘したように若年層と中年層では後者のほうが15歳時点の所有物数の平均値が低い。

31　男女共に貧困の定義をより下位（たとえば各年齢層の下位10%）に限定すれば、大卒割合はもっと低くなる。中年層ではそちらのほうが実態に近いかもしれないが、同じ基準とした。さらに、本当に困難を抱えた対象者は調査に回答していない可能性が高い。よって、実際の格差はもっと大きいと思われる。なお、この表で女性の格差が大きく見える理由の一つは、男性より貧困層に含まれる割合が低いことにある。大卒の定義も異なるので、男女で比較すべきではない。

32　これらは、どの年齢層や性別の貧困が最も困難を抱えているかという厳密な分析ではない。あえて簡略化した結果を示すことで、15歳時点の相対的貧困による学歴格差があることを端的に示すことを目的としている。

33　本項で示した結果は、15歳時点の家庭の所有物で示される貧困状態が最終学歴に与える因果的影響を示しているわけではない。あくまで「子どもの貧困」状態にあったと思われる層の最終学歴が平均的に低いことを記述的に確認しているに過ぎない。

34　本節の記述と分析の多くは、２０１５年ＳＳＭの報告書論文（松岡２０１８ｂ）に基づく。

35　なぜ、このような地域格差が存在するのか――格差生成メカニズムを検証する都道府県単位のマクロデータや回顧的調査の個票データを分析した計量研究も蓄積されてきた。その中で最も包括的かつ近年に発表された研究（朴澤２０１６）は、都道府県によって社会経済的状況や設置されている大学数が異なり、出身都道府県によって大学教育のコストと便益の差があることを指摘している。ＳＳＭデータを用いた研究には、主なデータの取得年別に、１９７５年（尾嶋１９８６、塚原・小林１９７９）、１９９５年（林１９９７・１９９８）、２００５年（雨森２００８、近藤・古田２０１１）などがあり、地域による大学進学格差が示されてきた。

36　日本の社会調査で最大規模のＳＳＭであっても、分析のために出身地域を細かく分割するにはサンプルサイズが足りない。よって、大きな趨勢を意味のある基準でグループ分けするために、２つの基準を用いる。まず、大学進学格差について近年において最も包括的な研究（朴澤２０１６）を参照し、中学校卒業時に三大都市圏に居住していたかどうかである。なお、三大都市圏による２分類ではなく、都道府県を３分類（朴澤２０１６）にしても、本章が示す主な傾向に変わりはない。もう一つは、サンプリング時の人口規模による層を基準に、どの年齢層でも同じ意味になるように、１９８３年の市町村コードを用い「大都市（政令指定都市）」「市部」「郡部」とする。この２分類は大きく重なるが、非三大都市圏における大都市（たとえば福岡市や札幌市）や、首都圏内であっても周辺的な市部や郡部（たとえば都心から距離のある人口密度の低い沿岸部・山間部）があるため、それぞれで分析を行うことで包括的な実態解明に努めた。２つの分類法を合算して６グループとした上で年齢層別にするにはサンプルサイズが十分ではない（２００５年データを合併しても、20代を追加することはできない）。

37　20代の回収率が低いことから、女性の大卒割合の地域格差拡大の結果には留意する必要がある。ただ、同様に20代の回収率が低かった２００５年ＳＳＭ調査の20代は２０１５年調査の30代で、地域格差については２００５年の20代と２０１５年の30代で大きな差は見られない。よって、今回（２０１５年）の20代の結果も実態を反映していると考えられ、２０２５年調査の30代と比較して結果が変わらないことが期待される。

38　女性の50代から40代にかけての大卒割合は減少していないことから男性のように定員抑制の影響を受けているようにはみえない。しかし、女性は男性と比べて元々の（50代の）進学率が低いので、定員抑制の影響が可視化されず、一貫して上昇傾向にあるように観察されているだけなのかもしれない。たとえば、60代から50代にかけては短大以上だと増加率は16％（三大都市圏、以下、三大）・16％（非三大都市圏、以下、非三大）と大きい。しかし、50代から40代は５％（三大）・６％（非三大）と微増に留まる。ただ、４年制大学以上に限定すると、増加率は60代から50代で４％（三大）と７％（非三大）、50代から40代で９％（三大）と５％（非三大）と異なる様相を見せる。

詳細な分析が求められるが、少なくとも短大以上では、大都市部の定員抑制がなければ50代から40代にかけて大幅に女性の大卒割合が上昇していた可能性がある。

39　研究者、技術者、医師、教員、会計士、記者など。

40　父母学歴など階層変数を回帰モデルに含めて調整しても出身地域と大卒の関連が観察される。

41　20代女性において地域格差が存在していること、それが三大都市圏と大都市における上昇であることはわかるが、なぜ、このような格差拡大が女性について生じているのか、そのメカニズムはこの分析ではわからない。三大都市圏や大都市では女性の教育に対する規範が変わってきて、男性と変わらず高い教育達成が親に望まれるようになってきたのかもしれないし、就職において高学歴が求められるようになってきたからかもしれない。

42　女性の「大卒」を四大以上に限定してもこの傾向が見られる。

43　もちろん、２０１５年時点の10代が20代となるまでこの傾向が維持されるかどうかはわからない。そして「答え合わせ」をした頃には、10代はすでに20代になっている。

44　比較的近年に多く発表されるようになってきた社会的相互作用（social-interactive）による近隣効果（neighborhood effect）（Galster 2012など）研究は、教育における地域格差生成メカニズムを検証する試みである。居住地域の住民との交流を通して個人の行動・期待・態度などが変わる社会的な伝播（social contagion）、近隣に存在するロールモデルや社会的プレッシャーによって規範が内在化する集合的な社会化（collective socialization）、それに強弱ある紐帯を含む近隣ネットワークなどによって、個人の出身階層とは別に集合的水準の特徴が教育結果を分化する近隣効果が現出すると論じられている（Galster 2012など）。

45　短大以上は「短大・高専」と「（四年制）大学・大学院」の総数を（不詳を除く）卒業者総数で割った値。なお、１９６０年の非三大都市圏の計算には、返還前の沖縄県は数値がないため含まれていない。

46　アメリカでも１９８０年代から２０００年代にかけてのデータで、大卒者割合の増加幅が異なることによる都市間の格差拡大（モレッティ２０１４）が指摘されている。

47　本節で言及している大卒・非大卒の間の格差の有無は、すべて、年齢・性別・地域（三大都市圏か非三大都市圏の２分類）を調整しても同じ結果である。

48　社会調査の計画・実施などに携わったことがないと、もっと他の測り方があるのではないかと思うかもしれないが、幅広い年齢層や地域を含め、どんな人でも回答できる項目にする工夫の結果である。

49　有効回答に占める割合。なお、4つの選択肢を2分類にして同意率としたのは分かりやすくするためで、本節の意識項目分析はすべて「そう思う」から「そう思わない」まで3〜0として平均値で学歴間・調査年比較をしても結果の傾向は変わらない。

50　ＳＳＭ調査に関わってきた吉川徹（大阪大学）をプロジェ

クトリーダーとする研究会が実施した。SSMとの比較を念頭にした、意識に関する項目を中心とした大規模社会調査である。

51　調査票への記入と比べると、対人（調査員）であると社会的に望ましい回答をする可能性がある（Groves et al. 2009）。

52　調査間の比較のために、調査時点で25～59歳に限定してある（サンプルの年齢幅が最も狭い2010年SSPに合わせてある）。なお、小数点以下を切り上げているので、「平均の差」は表の中の数値によるa－bと一致しない箇所がある。

53　同じ2015年でも調査法によって平均値に差がある。面接調査のほうが高いのは社会的に望ましい回答（教育に対して積極的）で、留置調査のほうがより本音に近い回答だと考えられる。面接と留置の結果を比べると留置の同意率が低いが、非大卒層のほうが大卒層よりも低い。調査員相手だと「あまりそう思わない」・「そう思わない」と非大卒層は言いづらいが本音では教育サービス利用に異論があると推測できる。

54　本項の分析結果は論文（Matsuoka 2019b）に基づく。

55　学歴による格差と同じく、2015年の2つの調査で非三大都市圏の同意率に差がある。これは非三大都市圏居住者が留置法でより本音を回答――教育サービス利用志向に非積極的であることを反映していると考えられる。

56　1995年SSMを用いた今回の分類の分析では地域格差を確認できなかっただけで、データはないが、より細かい分類であれば格差がゼロではなかった可能性はある。ただ、同じ分類法で2005年・2015年は格差が確認できるので、少なくとも2000年代以降と比べたとき1995年段階の教育意識の地域格差は相対的に小さかったと考えられる。

57　「地域」の定義をより細かく分けることができるだけのサンプルサイズがあれば、たとえば、三大都市圏の大都市と人口が極端に少ない地域を比べれば年齢・学歴・性別を調整しても教育熱格差は確認できるかもしれない。本項は、同じ手続きで時代比較をすると、2000年代以降、地域格差が明瞭に確認できるようになったことを示している。

58　近隣と個人の階層を切り分けた上で、教育意識との関連を検討する必要がある。その為には近隣の中に個人が入れ子になっていることを考慮した2水準のマルチレベルモデルを適用する（Matsuoka & Maeda 2015a）。

59　大卒割合の高い地域に引っ越したら教育意識が高まるかどうか――残念ながら、日本に現存するデータではその因果関係まではわからない。アメリカの研究（Chetty & Hendren 2018; Chetty, Hendren & Katz 2016）は非貧困地域への引っ越しが大卒学歴や高い収入を達成する因果的要因であることを示している。

60　3～5分類だと年齢層と性別で分割するときに数が少ない群が出てくるので2分類とした。ただ、分類数を増やしても結果の傾向は変わらない。なお、「わからない」と回答した個人や高校非進学者は分析には含まれない。よって学科による分類や地域格差の分析とは使用したサンプル数が多少異なる。

61　短大相当以上を大卒とする。なお、出身階層の代理指標として、父職、母学歴、15歳時点の本の冊数、ピアノ所有の有無を用いても似た傾向が見出される。結果の詳細は報告書論文

（松岡2018b）を参照。

62　高専は短大と同じく大卒に含む。女性は特に高年層で四年制大学以上の人数が少ない。ただ、四年制大学以上に限定しても本章で報告している結果の傾向は変わらない。

63　若年層の男性では「普通科・大卒（d）」と「職業科・大卒（b）」の階層指標に統計的な有意差はない。中年層と高年層では指標によって「普通科・大卒（d）」のほうが高い。

64　高年層の「職業科・非大卒（a）」と「職業科・大卒（b）」の間には父大卒割合の有意な差は確認できない。男女双方でbのほうが高いがこれらの差は偶然の可能性を否定できない。

65　若年層の女性のみaとbの差は偶然の可能性を否定できない（統計的に有意ではない）。

66　選ぶ人はわずかだが「わからない」という選択肢もある。

67　「塾・予備校」の利用、もしくは他2種類との併用が多いので、「塾・予備校」に限定しても結果の傾向は変わらない。

68　本人からみて祖父母や近い親戚などに大卒がいる場合、厳密には第一世代とは言い難い。本章での分析はあくまで父母学歴だけで行ったことに留意する必要がある。

69　表1‐12〜16は父大卒割合、表1‐17は父専門管理職割合を扱っているので、結果の傾向が異なる。たとえば、表1‐17では「親大卒・本人非大卒（c）」の父専門管理職割合が特に若年層と中年層において「親非大卒・本人大卒（b）」の割合より高い。

70　無論、これらの群間差だけで大卒と非大卒を分けるものがわかったわけではない。たとえば、同じ親大卒であっても、「親大卒・本人大卒（d）」群の親の卒業大学が上位校で、「親大卒・本人非大卒（c）」は短大を含むより低いランクの大学卒という可能性がある。

71　たとえば、小学生に親学歴を聞くと「わからない」が多くなる。また、回答者が大人であっても世帯収入については未回答が散見される。低SESのほうが調査そのものに応じない傾向が知られるので、特に回収率が低いとき、回収された個票データだけでウエイトなどを用いずに分布を出すと、実態と乖離した結果になる可能性がある。

72　2005年SSMの分析結果（近藤2011）によると、日本は資本の一元性が高く、資本総量と（種類）構成だと前者が日常的活動や意識と関連する。同様に、資本の（種類）構成よりも総量が高校1年生の学力の個人間分散を説明する（近藤2012）。よって、経済的側面として（年間）世帯収入をたとえば全体を3分割して上・中・下のように分類して結果を示すことはできるが、基本的に親学歴の3グループ分類の結果と変わらない。グループ数を増やしても相対的な格差を示すので、本書で紹介する格差について大まかな傾向は変わらない。

73　離婚・死別している場合でも学歴が判明している場合は分析に含む。学歴に対して無回答のケースは分析には含まれない。なお、社会調査の欠票研究（Matsuoka & Maeda 2015b、松岡・前田2015など）によれば、個人と近隣のSES特性によって調査に応じるか否かに差がある。一般的には低SESが未回答になる傾向があると報告されているので、親学歴分類に基づく格差は過小評価されているといえる。少なくとも格差を過大評価する方向ではない。学歴分類をより細かくしても相対的格差を示しているので傾向は変わらない。

## 第2章

74　階層と教育についての日本の研究は総説論文（平沢・古田・藤原２０１３）を参照。

75　たとえば、アメリカの大規模パネルデータを使った研究（Morgan, Farkas, Hillemeier & Maczuga 2016）は、幼稚園段階の一般知識（general knowledge）が小学校1年生時点のそれを強く予測し、3年生時の理科力格差となることを示している。

76　Hart & Risley(1995）のデータを再分析した研究（Rindermann & Baumeister 2015）は、親による教育の質が大切であることを示した上で、より大きな他のデータを利用し同じ傾向を確認している。他にも、SESによる単語格差はもっと小さいとする研究（Gilkerson et al. 2017）がある。また、低SESコミュニティ間でもだいぶ差があり３０００万語格差は再現できないとする研究（Sperry, Sperry & Miller 2018）もあるが、それに対する反論（Golinkoff, Hoff, Rowe, Tamis-LeMonda & Hirsh-Pasek 2019）もされている。

77　本分野の研究知見の詳細は総括論文（Pace, Luo, Hirsh-Pasek & Golinkoff 2017）を参照のこと。

78　近年の研究では、たとえば Betancourt, Brodsky & Hurt (2015) が、アフリカ系アメリカ人の女児を調査し、生後7か月時点のSESによる言語技能格差を報告している。

79　高SESの家庭の2歳児は会話で使用・理解する語彙力が高い（Morgan, Farkas, Hillemeier, Hammer & Maczuga 2015）。この語彙力は、他の多くの要因を調整しても、幼稚園入園時点の学力（読解力・算数力）・行動（自己統制と少ない問題行動）と関連している。

80　親の子に与える言語刺激のSES格差については、Rowe (2018) がこれまでの研究を総括している。

81　学力（Larson, Russ, Nelson, Olson & Halfon 2015; von Hippel, Workman & Downey 2018）だけではなく実行機能（抑制能力・ワーキングメモリー・認知的柔軟性）格差（Conway, Waldfogel & Wang 2018）も確認されている。後者は親の収入より学歴による差が大きい。SESによって異なる母親の言語的働きかけが3歳時点の子の語彙力を左右し、語彙力が4歳時点の実行機能を説明するモデルも提示されている（Daneri, Blair & Kuhn 2018）。総括論文（Merz, Wiltshire & Noble 2019）によれば、低SESだと脳の構造と機能の発達が遅れ、それが低い言語力・実行機能の要因とされる。

82　中流階層（middle class）の親は文化・社会・経済資本を駆使して、子供を入園させようと努める（Lareau, Adia Evans & Yee 2016）。

83　１９９８年と比べれば２０１０年における低所得層の幼児教育に改善は見られるが、依然大きなSES格差が存在する（Bassok, Finch, Lee, Reardon & Waldfogel 2016）。未就学児を対象とした教育プログラムへの参加格差はむしろ拡大している。

84　周辺領域として、子育て・しつけに対する教育学研究（広田2006)、親の育児戦略の社会学研究(天童2004)、子育て不安(松田・汐見・品田・末盛2010)などは研究されてきた。
85 高収入世帯の5歳児は語彙力が高い(内田2012・2017など)。
86 世帯収入との関連(菅原2012)。
87 母学歴との関連(池田・安藤・宮本2012)。
88 全国調査(ESSM2013)の分析結果(小川2018)によると、高SES家庭出身者は幼稚園通園経験を持つ傾向にある。同様に、他の研究も、高SES(赤林・敷島・山下2013)・高世帯収入(大石2003、Kachi, Kato & Kawachi 2019、堤2014)と通園の関連を明らかにしている。なお、保育所の質と幼児の発達の関連(藤澤・中室2017)、それに母親の学歴による行動格差が保育所の利用により縮小すること(Yamaguchi, Asai & Kambayashi 2018)が指摘されている。
89 モニターに対するインターネット調査に基づいたベネッセによる「学校外教育活動に関する調査2009」を分析した研究(片岡2010など)や質的研究(Yamamoto 2015)などがある。階層研究ではない調査(内田2017など)も高収入など高SES家庭の習い事利用傾向を指摘している。
90 4歳児について(杉原2011)。
91 日本語はどちらも意訳。
92 本節で使用しているデータは、子供が小学校1年生時点の第7回調査、それに第2回調査で父母学歴に回答したケースに限定した。この条件でも調査回によって調査票もしくは該当項目に未回答があるのでケース数は前後する。各調査回の回収票すべてを利用すれば含まれるケース数は増えるが、報告している結果の傾向は変わらない。
93 平成13年の1月と7月、それぞれ10日から17日に生まれた5万3575人が対象。
94 厚生労働省のホームページ(https://www.mhlw.go.jp/toukei/list/27-9.html)に詳細が掲載されている。また、第16回からは文部科学省との共同調査になっている。
95 本節の結果は、特定の子育てスタイルが認知・非認知能力に直接影響を与えていることを実証しているわけではない。近年の日本のデータで、親学歴という補助線を引くと子育てに一定のパターンが見られることを示すことが目的である。
96 前述のように親学歴と世帯収入のどちらでも同じ傾向となるので、前者のみ掲載する。日本社会の分断線は短大を含む大卒学歴の有無(吉川2009・2018)にある。教育格差についても、基本的に世帯収入(経済資本)よりも親学歴(文化資本)で分類したほうが格差指標として有用といえる。
97 次章以降で利用するような無作為抽出されたデータであれば、SESの最上部と最下部に位置する各10%を比較することは、1学年あたり120万人として各12万人を比較することを意味する。実数を考えれば、現実に存在する格差であるので殊更に大袈裟な提示ではないが、本書ではほとんどの項目について大まかな3層とする。
98 階層差の見られない項目もある。たとえば、「よく話しかける」や「よくだっこする」はほとんどの親が行っている。

99　2つの調査は対象とする集団間で5年ほど生まれた時期が異なり、親の年齢分布も変わるので大卒割合にも差がある。よって、2つの結果によって層別増減を論じるのは適切ではないが、格差の傾向が同じことはわかる。

100　1〜6回調査までの共通項目「ふだんの保育者：保育所・託児所の保育士（保母・保父）」の該当者を利用家庭と解釈した。

101　幼稚園は4〜6回調査の共通項目「ふだんの保育者　幼稚園の先生」を用いた。なお、数は少ないが保育所と幼稚園両方の利用者もいる。

102　地域の分類は調査時点ごとに行った。「大都市」とは東京23区と調査時点の政令指定都市を意味する。年度によって政令指定都市数が増えている（1〜3回調査は13、4・5回は14、6回は16）。よって、これらの結果は各年度の地域格差を示すものであって年度間の比較は適当ではない。なお、大都市の有効％は第1回調査では21・5％で、政令指定都市が3つ増えている第6回では23・1％である。この差の一部は、同一の対象者であっても政令指定都市数の増加によって「大都市」と「市」の定義が変わったことによるものと考えられる。また、毎年の調査に回答しなくなる脱落の地域間の偏りなどもあり得る。

103　各地域の％は6回調査（5・5歳時点）のもの。三大都市圏の郡は全体の2％だがサンプルが大きいので約800人いる（時点によって未回答であったりして数は前後する）。

104　都市規模が大きいと大卒者が多いので、親の学歴別選択傾向が交じっている。ここでは記述的に地域によって差があることを示していることに留意。

105　「その他」という選択肢もある。なお、3回調査のみ、そろばんと習字は選択肢にない。

106　3〜6回調査共通項目の「ふだんテレビをどのくらい見ているか」（ビデオ、DVDは含むが、ゲームは含まない）と「コンピュータゲームをする時間」（テレビゲーム、パソコンゲーム、携帯型ゲームなど）を用いた。6回目調査は「ふだんの日」と「日曜日」を別々に聞いている。よって、3〜5回調査の回答は×7、6回目調査の「ふだんの日」の時間を×6にして「日曜日」の回答を足して1週間あたりの時間にした上で、年間52週とした。無論、調査時点から次の調査までの間にメディア消費時間に変化はあるだろう。よって、これは親大卒者数による格差の大きさを把握するための参考値に過ぎない。なお、時間は各選択肢の中央値である（たとえば「1時間〜2時間未満」と回答してあれば1・5時間と解釈）。

107　本データではどこの大学を卒業したかはわからないので、あくまで推論。

## 第3章

108　19世紀にアメリカで公立学校を設立したホーレス・マン（Horace Mann）は教育を（個人の）条件の平等化装置（"the great equalizer of the conditions of men"）と呼んだ（苅谷2014）。

109　Lareauら（Lareau, Weininger, Conley & Velez 2011）の

量的研究、それに大規模な量的縦断研究（Bodovski 2010; Bodovski & Farkas 2008; Cheadle 2009; Cheadle & Amato 2011; Covay and Carbonaro 2010; Potter & Roksa 2013）がある。

110　子供の技術と才能を伸ばしたい欲求が階層によって異なるわけではなく、低階層の子供の（夏休み中の）課外活動の参加率の低さは経済的や制度的な資源の制限によるものとする質的研究（Chin & Phillips 2004）もある。

111　費用に焦点をおいた分析も行われてきた。小学生を含む分析では、世帯収入と塾・家庭教師への投資傾向（武内・中谷・松繁２００６）、それに世帯収入・親学歴と学校外学習費支出（片岡２０１５）の関連が示された。高収入であると補助学習費（学習塾・家庭教師など）とその他の学校外活動費（芸術やスポーツの習い事など）それぞれの支出が高い傾向にあることに加え、補助学習費のほうがその他の学校外活動費よりも収入と強い関連を持つこと（卯月２０１２）がわかっている。また、片岡（２０１０）によると、多くの種類（家庭学習・塾・芸術・スポーツ）の活動をする児童の家庭では、世帯収入・父母大卒割合・学校外教育費支出が高い。さらには、教育投資における教育意識の役割を検討した分析が行われてきた。小学校児童を対象に含むものでは、主な実証研究は１９８０年代以降（樋田１９８７、尾嶋１９９７など）に見られ、高学歴意識が学校外教育費（塾・家庭教師など）（都村・西丸・織田２０１１）や教育費（都村２００８a）と関係していること、それに、大学進学期待と習い事を含む学校外教育費の関連（都村２００９）が報告されている。なお、教育意識による教育費格差が近年拡大傾向にあること（都村２００８b）も指摘されている。親の教育費負担意識を検討した研究（古田２００７、末冨２００５）も行われている。

112　私立の小学校（小針２００９、望月２０１１）・中学校（中西２０１１）の受験（片岡２００９）・進学についてはそれぞれの文献を参照のこと。

113　平均値だと高額収入世帯に引っ張られて実感値より高くなるので全ケースの中央に位置する中央値とした。平均を用いると両親大卒層に極端な高額収入世帯があるので、親学歴別格差が大きくなる。

114　地域は15年間の間に（複数の）引っ越しがあり得るので親学歴による分類のみとした。なお、収入データがない５回（３・６・８・９・11回調査）は前年の年収（中央値）を利用する。年収は未回答率が高くなる傾向にあるので、ここで示しているのはあくまで大まかな概算として理解されたい。

115　子供が15歳時の調査回収数は2万8810であるが、①調査回によっては世帯収入に未回答、②15歳時の調査には回答したがそれ以前の調査で未回収というケースもあるので、調査回によって91～99％の収入回答率となっている。

116　親大卒者数0～2の順で、サンプルに占める各層の割合は42・30・28％。

117　たとえば子育て費用の中央値は小学1年時点であると親大卒者数0～2の順で26・30・31（万円）、小6だと、32・39・45（万円）。これらは15歳時調査の有効回収（2万8810）

に基づく。なお、子育て費用回答は有効回収のうち小学1年で94・6％、6年で94・0％。

118　「文化資本」の定義はその社会における支配層が何に価値を置くかによって変わるので、絶対的な基準ではない。たとえば、小説やクラシック音楽を嗜むことは現行の支配層の価値軸との親和性が高い（望ましく適切な趣味だと理解される）ので文化資本と解釈できる。これはマンガやハードロックが劣っているという意味ではない。入試や就職などの面接で問われるのは現在の価値基準との親和性で、その際に有利になる話し方や所作なども（身体化された）文化資本といえる。そのような話し方や振る舞いそのものに絶対的かつ本質的な価値があるかではない。

119　これは大学進学するような出身家庭で育ったときに時間をかけて身体化した選好（相続文化資本）、それに、実際に大学時代と大卒として就職した後に身につけた特性（獲得文化資本）が合わさった結果と考えられる。

120　TIMSS2015データの詳細は報告書（国立教育政策研究所２０１７）を参照のこと。小学4年生は１４８校が調査実施校で、うち3校のみ国立・私立であることはわかっているが、どの学校なのかを特定できない。中学2年生は１４７校でうち12校が国私立で、こちらも特定できない。

121　設問は「13　あなたの家には、およそどれぐらい本がありますか。（電子書籍や雑誌、新聞、子供向けの本は含みません。）」と「14　あなたの家には、およそどれぐらい子供向けの本がありますか。（子供向けの電子書籍や雑誌、教科書は含みません。）」（国立教育政策研究所２０１７、３５５頁）である。子供向けの本を含まない前者は大人向けと解釈し、5つの選択肢（0～10冊、11～25冊、26～１００冊、１０１～２００冊、２００冊より多い）の各中央値を用いて平均冊数を出した。子供向けの選択肢のうち3つは冊数が異なる（0～10冊、11～25冊、26～50冊、51～１００冊、１００冊より多い）。

122　世帯収入のデータと同じく子が15歳時の調査に回答している2万８８１０ケースを用いた。子が小学4年時点の回答者とすると含まれる数は増えるが結果の傾向は変わらない。

123　ハイブリッドモデル（Allison 2009、三輪・山本２０１２、中澤２０１２）の結果（松岡・中室・乾２０１４）。

124　X市の匿名性を保つために、児童・生徒数、それに小中学校数は記載しない。

125　X市の小4の親大卒者数0～2の順で、各層を占める割合は31・33・36％。

126　小学校1年生を対象とした研究（前馬２０１１）によると、親の階層（職業・家族構造）によって言語使用が異なり、ホワイトカラー層のほうが望ましい使用をしている。また、小学3年・6年・中学3年と同一個人の学力を追跡した研究（中西２０１７）によれば、小学3年生の時点で、親大卒者数で学力順位に差がある。そして小学6年・中学3年と年齢が上がるにつれて両親大卒の子の相対的学力が大きく上がる。すなわち、小学3年の時点で親学歴によって学力順位格差があり、両親大卒層の順位が大きく上がり、両親非大卒層と親のうち1人が大卒である層を引き離している。

127　詳しい質問項目については国立教育政策研究所（2017）を参照。高学力層の定義は個票データに含まれている"Early Literacy Tasks/IDX"と"Early Numeracy Tasks/IDX"の"Very well"である。この層に占める親大卒者数別の割合を出した。
128　親大卒者数0〜2の順で各層を占める割合は30・30・40％。
129　TIMSSの質問票では短大と専門学校が同じ選択肢に含まれていて区別することができない（中学2年生の生徒本人による回答も同様）。よって、親の年齢層が若いこともあり、他データよりも両親大卒層の割合が40％と高い。小学校4年生の調査対象児童数は4383人（国立教育政策研究所2017）で、両親学歴情報の欠測が131人分あるので、本書の分析では4252ケースを使用している。また、生徒水準の分析ではウエイト（Student Weight Adjustment）を適用した。
130　"Plausible Value Mathematics" 1〜5の平均。これらは国際比較のためにOECD平均500・標準偏差100になっている。
131　標準偏差はデータのばらつきを示す。正規分布で平均が50で標準偏差が10であるとき、50〜60の間には約34・1％、60〜70には約13・6％が含まれる。
132　入学時点の分析と同じ分類（注128）なので、親大卒者数0〜2の順で各層を占める割合は30・30・40％。
133　TIMSSは小学4年生の3月に実施されているので、入学から試験まではほぼ丸4年。
134　小4の学力を説明変数、同じ児童の中1の学力を被説明変数とするとき、国語と算数それぞれの決定係数が約0・5であることをもって「だいたい半分を説明する」とした。交絡要因が考えられるので、この数値そのままの程度で、以前の学力が現在の学力に対して因果的に影響していることを意味しているわけではない（中室・松岡・伊藤2019）。なお、学年間のテスト結果の強い相関は他データでも確認されている（中西2017など）。学力格差については他にも多くの書籍がある（苅谷・志水編2004、耳塚2013、赤林・直井・敷島2016など）。
135　家庭の蔵書数は児童による報告で5群あるが、図3－2では見やすくするために最も少ない「ほとんどない（0〜10冊）」を「少」、真ん中の選択肢である「本棚1つ分（26〜100冊）を「中」、最も多い「本棚3つ分（201〜300冊）」を「多」として図に示した。他2群を入れても蔵書数が多いほど学力が高い傾向に変わりはない。
136　小4から小6にかけて本の冊数が最も多い層と少ない層で学力格差が標準偏差0・3分縮小する。この0・3は教育介入としては小さくない。
137　ノーベル経済学賞を受けたヘックマン（2015など）が非認知能力の重要性を明らかにし、日本でも経済学者などによって論じられることが多くなってきた。教育社会学分野でも言葉は異なるが、認知能力（学力）に含まれない特性の教育における重要性は度々指摘され実証研究の蓄積もある。たとえば、縦断データを用いた比較的近年の研究（Gaddis 2013）は、Bourdieu（1986）が概念化したハビトゥス（*habitus*）の代理変数として「学校で成功する自信」をモデルに投入すると文化資本の成績への効果がなくなることを報告している。これは、多くの文化資本が「学校で成功する自信」という現行の学歴獲得競争との親和性を示す非認知的特性を形成し、その特性が成績を上げていることを意味する。このような目に見えない児童・生徒に内在化し次の行動を引き起こすハビトゥスの代理指標として教育期待を用いている研究（Bodovski 2013）もある。（低ＳＥＳ家庭出身の生徒が）大学進学を将来の選択肢の中に入れない自己選別・排除（宮島２０１７）はＳＥＳを基盤とするハビトゥスによるものといえる。

138　短大を含めても進学期待者の割合が高まるだけで格差の傾向は変わらない。

139　親大卒者数０〜２の順で各層を占める割合はTIMSS2015で30・30・40％、Ｘ市の小４は31・33・36％、小６は33・32・35％。

140　親大卒者数０〜２の順で各層を占める割合は42・30・28％。

141　質問「10ａ　この12か月の間で、あなたのお子さんは、次の教科について学校外で提供される学習指導や個別指導を受けたことがありますか」（国立教育政策研究所２０１７、３５５頁）に対して下記の３つの選択肢「はい、学級で優秀な成績を収めるために受けた」、「はい、勉強についていくために受けた」、「いいえ」が算数と理科について提示されている。期間は、過去12か月のうち「８か月を超える期間」を選んだ親の割合である。

142　親大卒者数０〜２の順で各層を占める割合は30・30・40％。

143　親大卒者数０〜２の順で各層を占める割合は42・30・28％。

144　親大卒者数０〜２の順で各層を占める割合は42・30・28％。

145　親大卒者数０〜２の順で各層を占める割合は42・30・28％。

146　個人水準では成績と関係がないとする研究（Domina 2005; Pong 1998）もある。

147　親の学校関与を含んだ国内の実証研究で、もっとも包括的に社会関係資本を検討しているのは志水（２０１４）と志水ほか（２０１２・２０１４ａ・２０１４ｂ）。

148　親大卒者数０〜２の順で各層を占める割合は小４で31・33・36％、小６で33・32・35％。

149　文部科学省（２０１６）によると学校数で全体の１・５％、児童数で１・８％。TIMSS2015に合わせて２０１５年度のデータを参照した。

150　１９６０年代以降多くの研究（Jackson 1968; Snyder 1971など）がある。

151　小数点以下を省略しているので全体に占める％をすべて足しても１００％にならない（１０１となる）。

152　Ｘ市調査における親票の回収率は約８割であるので、親大卒割合も完全なデータではない。調査に対する非回収や世帯収入項目の未記入などは、基本的に低ＳＥＳ層のほうに生じる傾向にあるので、全体の格差を過小評価している可能性がある。未回収についてウエイトを作成して調整する手法があり、独自に作成した調整ウエイトをかけると学校水準のＳＥＳと学力の関連は強まる（土屋２０１７）。ウエイトの値を出す際に含む項目の選択によって結果が変わり得るので、本書では格差（Ｓ

ESと学力の相関）が弱めに出ると考えられるが、回収されたデータをそのまま利用している。

153　学校ウエイトを使用。

154　要保護者と準要保護者があり、市町村によって認定の所得基準が異なる。

155　2種類の就学援助の合算。

156　2015〜2017年の各年度の就学援助受給者数と在籍者数を基に、就学援助受給率の平均を出した。小学校は調査対象の3〜6年で、各学年の受給人数は校長による報告数。該当期間にデータのある711校が含まれる。なお、極端な数値を出さないために4学年×3年度を平均化しているが、特定の年度・学年であれば就学援助受給率が100%の学年（の学校）も存在する。

157　両親大卒割合は「読み書き」高学力割合の分散の14%を説明する。なお、親学歴以外の要素を含めたSESを用いると相関係数は高くなる。

158　両親大卒割合は小4算数の学校平均学力の分散の33%を説明する。

159　埼玉県のデータで小4〜中1まで本の冊数別の学力格差が維持されていたことを考慮すれば、同じ物差しを使うと、学校間の学力格差も維持されているかもしれない。

160　詳細は土屋（2017）を参照のこと。都市部のほうが住民大卒割合と学校の平均学力の関連は強いとされる。

161　学校両親大卒割合が低（26%以下）から高（46%以上）まで、33・35・32%。

162　TIMSSの各層に占める学校数は低（両親大卒割合26%以下）から高（46%以上）まで、33・35・32%。同様にX市の小4が31・36・33%、小6は34・32・34%（いずれも低〜高の順）。

163　両親大卒層に限定しても、大都市部に有名大卒の親が集まっている可能性もあるので、これらの都市規模の差がそのまま地域格差だけを意味するとはいえない。

164　TIMSSの設問は「学校外で提供される学習指導や個別指導」（国立教育政策研究所2017、355頁）となっているので家庭教師なども含む。

165　これは両親大卒割合が小4算数の学校通塾率の分散の35%を説明することを意味する。

166　21世紀出生児縦断調査で作成しても同じような傾向となる。

167　親調査回答者のうちの10%。未回答者の受験予定割合は低いと推測されるので、全数の中の受験予定者割合はもう少し低いと考えられる。

168　個人水準では21世紀出生児縦断調査を用いたが、メディア消費時間は学習塾のように物理的アクセスが難しいわけではないので都市圏・都市規模による地域格差は想定できない。そこで想像しやすいX市データによる学校間格差を扱う。

169　児童が回答している時間数を示す各選択肢の中央値を用い、3変数を合算した。

### 第4章

170　本項はMatsuoka(2019a)に基づく。

171　学校適応指標（表4‐1）は、「教師との関係はうまくいっている」「ためになると思える授業がたくさんある」「楽しいと思える授業がたくさんある」「学校の勉強は将来役立つと思う」、それに「授業の内容をよく理解できている」に対する生徒の4点尺度回答を0（まったくそう思わない）から3（とてもそう思う）にした上で合算した値である。

172　通塾経験と学校適応の関連を除く。また、様々な変数を統制した結果であるが一時点の分析による関連であり、因果関係を確定するものではない。

173　ＴＩＭＳＳでは学力格差が拡大・維持・縮小しているかについて厳密に検討することはできない。２０１５年の小学4年調査には親調査があるが、中学2年調査は生徒本人による回答でしかSESを把握することができない。学校単位では校長が回答する学校票があり、SESを間接的に示す指標であれば入手可能ではある。しかし、校長1人の回答よりは親や生徒の回答の学校平均のほうが実態をより反映していると考えられる。本書にとって最重要な項目である両親学歴について「知らない」と回答した生徒が23%いるので、親が回答した学歴による小4の学力格差と同じ分析をすることはできない。「知らない」は、親との教育・学歴についての会話不足・親が大卒でない可能性が高いと解釈し、「非大卒」とする。

174　親大卒者数0～2の順で各層を占める割合は50・24・26%。

175　親大卒者数0～2の順で各層を占める割合は36・34・30%。

176　男女で効果が異なる（中澤２０１３）。

177　1～6回調査までは誕生月の約7か月後に実施。7月生まれと1月生まれで実際に属するコーホートは1歳異なるが学年は同じである。

178　両親大卒層の19%が私立、3%が国立に通っていて、通塾率は比較的低い。公立中学校通学者に限定しないと両親大卒層の通塾率が低く出て、親学歴層間の格差を過小評価し過ぎることになる。なお、国私立中学通学者を含んでも両親大卒層の通塾率は両親非大卒層よりは高い。

179　紙面の都合もあり通信教育など他の教育産業サービスについては扱わないが、塾以外すべてを含んでも傾向は変わらない。

180　公立中学校通学者のみの親大卒者数0～2の順で各層を占める割合は45・30・25%。

181　公立以外の学校に通学している生徒は両親大卒の割合が高く、平均的な学習時間は中学1年の時点で比較的長いが、中学3年で受験圧力に曝される公立中の生徒のように一気に長時間学習に跳ね上がりはしない。

182　通塾の有無を調整しても、親大卒者数によって学習努力量には格差がある。すなわち、両親大卒層のほうが学校外における学習時間が長い。

183　両親大卒層のほうが入学難易度の高い私立中学校に進学しているのであれば、部分的に私立の中学校間格差の反映かもしれない。

184　親学歴による格差は、成績の自己評価や通塾の有無を含め様々な変数で調整しても確認できる。

185　小学校の個人水準では21世紀出生児縦断調査を用いたが、中学生では同様の質問項目がない。

186 生徒が回答している時間数を示す各選択肢の中央値を用い、3変数を合算した。

187 TIMSS2007の日米データを分析した(Matsuoka 2013c)。

188 選択肢は4つで「週に1回か2回」「毎日あるいはほとんど毎日」の合算。残りの2つは「月に1回か2回」「1回もないあるいはほとんどない」。

189 各層の生徒割合は親大卒者数0〜2の順で49・26・25%だ。

190 生徒の回答に基づく分析結果。

191 文部科学統計要覧(平成30年版)(文部科学省2018b)掲載の2017年度(平成29年度)の実数から計算。年度によって少しずつ増えている。また学校数単位だと多少異なる。

192 このデータでは近所の公立校なのか、それとも公立中高一貫校なのかを区別することはできない。中学受験をするのは高SESの割合が高いと考えられるため、親大卒者数別の地元の公立中学校通学割合は主に両親大卒層において下がるだろう。

193 個人水準の「学力」節の注釈(173)で言及したように、TIMSS2015の中学2年生は生徒回答しかない。小学4年生は親調査があったので親学歴は実態を(だいたい)そのまま表していると考えられるが、中学2年生については実際の親大卒割合より低くなっているはずだ。生徒回答の平均なので「両親大卒%」は「親の学歴を認識していて両親共に大卒と報告する生徒が各学校に占める割合」である。

194 両親大卒割合は家庭の蔵書の学校平均冊数の分散の43%を説明。

195 両親大卒割合は家庭の蔵書の学校平均冊数の分散の32%を説明する(相関係数0・56)。これは2015年調査より弱い関連だがその理由はわからないし、今後も上昇するかは不明だ。

196 ウエイトをつけた上での有効回答率。

197 2015〜17年の各年度の就学援助受給者数と在籍者数を基に、就学援助受給率の平均を出した。中学校は調査対象の1〜3年で、各学年の受給人数は校長による報告数。ここではデータを取得できた360校が含まれる。3学年×3年度を平均化しているが、小学校同様、特定の年度・学年であれば就学援助受給率が100%の学年(の学校)も存在する。

198 2011年調査だと相関係数は0・58と、両親大卒割合が学校間学力分散を説明する力は落ちる(34%)。

199 これは両親大卒割合が学校間学力分散を説明する割合が34%から15%に低下することを意味する。

200 TIMSSとは「学力」の定義と計測方法が異なることにも留意したい。全国学力調査の国語と数学の正解数を偏差値換算したものがX市の「学力」である。

201 学校両親大卒割合が低(16%以下)から高(27%以上)まで、32・38・31%(各層で四捨五入しているので合算して100%にならない)。

202 TIMSS2011の中2については、生徒と学校の個票データに欠損(親学歴・学校情報など)があり、138校中のうち3校は分析に含めていない。

203 TIMSS2015では私立校を特定できない(私立校と思われる学校はおそらく中高一貫であるので通塾率は低い)。TIMSS

2011は通塾に関する質問項目がない。

204　通塾は9月調査、学習時間は4月調査の回答に基づくので、同時期に観察されたものではない。通塾率は4月の時点ではもう少し全体的に低いと考えられるが、両親大卒割合による学校間格差という傾向はこの表の結果とあまり変わらないだろう。

205　学校両親大卒割合が低（17%以下）から高（34%以上）まで、28・36・36%。

206　具体的に想像しやすい学校を単位とするためX市データを用いた。全国調査データによる近隣間努力格差はMatsuoka（2017）を参照のこと。

207　このデータだけではよくわからないが、親の「自発性」よりPTA活動を（半）強制としている学校があるからかもしれない。

## 第5章

208　アメリカでは大学進学準備コースと職業教育のような大きなトラッキングは撤廃されたが、生徒たちが異なる授業を履修することから、授業履修パターン（course-taking patterns）としてトラッキング効果は残っていると指摘されている（Hallinan 1994; Oakes 2005）。高い社会経済的地位の家庭出身者は、大学進学を前提とした科目を多く履修する傾向があり（Heck, Price & Thomas 2004）、低いトラックに属する生徒たちは大学進学に求められる科目を学ぶ機会が限られ、大学進学希望者の集まるトラックに移動することは現実的に難しい（Oakes 1985, 2005）。

209　正確には学科単位で抽出。詳しくは国立教育政策研究所（２０１６）を参照。

210　ＰＩＳＡではＥＳＣＳ（"Index of economic, social and cultural status"）と呼称している。

211　ＰＩＳＡと高校受験では計測している「学力」の概念が異なるので、各都道府県における入学難易度を示す学力偏差値とまったく同じ意味のランクになっているわけではない点には留意すべきだ。なお、すべての教科の土台である読解力を利用したが、数学と科学で学校ランクを作成してもそれぞれの結果は同じ傾向を示す。

212　学校ウエイト使用。以下も同様。生徒水準の際は生徒ウエイトを適用した。

213　学校ランクが両親大卒割合の分散の47%を説明している。

214　生徒回答。親の学歴を知らないケースは非大卒、専門学校卒は短大卒と区別できないので大卒に分類される。親大卒者数0〜2の順で全体を占める割合は38・27・35%。

215　全体像を概観するために出した読解力・数学・科学の平均値であり、実際は各科目（分野）で前後するのであくまで参考値。

216　教科によっても前後するので概算値。これらはTIMSS 2015の中2の結果とあまり変わらないが、親大卒者数の層別に占める生徒割合、対象学年、科目（分野）、テストが計測している「能力」の定義などが異なるので比較は適当ではない。

217　両親大卒割合と同じように学校ウエイトを適用した状態で学校数が3分の1ずつ（各層約33%）になるよう分類しても、

結果の傾向に変わりはない。

218　学校ウエイトを適用した低〜高までの各層を占める学校数の割合は、32・35・33％である。

219　アメリカの研究（Palardy 2013など）でも、生徒と学校の様々な要因を統制しても、学校SESが高いと四年制大学に進学する傾向が示されている。これは学校SESによって異なる生徒の規範・期待などによるものと論じられている。

220　アメリカでは大半の中学生は卒業後、近所の高校に通っている。居住地域によってSESが大きく異なるので学校間SES格差があり、学校内部では（実質的に）トラッキングを行っている。

221　たとえば、実話を基にした2007年公開の映画「フリーダム・ライターズ」（Freedom Writers）で描かれている。

222　日本で生まれた外国人や幼児期に来日した1・5世の数——日本語（ほぼ）ネイティブの生徒たちが増加することで変わっていくかもしれない。1世が低学力である傾向はIshida, Nakamuro & Takenaka(2016) がPISAデータを用いて実証的に示している。

223　中高で同じ生徒を追跡しているわけではなく、各親大卒者層に占める生徒割合も異なるので比較して拡大・維持・縮小を論じるのは不適当。

224　高ランク校の生徒のほうが大学進学に対して期待を抱く傾向にある（荒牧2002、片瀬2005、多喜2011a、2011bなど）。

225　Stevenson & Baker(1992)、近年ではMatsuoka(2015b)が実証している。

226　「学校で学ぶすべての教科について」学習時間を回答する設問（問33）がある。そのうち「塾・予備校などで勉強する」（国立教育政策研究所2013c、382頁）に対する時間数を回答している生徒を塾・予備校の利用者とした。

227　2015年調査では通塾は項目にないので、同じPISAの2012年調査の回答を利用した。なお、2012年調査でも実施が3年異なるだけで高校1年生の代表性のあるデータなので、学校ランクと学校SESの関連はほぼ変わらない（相関係数0・80、決定係数0・63）。

228　度数分布は左に偏り正規分布ではない。

229　PISA2006では調査票の文言が異なるので、学校教師以外が教える通常授業外授業という定義で分析した（Matsuoka 2015b）。学校教師が教える学校内補習は含まれない。

230　学校で学習している教科（国語・数学・理科・その他の教科）について普段の授業以外にどの程度勉強しているかを聞いている。5つの選択肢に対する回答を用い、「まったくしない」を0、「週に2時間未満」を1、「週に2時間以上4時間未満」を3、「週に4時間以上6時間未満」を5、「週に6時間以上」を6とした。3教科と「その他の教科」4項目の結果を合算したのが本項の週あたりの学習時間で、4項目すべてで0（まったくしない）と回答した生徒を学習時間ゼロ生徒とした。

231　PISA2015の生徒回答による学校授業外の週あたりの学習時間（Out-of-School Study Time per week〔Sum〕）は未回答の割合が25％と非常に高い。設問の最後の表記「勉強していない場合は0（ゼロ）を選んでください」を無視し次の設問に飛んだと考えられる（未回答はランダムではなく、両親非大卒層で割合が高い）。よって、PISA2012を使用した。２０１２年調査では生徒質問用紙が3種類あり、各学校で3分の1ずつ生徒に割り振られている。そのうち2種類（ＡとＣ）のみに学習時間項目があるので、その回答を利用する。すなわち個人水準の結果はＡとＣを使用、それらを各学校で平均化した数値を学校水準として用いた。なお、学校の通常授業外なので塾・予備校の授業時間も含む。

232　親大卒者数0～2の順で全体を占める割合は38・28・35％（各層で四捨五入しているので合算しても１００％にならない）。

233　学習時間ゼロの児童・生徒をNo study kidsと定義し分析した研究（苅谷２００４）を参考にしている。

234　PISA2006をマルチレベルモデルで分析した結果（Matsuoka 2013d）。

235　「一番最近の登校日について、あなたは下校後に次のことをしましたか」（国立教育政策研究所２０１６、２８６頁）と聞いているので、「はい」と「いいえ」の回答は該当日の放課後に限定される。1週間の期間について回答を求めれば各項目の「はい」の割合が高くなる可能性はあるが、学校ＳＥＳとの関連は大きく変わらないと考えられる。

236　質問が最近の登校日1日についてなので、アルバイトを恒常的にしているのにシフトが入っていない日である可能性がある。よって、実際はもう少し高い割合の学校が該当すると考えられる。

237　生徒割合に基づく4層（0％・1～10％未満・10～25％未満・25％以上）の学校ランクの平均値は57・50・44・41。

238　生徒割合に基づく4層（0％・1～10％未満・10～25％未満・25％以上）の学校ＳＥＳ（偏差値換算）の平均値は57・51・44・37。

239　これら5指標がどのように作られているかは注釈したが、詳細は下記文献を参照のこと（国立教育政策研究所２０１６、OECD 2017c）。

240　PISA2015の生徒調査の個票データに含まれる合成変数（DISCLISCI）の学校平均を用いた。5項目（「生徒は、先生の言うことを聞いていない」「授業中は騒がしくて、荒れている」など）に対する4件法（「いつもそうだ」～「まったく、又は、ほとんどない」）の生徒回答による変数で、理科の授業の雰囲気を示す。

241　合成変数（JOYSCIE）の学校平均を用いた。5項目（「科学の話題について学んでいる時は、たいてい楽しい」など）に対する4件法（「まったくそうだと思う」～「まったくそうは思わない」）の生徒回答による変数で、科学を学ぶことに対する姿勢を表す。

242　合成変数（COOPERATE）の学校平均を用いた。4項目（「人の話を聞く」「異なる意見について考えるのは楽しい」など）に対する4件法（「まったくその通りだ」～「まったくその通りでない」）の生徒回答による変数で、協同作業への態度を表す。

243　合成変数（MOTIVAT）の学校平均を用いた。5項目

(「卒業するとき、最も良い進路の中から選べるようになりたい」「何でも一番になりたい」など)に対する4件法(「まったくその通りだ」〜「まったくその通りでない」)の生徒回答による変数で、成功へのこだわりの強さを示す。

244 合成変数(BELONG)の学校平均を用いた。6項目(「学校の一員だと感じている」「学校は気おくれがして居心地が悪い」など)に対する4件法(「まったくその通りだ」〜「まったくその通りでない」)の生徒回答による変数で、(肯定的だと数値が高くなるようにコーディングしてあるので)学校への帰属意識を示す。ＰＩＳＡの２００３年データの同様の変数を用いた研究に古田(２０１２)がある。

245 データはPISA2003。

246 PISA2012で確認できる。

247 学校ウエイト利用。１９１校中2校欠測(うち1校はＳＥＳの欠測で他のPISA2012利用項目も同様)。

248 「本校の教師は意欲的だ」・「教師は熱意をもって仕事をしている」についてはＳＥＳとランクでは大きな差は見られない。

249 中退率一桁台が46%、10%以上は6%。

250 前年度についてのみ聞いているので2年前や3年前に中退者が出ている可能性があり、48%の中退者なしの学校の中でも規範の程度には差があると考えられる。

251 松岡(２０１４)とMatsuoka(2015a)の表を基に作成(再掲)。

252 各ランク層に含まれるのは「上位25%」のみ１１１校で、他3層は１１２校。

253 この研究ではデータの制限が大きく、家庭背景をＳＥＳの代理指標としている。

254 進路多様校では四年制大学を希望するようになる「四大シフト」現象が報告されている(中村２０１１)。進学期待の加熱・冷却の議論は竹内(１９９５・２０１６)に詳しい。

## 第6章

255 時代・地域・世代・性別・人種などを相当に限定すれば世代間再生産が確認できないことはあり得る。それでも、十分にデータがないだけで多面的に「生まれ」を計測すれば何もないことは相当に稀だと思われる。

256 33か国の平均(OECD 2018c, p. 85)。なお、本書で引用しているＯＥＣＤ報告書の各図表にはStatLinkが付いていて、リンク先のファイルをダウンロードすれば細かい数値を確認することができる。本書で言及している数値はこれらのファイルによるもの。

257 日本の低位層は親の学歴がどちらも中卒を意味する。親のうちどちらか学歴が高いほう1人が高卒だと中位層、(短大など含む)高等教育だと上位層扱い。

258 本節では報告書(OECD 2018c, p. 85)を直接引用しているので小数点以下を切り上げないで表示している。

259 フィンランドと日本の教育の両方を論じている日本語の書籍に苅谷・増田(２００６)とクレハン(２０１７)がある。

260 該当する表(OECD 2014, p. 93)の平均を掲載しているが、25〜64歳の33か国とは異なり国数は18なので比較は適切ではない。

261 たとえば、中卒が30％と5％では国内における学歴の相対的意味合いは同じではない。同様に、大卒率が20％と50％では「大卒」に期待されるものは大きく異なる。

262 2016年のフルタイムとパートタイムを含むデータ。詳しくはTable A4.1.（OECD 2018a, p. 98）を参照。

263 報告書（OECD 2018a）では高卒を100、大卒（短大・四年制大学・大学院）を151のように3桁の数値で示している。ここでは分かりやすいように高卒との比較の倍率に直した。

264 小学4年生と中学2年生を調査しているTIMSSの結果を示しても似た傾向であるのでPISAのみを使用する。TIMSSとPISAは異なる定義の「学力」を計測しているが、どちらも高い。

265 1分野でもレベル5と6以上の生徒の割合（OECD 2016, p. 44）。

266 3分野すべてでレベル2以下の生徒の割合（OECD 2016, p. 44）。

267 レベル4の割合（OECD 2017b, p. 75）。

268 レベル5と6の合算（OECD 2014b, p. 61）。

269 特許数に基づいた「グローバル・イノベーター・アワード」企業数ランキング（https://clarivate.jp/top100）では日米が毎年1位を争っている（アメリカの人口は日本の約2・6倍）。これらの日本企業で現在活躍している「イノベーター」たちは「詰め込み教育」を受けた、筆記試験による受験が最も苛烈だった40代以上が大半と考えられる。この手のランキング指標を論拠に、〝伝統的教育の手法や受験競争によって創造性が必ずしも伸びないわけではない〟と主張するつもりは全くないが、「日本人に創造性はない、他国の真似事をしているだけだ」「詰め込み教育は創造性を伸ばさない」「特定の教育手法は子供の創造性を伸ばす」あたりの議論に出会ったときに、思い出しても良い内容かもしれない。

270 本書では、「実践」は学校現場の教育実践、「政策」は比較的単発かつ後に大きく変更されたもの、「制度」は政策によってデザインされ、月日が経過してある程度固定化されたものを意味している。

271 海外の研究者には日本の学校の問題解決力をつける授業が高く評価されているが、学習塾が発展しているので学校だけが「学力」をつけているわけではない（恒吉2008）。

272 PISA2015の結果（OECD 2018c, p. 102）。科学を用いているが他科目（分野）や他年度で同様の算出をしても同じ傾向。

273 Boudon(1974)の議論で、荒牧（2016）が詳しく解説している。

274 PISA2003を用いた分析結果（Parker, Jerrim, Schoon & Marsh 2016）。第一次効果と第二次効果の割合は、トラッキングの有無によって変わる――学校間トラッキング（streamと呼ぶこともある）がある国・地域ではSESと大学進学期待の結びつきが強いことが示されている。

275 Index of social inclusion（SES生徒間分散／（SES生徒間分散＋SES学校間分散））という数値が高いほど学校間

のSES格差が小さいと解釈できる指標について、日本は78、OECD平均は77、アメリカは73、フィンランドは88である（OECD 2016, p. 410）。

276　生徒SESの標準偏差1に相当する偏差値。日本の学力偏差値（平均50・標準偏差10）感覚で理解するためには0・1倍すればいい。

277　学校SESの標準偏差1に相当する偏差値。日本の学力偏差値（平均50・標準偏差10）感覚で理解するためには0・1倍すればいい。日本の数値は、学校SESが1標準偏差で学力偏差値（平均50・標準偏差10）が12・4違うことを意味する。

278　PISA2006 調査の結果（Matsuoka 2013a）。

279　これらは校長の回答に該当する生徒割合を示す。

## 第7章

280　東京大学社会科学研究所が実施。対象者は２００７年時点で20〜40歳（若年・壮年パネル調査）（石田２０１７）。

281　石田（２０１７）の概念図を基に親大卒者数による3層と合わせるため3つの線で示した。

282　ここでの社会的背景はSESの理念的定義に近く、父母学歴、父職、父職業階層、15歳時点の本の数・くらしむき・資産など多くの側面が含まれている。

283　教育年数、最終学歴（大学・大学院卒）、大学ランクなどが含まれている（石田２０１７）。

284　もちろん、低SES家庭出身者でも大卒（短大・四年制・大学院）となる個人はいるが、高等教育から得られる初職に対する便益は高SESのそれと変わらない。石田（２０１７）は初職が専門管理職である確率を推計している。傾向スコアマッチングの結果によると、男性については、高等教育卒だと初職が専門管理となる確率が上がるが、その上昇幅は出身家庭のSESによって変わらない。SESは高等教育卒とは独立して初職専門管理職と関連しているので、初期のSESによる差は残る（石田２０１７）ことになる。

285　対象とする層が置かれている社会状況や評価の指標（威信のある職業、収入、主観的健康・幸福感など）によって結果は変わり得る。たとえば、アメリカでは、エリート大学卒による収入への効果が低SES出身層で大きい。中澤（２０１８）がアメリカの研究と比べて詳しく論じている。

286　同じような語りの教育問題（広田・伊藤２０１０）・改革（広田２０１１）論議が繰り返されてきた。

287　公平と効率は往々にして相反する（Kariya 2011、小塩２０１２）。

288　これまでの現実の実践・政策・制度を鑑みて、2つの軸に分けて考えると一定の整理ができるということであって、個別的条件や定義によって、「平等」と「自由」を両立させることはあり得る。たとえばCondron(2011) は、PISAデータを用いて、平等主義的な国は、平均点が高く、高能力の生徒割合が高く、さらには、低能力の生徒割合が低いことから、平等主義と優秀さ・卓越はトレードオフの関係にあるわけではないと主張している。

289　同時に達成不能な原理として「効率」「平等」「自己実現」

を挙げる論者もいる（岡田２０１３）。
290　早期に「能力」や「個性」に応じた教育、すなわち、制度として単線ではなく複線にすることとの問題点を指摘する論者は多い（藤田２００５、広田２０１５など）。
291　アメリカの小学1年生の読解力グループ分け研究では、「学力」や児童ＳＥＳを統制しても一人親家庭だと低グループに振り分けられている（Condron 2007）。児童本人が変えることのできない与えられた条件という意味で、家族構成も「生まれ」といえる。
292　日本でも学校内でトラッキングしている学校もある。成績（習熟度）別のクラス編成だけでなく、同じ高校の中に国際科とそれ以外（普通科）のように入学難易度を示す偏差値が異なる場合がある。
293　習熟度別学習とトラッキングは、理念通りに実施できるのであれば、個々の能力に最適化することで生徒が効率的に学習し、結果として公平（ＳＥＳと結果の相関ゼロ）な状態に近づくことはあり得る。しかし、実際に行われている状況では、低ランク高校の生徒に対して教師の期待が低いように（第5章）、差異化の方向に働いている。少なくとも、負の影響の可能性を理解した力量のある教師が低グループ・トラックを担当する必要があるだろう。
294　習熟度別学習とトラッキングは、理念的には各個人の能力に合わせることで全員が効率的に学習することを謳っている。しかし、現実的には、「生まれ」を背景にして長年の経験の積み重ねの上で低い学習意欲を持つようになった児童・生徒を継続的に学習するように促すことは容易ではない。一方、高ＳＥＳ家庭出身の児童・生徒はすでに強い学習意欲を持ち、長時間学習することを厭わない。そして、教師の期待も生徒集団に引っ張られてしまう（第5・6章）。相当条件が揃わない限り、結果の格差は広がると考えてもそう的外れではないだろう。
295　２０００年代に行われていたスーパー・イングリッシュ・ハイスクール（ＳＥＬＨｉ）に指定された高校の偏差値は平均・中央値ともに59だ。ＳＳＨ指定校ほどの進学校とはいえなくても少なくとも平均よりはずっと高ランクの中堅校といえる。なお、２０１４年度からスーパー・プロフェッショナル・ハイスクール（ＳＰＨ）が指定されている。職業科向けなので、ＳＳＨとＳＥＬＨｉについての議論は当てはまらない。事実、指定された48校の平均偏差値は46と、40〜50に分布している。平均より低いランクの高校に対する追加予算措置であるため、政策的に意図しているのかはわからないが「平等・公平性」に資するプログラムといえる。一方、２０１４〜１６年度の3年間のみ指定されたスーパー・グローバル・ハイスクール（ＳＧＨ）は、ＳＳＨとＳＥＬＨｉと同様の議論が適用できる。１２３校が5年間の指定を受けたが、その偏差値は平均65・中央値67とＳＳＨと同じくすでに平均的に恵まれた生徒集団である進学校に対する追加的予算措置である。
296　２０１８年の偏差値を用いているので、２０００年代初頭とは異なる可能性がある。しかし、２０１８年から過去５年の採択校だけに限定しても傾向は変わらない。高校の中で学科が分かれて偏差値が異なる場合は中央値と最高値で１〜３前後変わる（発展学習をするプログラムなので本文で触れた偏差値は校内の最高値を用いている）。なお、全国で模擬試験を実施している大手予備校などの大学入試用の偏差値と比べると、高校についてはどの社が提供する偏差値であってもあまり信頼できない。本文で言及したのとは異なる偏差値表を用いると、たとえば、東京の採択校では0～3低くなる。ただ、それでも偏差値60以上であることに変わりはなく、高ＳＥＳであると考えられるので、議論そのものは妥当といえる。実際のところ、本項で示した偏差値の傾向は、設立時期という側面で見ても確認できる。ＳＳＨについての研究報告（小林・小野・荒木２０１５）によれば、平成14～26年までの指定校のうち73％が戦前設置校である。古くからある伝統校は地域の進学校であることが多いと考えられるので、高ランク校であることがうかがえる。

297　あくまで予算額を指定校数で割った数値だが、平成17～26年度までは1校あたり１４００万円で推移しているので（小林・小野・荒木２０１５）、過去10年で1億円以上という表現は特に多く見積もっているわけではない。

298　アメリカ社会において機会格差を減らすための様々な方策をパットナム（２０１７）は提案していて、貧困地域の学校への追加的資金配分はその一つである。

299　アメリカを含む他国の教育機会均等のための政策については岡田（２０１３）のまとめを参照のこと。

300　教育の社会的役割の議論は中澤（２０１４）を参照。

301　国私立中学の入試時の偏差値は付属高校の大学合格実績のかなりを説明する（小塩・佐野・末冨２００９、小塩２０１２）。学校効果というより、「優秀」な生徒が国私立に集まり、高い大学進学実績を上げていることになる。一方、固定効果操作変数法による分析の結果（近藤２０１４）によると、中高一貫校の入学時点の偏差値は大学合格実績と関連しない。これは入学後の学校効果を示唆するが、その具体的なメカニズムはわかっていない。これらの研究では生徒の学力に着目しているが、学力を継続的に伸ばす条件としての生徒個人のＳＥＳと高ＳＥＳの生徒が特定の学校に集まっていることを考慮した分析が求められる。

302　この点はアメリカの研究で多く指摘されている。比較的近年の研究を包括的にまとめている日本語訳された書籍にパットナム（２０１７）がある。

303　社会階層と努力の指標である学習時間の関連が１９７９年と比べると１９９７年で強まった（苅谷２００１）と報告されている。

304　高ＳＥＳである親は学校選択など市場志向型の制度を期待している（小塩２０１２）。

305　この潮流は、１９８４年に設置された中曽根内閣の臨時教育審議会を契機に、市場原理主義的な（いわゆる第三の）教育改革下の流れに位置づけられる（Fujita 2010 など）。

306　国内外の学校選択制度についての研究（安田２０１０、園山２０１２・２０１８など）が参考になる。教育の私事化や学校の公共性についての議論は広田（２００４・２００９）・宮寺（２０１４）などがある。

307　低ＳＥＳの生徒が学歴競争から自ら降りる様子は質的研究

で観察されている。日本の研究では、たとえば、佐々木（２０００）、新谷（２００２）。海外の代表的な研究としてWillis (1981)・MacLeod(1995)がある。それぞれ日本語訳（ウィリス１９９６、マクラウド２００７）がある。

308　低ランクの大学のほうが推薦・ＡＯ入試など「多様化」した選抜方法で学生を受け入れている割合が高いのが実態で、一部の高学力エリートではなく「大衆」を相手にしたマス選抜の方法として推薦入試などは利用されてきた（中村２０１１）。

309　たとえば、アメリカ教育学会（American Educational Research Association）が開催した２０１７年の年次大会には１万９０００人が発表者として参加している（http://www.aera.net/）。自由研究発表の（3〜5件ぐらいの発表が行われる）部会数だけで５２２あり、異なる発表形式のラウンドテーブルは６９２だ。発表するには査読を通過しなければならないわけで、人口が約２・６倍かつ世界中から人が集まるにしても非常に多い。日本は小規模な学会が乱立していることもあるが、査読がないのにもかかわらず、日本教育学会の自由研究発表は50に満たず、ラウンドテーブルも23に留まる（２０１７年度）。日本教育社会学会の年次大会の研究発表部会数も50前後で、ラウンドテーブルはない。

310　今後、データと研究数を増やし、教育効果の知見をメタ分析（ハッティ２０１８など）によって統合する研究を行うことが期待される。

311　これは義務教育と高校教育だけではない。高等教育は大衆化したが、入学後に出身家庭のＳＥＳの影響がなくなるわけではない。たとえば、アメリカの研究によれば、低ＳＥＳだと成績など様々な要素を統制しても4年で大学を卒業できない傾向にある（Zarifa, Kim, Seward & Walters 2018）。高等教育についても「生まれ」格差についての研究が海外並みに蓄積されることが期待される。

312　観察できる要素を回帰モデルで統制するだけではなく、自然実験となっている状況を探したり、観察されたデータに基づいて傾向スコアを作成し分析したりするなど工夫はできるがＲＣＴのほうが望ましい。また、学習時間増加によって成績が向上するかどうかを検討するのであれば、同一個人を追跡し、比較可能な成績を複数時点で取得すれば可能である（たとえば中西２０１７）。

313　日本でも近年、中室（２０１５）などによって紹介された。日本財団子どもの貧困対策チーム（２０１６）も貧困対策の研究としてまとめている。

314　たとえば、アメリカの教育省のInstitute of Education Sciences による「What Works Clearinghouse (https://ies.ed.gov/ncee/wwc/)」、イギリスのEducation Endowment Foundation による「Teaching and Learning Toolkit (https://educationendowmentfoundation.org.uk/evidence-summaries/teaching-learning-toolkit)」。

315　ここで提案しているのは僅か1学期の講義（2単位）の必修科目化である。教職課程全体からすれば一部の変更に過ぎないので、この必修科目化だけで何らかの望ましい結果に対して因果的効果があると主張するつもりはない。

316 本項は松岡（２０１８ｃ）に基づいている。

317 学校水準でＳＥＳ代理指標、学校平均学力、国私立、都市規模を統制した結果（Matsuoka 2014a）。高ＳＥＳ・高学力・非都市部・国私立であると宿題頻度が高い。

318 ＳＳＭと日本版総合的社会調査を用いた父職の移動表による職業的地位尺度スコア（近藤２００６）。

319 KH Coder（樋口２０１４）によって分析を行った。

320 たとえば、教職課程の学生向けに書かれている教科書（Sadovnik, Cookson, Semel & Coughlan, 2017）は、本書で扱っている事項の多くに触れている。

321 宮崎駿『風の谷のナウシカ』（全7巻・徳間書店）の後半を参照。

322 子に対する愛情に階層差はないが、現行の教育制度で成功するための子育て実践に格差がある（Lareau 2003, 2011）。

323 遺伝と環境の相互作用などについてはアズベリー＆プローミン（２０１６）、コンリー＆フレッチャー（２０１８）などを参照のこと。

324 「能力」の定義（中村２０１８）を含め、選抜には恣意性がつきまとう（広田２０１５など）。

325 日本の男性の双生児20〜60歳を対象としたインターネット調査の分析結果（Yamagata, Nakamuro and Inui 2013）によると、教育年数の個人差に対する説明の割合は、遺伝が27％、家庭環境が47％、独自環境が26％。年齢・世代によっても差がある。

# 引用文献

## 和文文献


相澤真一・土屋敦・小山裕・開田奈穂美・元森絵里子（2016）『子どもと貧困の戦後史』青弓社.

赤林英夫（2017）「幼児教育の無償化はマジックか？──日本の現状から出発した緻密な議論を」「SYNODOS」2017 年 6 月 13 日掲載　https://synodos.jp/education/19911

赤林英夫・直井道生・敷島千鶴編（2016）『学力・心理・家庭環境の経済分析── 全国小中学生の追跡調査から見えてきたもの』有斐閣.

赤林英夫・敷島千鶴・山下絢（2013）「就学前教育・保育形態と学力・非認知能力──JCPS2010-2012 に基づく分析」樋口美雄・赤林英夫・大野由香子編『働き方と幸福感のダイナミズム──家族とライフサイクルの影響』慶應義塾大学出版会，55-70 頁.

阿部彩（2008）『子どもの貧困──日本の不公平を考える』岩波書店.

阿部彩（2014）『子どもの貧困 II──解決策を考える』岩波書店.

天野郁夫（1994）「高等教育システムの構造変動──計画モデルから市場モデルへ」『広島大学大学教育研究センター　大学論集』(24)，119-134 頁.

雨森聡（2008）「大学進学に対する地方居住のもつ意味──地域的教育機会格差に焦点を置いて」中村高康編『2005 年 SSM 調査シリーズ 6　階層社会の中の教育現象』2005 年 SSM 調査研究会，69-86 頁.

荒川葉（2009）『「夢追い」型進路形成の功罪──高校改革の社会学』東信堂.

荒牧草平（2002）「現代高校生の学習意欲と進路希望の形成──出身階層と価値志向の効果に注目して」『教育社会学研究』71，5-22 頁.

荒牧草平（2016）『学歴の階層差はなぜ生まれるか』勁草書房.

安藤寿康（2018）『なぜヒトは学ぶのか──教育を生物学的に考える』講談社.

池田まさみ・安藤玲子・宮本康司（2012）「幼児期の問題行動と家庭力」菅原ますみ編『子ども期の養育環境と QOL』金子書房，101-117 頁.

伊佐夏実（2010）「公立中学校における「現場の教授学」──学校区の階層的背景に着目して」『教育社会学研究』86，179-199 頁.

伊佐夏実（2014）「家庭教育の階層差に対する教師のまなざし」『龍谷教職ジャーナル』(2)，1-20 頁.

石田浩（2012）「社会科学における因果推論の可能性」『理論と方法』27 (1)，1-18 頁.

石田浩（2017）「格差の連鎖・蓄積と若者」石田浩編『教育とキャリア』勁草書房，35-62 頁.

伊藤公一朗（2017）『データ分析の力　因果関係に迫る思考法』光文社.

伊藤秀樹（2013）「指導の受容と生徒の「志向性」──「課題集中校」の生徒

像・学校像を描き直す」『教育社会学研究』93，69-90 頁.
稲葉陽二（2007）『ソーシャル・キャピタル――「信頼の絆」で解く現代経済・社会の諸課題』生産性出版.
稲葉陽二（2011）『ソーシャル・キャピタル入門――孤立から絆へ』中央公論新社.
稲葉陽二・大守隆・近藤克則・宮田加久子・矢野聡・吉野諒三編（2011）『ソーシャル・キャピタルのフロンティア――その到達点と可能性』ミネルヴァ書房.
稲葉陽二・大守隆・金光淳・近藤克則・辻中豊・露口健司・山内直人・吉野諒三（2014）『ソーシャル・キャピタル 「きずな」の科学とは何か』ミネルヴァ書房.
岩波データサイエンス刊行委員会（2016）『岩波データサイエンス Vol. 3［特集］因果推論――実世界のデータから因果を読む』岩波書店.
上山浩次郎（2012）「高等教育進学率における地域間格差の再検証」『現代社会学研究』25，21-36 頁.
打越文弥（2016）「学歴同類婚の世代間連鎖とその趨勢――大規模調査データの統合による計量分析」『家族社会学研究』28（2），136-147 頁.
内田伸子（2012）「日本の子育ての格差――学力基盤力の経済格差は幼児期から始まっているか」内田伸子・浜野隆編『世界の子育て格差――子どもの貧困は超えられるか』金子書房，1-18 頁.
内田伸子（2017）「学力格差は幼児期から始まるか？――経済格差を超える要因の検討（特集 境界を超える教育社会学研究）」『教育社会学研究』100，108-119 頁.
卯月由佳（2012）「小中学生の学校外活動費の支出と世帯所得の関連」『平成 22 年度「子どもの学習費調査」報告書』96-112 頁.
大石亜希子（2003）「母親の就業に及ぼす保育費用の影響（特集 こどものいる世帯に対する政策）」『季刊社会保障研究』39（1），55-69 頁.
大多和直樹（2014）『高校生文化の社会学――生徒と学校の関係はどう変容したか』有信堂高文社.
大前敦巳（2002）「キャッチアップ文化資本による再生産戦略――日本型学歴社会における「文化的再生産」論の展開可能性」『教育社会学研究』70，165-184 頁.
岡田昭人（2013）『教育の機会均等』学文社.
小川和孝（2018）「就学前教育と社会階層――幼稚園・保育所の選択と教育達成との関連」中村高康・平沢和司・荒牧草平・中澤渉編『教育と社会階層――ESSM 全国調査からみた学歴・学校・格差』東京大学出版会，13-28 頁.
小川正人（2010）『教育改革のゆくえ――国から地方へ』筑摩書房.
小塩隆士（2012）『効率と公平を問う』日本評論社.
小塩隆士・佐野晋平・末冨芳（2009）「教育の生産関数の推計――中高一貫校の場合」『経済分析』182，48-69 頁.
尾嶋史章（1986）「教育機会の地域間格差と教育達成」『大阪大学人間科学部紀要』12，99-116 頁.

尾嶋史章（1997）「誰が教育に支出するのか ── 学校外教育支出の分析」『大阪経大論集』48（3），311-327 頁.
香川めい・児玉英靖・相澤真一（2014）『〈高卒当然社会〉の戦後史 ── 誰でも高校に通える社会は維持できるのか』新曜社.
籠山京（1953）「貧困家庭の学童における問題」『教育社会学研究』4，18-27 頁.
片岡えみ（2015）「学校外教育費支出と子どもの学力 ── 経済不況による教育費削減の影響と教育期待を中心に」『駒澤大學文學部研究紀要』73，93-114 頁.
片岡栄美（2001）「教育達成過程における家族の教育戦略 ── 文化資本効果と学校外教育投資効果のジェンダー差を中心に」『教育学研究』68（3），259-273 頁.
片岡栄美（2009）「格差社会と小・中学受験 ── 受験を通じた社会的閉鎖，リスク回避，異質な他者への寛容性」『家族社会学研究』21（1），30-44 頁.
片岡栄美（2010）「子どものスポーツ・芸術活動の規定要因 ── 親から子どもへの文化の相続と社会化格差（学校外教育活動に関する調査報告書 ── 幼児から高校生のいる家庭を対象に）（解説・提言編）」『研究所報』58，10-24 頁.
片瀬一男（2005）『夢の行方 ── 高校生の教育・職業アスピレーションの変容』東北大学出版会.
片瀬一男・平沢和司（2008）「少子化と教育投資・教育達成（〈特集〉人口変動と教育改革）」『教育社会学研究』82，43-59 頁.
金子真理子（2004）「学力の規定要因 ── 家庭背景と個人の努力は，どう影響するか」苅谷剛彦・志水宏吉編『学力の社会学 ── 調査が示す学力の変化と学習の課題』岩波書店.
鹿又伸夫（2014）『何が進学格差を作るのか ── 社会階層研究の立場から』慶應義塾大学出版会.
苅谷剛彦（1995）『大衆教育社会のゆくえ ── 学歴主義と平等神話の戦後史』中央公論新社.
苅谷剛彦（2001）『階層化日本と教育危機 ── 不平等再生産から意欲格差社会（インセンティブ・ディバイド）へ』有信堂高文社.
苅谷剛彦（2002）『教育改革の幻想』筑摩書房.
苅谷剛彦（2004）「「学力」の階層差は拡大したか」苅谷剛彦・志水宏吉編『学力の社会学 ── 調査が示す学力の変化と学習の課題』岩波書店，127-151 頁.
苅谷剛彦（2008）『学力と階層』朝日新聞出版.
苅谷剛彦（2009）『教育と平等 ── 大衆教育社会はいかに生成したか』中央公論新社.
苅谷剛彦（2014）『増補　教育の世紀 ── 大衆教育社会の源流』筑摩書房.
苅谷剛彦・志水宏吉編（2004）『学力の社会学 ── 調査が示す学力の変化と学習の課題』岩波書店.
苅谷剛彦・増田ユリヤ（2006）『欲ばり過ぎるニッポンの教育』講談社.
川口俊明（2014）「国際学力調査からみる日本の学力の変化」『福岡教育大学紀要 第 4 分冊　教職科編』（63），1-11 頁.

菊地栄治（1986）「中等教育における「トラッキング」と生徒の分化過程 ── 理論的検討と事例研究の展開」『教育社会学研究』41，136-150 頁.
吉川徹（2000）「大衆教育社会のなかの階層意識」近藤博之編『日本の階層システム 3　戦後日本の教育社会』東京大学出版会，175-195 頁.
吉川徹（2006）『学歴と格差・不平等 ── 成熟する日本型学歴社会』東京大学出版会.
吉川徹（2009）『学歴分断社会』筑摩書房.
吉川徹（2018）『日本の分断 ── 切り離される非大卒若者（レッグス）たち』光文社.
厚生労働省（2011）『平成 22 年国民生活基礎調査の概況』
古賀正義（2001）『〈教えること〉のエスノグラフィー ──「教育困難校」の構築過程』金子書房.
国立教育政策研究所（2013a）『TIMSS2011 算数・数学教育の国際比較 ── 国際数学・理科教育動向調査の 2011 年調査報告書』明石書店.
国立教育政策研究所（2013b）『成人スキルの国際比較 ── OECD 国際成人力調査（PIAAC）報告書』明石書店.
国立教育政策研究所（2013c）『生きるための知識と技能 5　OECD 生徒の学習到達度調査（PISA） ── 2012 年調査国際結果報告書』明石書店.
国立教育政策研究所（2016）『生きるための知識と技能 6　OECD 生徒の学習到達度調査（PISA） ── 2015 年調査国際結果報告書』明石書店.
国立教育政策研究所（2017）『TIMSS2015 算数・数学教育／理科教育の国際比較 ── 国際数学・理科教育動向調査の 2015 年調査報告書』明石書店.
国立大学法人東北大学（2018）「経年変化分析調査との対応づけによる本体調査の年度間比較の試み」平成 29 年度文部科学省委託研究「学力調査を活用した専門的課題分析に関する調査研究」研究成果報告書．http://www.mext.go.jp/a_menu/shotou/gakuryoku-chousa/1406895.htm
小林雅之（2009）『大学進学の機会 ── 均等化政策の検証』東京大学出版会.
小林淑恵・小野まどか・荒木宏子（2015）『スーパーサイエンスハイスクール事業の俯瞰と効果の検証』科学技術・学術政策研究所.
小針誠（2009）『〈お受験〉の社会史 ── 都市新中間層と私立小学校』世織書房.
小針誠（2018）『アクティブラーニング ── 学校教育の理想と現実』講談社.
近藤絢子（2014）「私立中高一貫校の入学時学力と大学進学実績 ── サンデーショックを用いた分析」『日本経済研究』（70），60-81 頁.
近藤博之（2006）「移動表による職業的地位尺度の構成 ── オーディネーション技法の応用」『理論と方法』21（2），313-332 頁.
近藤博之（2011）「社会空間の構造と相同性仮説 ── 日本のデータによるブルデュー理論の検証」『理論と方法』26（1），161-177 頁.
近藤博之（2012）「社会空間と学力の階層差」『教育社会学研究』90，101-121 頁.
近藤博之・古田和久（2009）「教育達成の社会経済的格差 ── 趨勢とメカニズムの分析」『社会学評論』59（4），682-698 頁.

近藤博之・古田和久（2011）「教育達成における階層差の長期趨勢」石田浩・近藤博之・中尾啓子編『現代の階層社会 2　階層と移動の構造』東京大学出版会，89–105 頁.
酒井朗・上山敏・永田晴子・長谷川秀一・米山泰夫・伊藤茂樹・保坂亨（2013）「教職課程履修者の教職に対する意識と学習への取り組みに関する研究」『人間生活文化研究』(23)，246–257 頁.
佐々木洋成（2000）「価値規範と生活様式 ―― ヤンキー少年に見る職業・進路選択の契機」『年報社会学論集』(13)，239–251.
志水宏吉（2005）『学力を育てる』岩波書店.
志水宏吉（2014）『「つながり格差」が学力格差を生む』亜紀書房.
志水宏吉・伊佐夏実・知念渉・芝野淳一（2014）『調査報告「学力格差」の実態』岩波書店.
志水宏吉・中村瑛仁・知念渉（2012）「学力と社会関係資本 ―― 『つながり格差』について」志水宏吉・高田一宏編著『学力政策の比較社会学　国内編』明石書店，52–89 頁.
白川俊之（2011）「現代高校生の教育期待とジェンダー ―― 高校タイプと教育段階の相互作用を中心に」『教育社会学研究』89，49–69 頁.
白波瀬佐和子（2018）「2015 年「社会階層と社会移動に関する全国調査（SSM 調査）」実施の概要」保田時男編『2015 年 SSM 調査報告書 1　調査方法・概要』1–12 頁.
新城優子（2010）「子どもの教育達成プロセスに関する理論的検討 ―― 社会関係資本論の視点から」『ソシオロゴス』(34)，85–103 頁.
新谷周平（2002）「ストリートダンスからフリーターへ ―― 進路選択のプロセスと下位文化の影響力」『教育社会学研究』71，151–170 頁.
神村早織（2014）「校区の社会経済的格差と教師の役割認識」『教育社会学研究』94，237–256 頁.
末冨芳（2005）「教育費スポンサーとしての保護者モデル再考 ―― 高校生・大学生保護者質問紙の分析から」『教育社会学研究』77，5–25 頁.
菅原ますみ（2012）「子ども期の QOL と貧困・格差問題に関する発達研究の動向」菅原ますみ編『子ども期の養育環境と QOL（クオリティ・オブ・ライフ）』金子書房，1–23 頁.
杉原名穂子（2011）「第 1 章　親の教育行動と地域差」石川由香里・杉原名穂子・喜多加実代・中西祐子編『格差社会を生きる家族 ―― 教育意識と地域・ジェンダー』有信堂，19–32 頁.
園山大祐編（2012）『学校選択のパラドックス ―― フランス学区制と教育の公正』勁草書房.
園山大祐編（2018）『フランスの社会階層と進路選択 ―― 学校制度からの排除と自己選抜のメカニズム』勁草書房.
高田一宏（2008）「同和地区における低学力問題 ―― 教育をめぐる社会的不平等の現実（特集　学力政策と学校づくり）」『教育学研究』75（2），180–191 頁.

高野良一（2014）「社会関係資本のエートス論 —— 教育理論の「可能性の中心」（特集 教育の社会理論の可能性）」『教育社会学研究』94，65–89 頁.
多喜弘文（2010）「社会経済的地位と学力の国際比較 —— 後期中等教育段階における教育と不平等の日本的特徴（特集 学校教育と社会的不平等に関する国際比較研究）」『理論と方法』25（2），229–248 頁.
多喜弘文（2011a）「日・独・米における学校トラックと進学期待・職業期待 —— 学校と職業の接続に着目して」『社会学評論』62（2），136–152 頁.
多喜弘文（2011b）「日本の高校トラックと社会階層の関連構造 —— PISA データを用いて」『ソシオロジ』170，37–52 頁.
武内真美子・中谷未里・松繁寿和（2006）「学校週 5 日制導入に伴う補習教育費の変化」『家計経済研究』（69），38–47 頁.
竹内洋（1995）『日本のメリトクラシー —— 構造と心性』東京大学出版会.
竹内洋（2016）『日本のメリトクラシー —— 構造と心性（増補版）』東京大学出版会.
塚原修一・小林淳一（1979）「社会階層と移動における地域の役割 —— 出身地と居住地」富永健一編『日本の階層構造』東京大学出版会，127–149 頁.
津川友介（2018）『世界一シンプルで科学的に証明された究極の食事』東洋経済新報社.
土屋隆裕（2017）「公開データを利用した学校単位の SES 代替指標の作成」川口俊明編『平成 28 年度文部科学省委託事業「学力調査を活用した専門的課題分析に関する調査研究」研究成果報告書「児童生徒や学校の社会経済的背景を分析するための調査の在り方に関する調査研究」』福岡教育大学，51–62 頁.
恒吉僚子（2008）『子どもたちの三つの「危機」—— 国際比較から見る日本の模索』勁草書房.
都村聞人（2008a）「家計の学校外教育費に影響を及ぼす要因の変化 —— SSM-1985・SSM-2005 データによる分析」中村高康編『2005 年 SSM 調査シリーズ 6　階層社会の中の教育現象』2005 年 SSM 調査研究会，109–126 頁.
都村聞人（2008b）「親の教育意識が家計の教育費負担に及ぼす影響 —— JGSS-2006 データによる分析」『JGSS で見た日本人の意識と行動 —— 日本版 General Social Surveys 研究論文集』7，69–80 頁.
都村聞人（2009）「保護者は小・中学生の学校外教育費をどのように支出しているか」『学校教育に対する保護者の意識調査 2008』Benesse 教育研究開発センター.
都村聞人・西丸良一・織田輝哉（2011）「教育投資の規定要因と効果 —— 学校外教育と私立中学進学を中心に」佐藤嘉倫，尾嶋史章編『現代の階層社会 1　格差と多様性』東京大学出版会，267–280 頁.
露口健司（2011）「第 8 章　教育」稲葉陽二・大守隆・近藤克則・宮田加久子・矢野聡・吉野諒三編『ソーシャル・キャピタルのフロンティア —— その到達点と可能性』ミネルヴァ書房，173–196 頁.
露口健司（2014）「ソーシャル・キャピタルと教育」稲葉陽二・大守隆・金光

淳・近藤克則・辻中豊・露口健司・山内直人・吉野諒三『ソーシャル・キャピタル 「きずな」の科学とは何か』ミネルヴァ書房，97-126 頁.
天童睦子（2004）『育児戦略の社会学 ―― 育児雑誌の変容と再生産』世界思想社.
直井優・藤田英典（1978）「教育達成過程とその地位形成効果」『教育社会学研究』33，91-105 頁.
中澤渉（2007）『入試改革の社会学』東洋館出版社.
中澤渉（2011）「高等教育進学機会の地域間不平等」『東洋大学社会学部紀要』48（2），5-18 頁.
中澤渉（2012）「なぜパネル・データを分析するのが必要なのか ―― パネル・データ分析の特性の紹介（特集 社会学におけるパネルデータ分析の展開）」『理論と方法』27（1），23-40 頁.
中澤渉（2013）「通塾が進路選択に及ぼす因果効果の異質性 ―― 傾向スコア・マッチングの応用」『教育社会学研究』92，151-174 頁.
中澤渉（2014）『なぜ日本の公教育費は少ないのか ―― 教育の公的役割を問いなおす』勁草書房.
中澤渉（2018）『日本の公教育 ―― 学力・コスト・民主主義』中央公論新社.
中西啓喜（2017）『学力格差拡大の社会学的研究 ―― 小中学生への追跡的学力調査結果が示すもの』東信堂.
中西祐子（2000）「学校ランクと社会移動 ―― トーナメント型社会移動規範が隠すもの」近藤博之編『日本の階層システム 3　戦後日本の教育社会』東京大学出版会，37-56 頁.
中西祐子（2011）「公立学校制度改革と親の意識の地域差 ―― 誰が「脱出」オプションを選択できるのか？」石川由香里・杉原名穂子・喜多加実代・中西祐子編『格差社会を生きる家族 ―― 教育意識と地域・ジェンダー』有信堂，33-60 頁.
中西祐子・中村高康・大内裕和（1997）「戦後日本の高校間格差成立過程と社会階層 ―― 1985 年 SSM 調査データの分析を通じて」『教育社会学研究』60，61-82 頁.
中村瑛仁・長谷川哲也・紅林伸幸・川村光（2017）「教職志望大学生の教職観・指導観と社会意識 ―― 4 年間のパネル調査による経年分析から」『大阪大学教育学年報』（22），27-41 頁.
中村隆（1989）「継続調査によって社会の変化を捉えるコウホート分析の方法」『理論と方法』4（2），5-23 頁.
中村高康（2000）「高学歴志向の趨勢 ―― 世代の変化に注目して」近藤博之編『日本の階層システム 3　戦後日本の教育社会』東京大学出版会，151-173 頁.
中村高康（2011）『大衆化とメリトクラシー ―― 教育選抜をめぐる試験と推薦のパラドクス』東京大学出版会.
中村高康（2018）『暴走する能力主義 ―― 教育と現代社会の病理』筑摩書房.
中村高康・平沢和司・荒牧草平・中澤渉編（2018）『教育と社会階層 ―― ESSM 全国調査からみた学歴・学校・格差』東京大学出版会.

中室牧子（2015）『「学力」の経済学』ディスカヴァー・トゥエンティワン．

中室牧子・松岡亮二・伊藤寛武（2019）「1．分析班の取組」『調査報告書　埼玉県学力・学習状況調査のデータを活用した効果的な指導方法に関する分析研究』 https://www.pref.saitama.lg.jp/f2214/gakutyou/documents/houkokusyobunsekihan20181.pdf，3-44 頁．

中室牧子・津川友介（2017）『「原因と結果」の経済学 —— データから真実を見抜く思考法』ダイヤモンド社．

西田芳正（2012）『排除する社会・排除に抗する学校』大阪大学出版会．

西本裕輝（2001）「教師の評価と中学生の学力の関連性 —— 階層問題に潜む教師のまなざしに着目して」『人間科学』7，29-42 頁．

日本財団子どもの貧困対策チーム（2016）『徹底調査子供の貧困が日本を滅ぼす —— 社会的損失 40 兆円の衝撃』文藝春秋．

橋本健二（2018）『新・日本の階級社会』講談社．

秦政春（1977）「高等学校格差と教育機会の構造」『教育社会学研究』32，67-79 頁．

林拓也（1997）「地位達成における地域間格差と地域移動 —— 学歴・初職に対する影響の計量分析」『社会学評論』48（3），334-349 頁．

林拓也（1998）「地位達成過程における地域効果 —— 機会の地域間格差に着目して」三隅一人編『1995 年 SSM 調査シリーズ 4　社会階層の地域的構造』1995 年 SSM 調査研究会，69-86 頁．

原田隆之（2015）『心理職のためのエビデンス・ベイスト・プラクティス入門 —— エビデンスを「まなぶ」「つくる」「つかう」』金剛出版．

樋口耕一（2014）『社会調査のための計量テキスト分析 —— 内容分析の継承と発展を目指して』ナカニシヤ出版．

久冨善之（1993）『豊かさの底辺に生きる —— 学校システムと弱者の再生産』青木書店．

樋田大二郎（1987）「学校外教育機関通学の規定要因の研究 —— 社会的配分機能の視点からの考察」『南山短期大学紀要』15，113-132 頁．

平沢和司（2014）『格差の社会学入門 —— 学歴と階層から考える』北海道大学出版会．

平沢和司・古田和久・藤原翔（2013）「社会階層と教育研究の動向と課題 —— 高学歴化社会における格差の構造」『教育社会学研究』93，151-191 頁．

広田照幸（2004）『教育』岩波書店．

広田照幸編（2006）『リーディングス日本の教育と社会　第 3 巻　子育て・しつけ』日本図書センター．

広田照幸編（2009）『教育 —— せめぎあう「教える」「学ぶ」「育てる」』岩波書店．

広田照幸（2011）『教育論議の作法 —— 教育の日常を懐疑的に読み解く』時事通信出版局．

広田照幸（2015）『教育は何をなすべきか —— 能力・職業・市民』岩波書店．

広田照幸・伊藤茂樹（2010）『教育問題はなぜまちがって語られるのか？ ——

「わかったつもり」からの脱却』日本図書センター.
藤澤啓子・中室牧子（2017）『保育の「質」は子どもの発達に影響するのか――小規模保育園と中規模保育園の比較から』RIETI Discussion Paper Series, 17-J-001.
藤田英典（2005）『義務教育を問いなおす』筑摩書房.
藤田英典・宮島喬・秋永雄一・橋本健二・志水宏吉（1987）「文化の階層性と文化的再生産」『東京大学教育学部紀要』27, 51-89 頁.
古田和久（2007）「教育費支出の動機構造の解明にむけて――教育意識の決定木分析」『教育社会学研究』80, 207-225 頁.
古田和久（2012）「高校生の学校適応と社会文化的背景――学校の階層多様性に着目して」『教育社会学研究』90, 123-144 頁.
古田和久（2018）「出身階層の資本構造と高校生の進路選択」『社会学評論』69（1), 21-36 頁.
朴澤泰男（2016）『高等教育機会の地域格差――地方における高校生の大学進学行動』東信堂.
星野崇宏（2009）『調査観察データの統計科学――因果推論・選択バイアス・データ融合』岩波書店.
本田（沖津）由紀（1998）「教育意識の規定要因と効果」苅谷剛彦編『SSM 調査シリーズ 11　教育と職業――構造と意識の分析』1995 年 SSM 調査研究会, 179-197 頁.
本田由紀（2008）『「家庭教育」の隘路――子育てに強迫される母親たち』勁草書房.
前馬優策（2011）「日本における「言語コード論」の実証的検討――小学校入学時に言語的格差は存在するか」『教育社会学研究』88, 229-250 頁.
松岡亮二（2014）「高校階層構造・進路希望・学習行動――平成 17 年度高等学校教育課程実施状況調査を用いた学校間学習行動格差研究」松繁寿和編『学力の規定要因分析　最終報告書』国立教育政策研究所, 26-39 頁.
松岡亮二（2015）「父母の学校活動関与と小学校児童の学校適応――縦断データによる社会関係資本研究」『教育社会学研究』96, 241-262 頁.
松岡亮二（2016）「学校外教育活動参加における世帯収入の役割――縦断的経済資本研究」『教育社会学研究』98, 155-175 頁.
松岡亮二（2017）「公立小中学校の学校間不平等――学力・生徒行動・教育選択・親の学校関与・健康」川口俊明編『平成 28 年度文部科学省委託事業「学力調査を活用した専門的課題分析に関する調査研究」研究成果報告書「児童生徒や学校の社会経済的背景を分析するための調査の在り方に関する調査研究」』福岡教育大学, 117-126 頁.
松岡亮二（2018a）「「教育格差」を教えない教職課程」日本教育社会学会第 70 回大会発表（佛教大学).
松岡亮二（2018b）「教育格差の趨勢――出身地域・出身階層と最終学歴の関連」古田和久編『2015 年 SSM 調査報告書 4　教育 I』2015 年 SSM 調査研究会,

187-223 頁.
松岡亮二（2018c）「教員研究の動向 ―― 不平等の再生産における教師期待の役割」日本教育社会学会編『教育社会学事典』丸善出版，448-449 頁.
松岡亮二（2019）「高校教育におけるソーシャル・キャピタル格差」露口健司編『ソーシャル・キャピタルで解く教育問題』ジダイ社，150-177 頁.
松岡亮二・中室牧子・乾友彦（2014）「縦断データを用いた文化資本相続過程の実証的検討」『教育社会学研究』95，89-110 頁.
松岡亮二・前田忠彦（2015）「「日本人の国民性第 13 次全国調査」の欠票分析 ―― 個人・地点・調査員の特性と調査回収状況の関連」『統計数理』63（2），229-242 頁.
松田茂樹・汐見和恵・品田知美・末盛慶編（2010）『揺らぐ子育て基盤 ―― 少子化社会の現状と困難』勁草書房.
三隅一人（2013）『社会関係資本 ―― 理論統合の挑戦』ミネルヴァ書房.
耳塚寛明編（2013）『学力格差に挑む』金子書房.
宮島喬（2017）『〈増補新版〉文化的再生産の社会学 ―― ブルデュー理論からの展開』藤原書店.
宮寺晃夫（2014）『教育の正義論 ―― 平等・公共性・統合』勁草書房.
三輪哲・山本耕資（2012）「世代内階層移動と階層帰属意識 ―― パネルデータによる個人内変動と個人間変動の検討（特集 社会学におけるパネルデータ分析の展開）」『理論と方法』27（1），63-84 頁.
望月由起（2011）『現代日本の私立小学校受験 ―― ペアレントクラシーに基づく教育選抜の現状』学術出版会.
盛満弥生（2011）「学校における貧困の表れとその不可視化 ―― 生活保護世帯出身生徒の学校生活を事例に」『教育社会学研究』88，273-294 頁.
盛山和夫・野口裕二（1984）「高校進学における学校外教育投資の効果」『教育社会学研究』39，113-126 頁.
文部科学省（2016）「文部科学統計要覧　平成 28 年版」http://www.mext.go.jp/b_menu/toukei/002/002b/1368900.htm
文部科学省（2018a）「学校基本調査 ―― 平成 30 年度結果の概要」http://www.mext.go.jp/component/b_menu/other/__icsFiles/afieldfile/2018/12/25/1407449_2.pdf
文部科学省（2018b）「文部科学統計要覧　平成 30 年版」http://www.mext.go.jp/b_menu/toukei/002/002b/1403130.htm
文部科学省（2019）「（資料 4）スーパーサイエンスハイスクール（SSH）支援事業」http://www.mext.go.jp/b_menu/houdou/31/03/__icsFiles/afieldfile/2019/03/28/1414953_4_1.pdf
安田洋祐編（2010）『学校選択制のデザイン ―― ゲーム理論アプローチ』NTT 出版.
吉田美穂（2007）「「お世話モード」と「ぶつからない」統制システム ―― アカウンタビリティを背景とした「教育困難校」の生徒指導」『教育社会学研究』81，89-109 頁.

和文翻訳文献
アズベリー，キャスリン＆プローミン，ロバート（2016）『遺伝子を生かす教育――行動遺伝学がもたらす教育の革新』土屋廣幸訳，新曜社.
ウィリス，ポール（1996）『ハマータウンの野郎ども』熊沢誠・山田潤訳，筑摩書房.
クレハン，ルーシー（2017）『日本の 15 歳はなぜ学力が高いのか？――5 つの教育大国に学ぶ成功の秘密』橋川史訳，早川書房.
コンリー，ダルトン＆フレッチャー，ジェイソン（2018）『ゲノムで社会の謎を解く――教育・所得格差から人種問題、国家の盛衰まで』松浦俊輔訳，作品社.
ハッティ，ジョン（2018）『教育の効果――メタ分析による学力に影響を与える要因の効果の可視化』山森光陽訳，図書文化社.
パットナム，ロバート・D（2017）『われらの子ども――米国における機会格差の拡大』柴内康文訳，創元社.
ヘックマン，ジェームズ・J（2015）『幼児教育の経済学』古草秀子訳，東洋経済新報社.
マクラウド，ジェイ（2007）『ぼくにだってできるさ――アメリカ低収入地区の社会不平等の再生産』南保輔訳，北大路書房.
モレッティ，エンリコ（2014）『年収は「住むところ」で決まる――雇用とイノベーションの都市経済学』池村千秋訳，プレジデント社.
ラヴィッチ，ダイアン（2015）『アメリカ 間違いがまかり通っている時代――公立学校の企業型改革への批判と解決法』末藤美津子訳，東信堂.
ロスリング，ハンス，ロスリング，オーラ＆ロスリング・ロンランド，アンナ（2019）『FACTFULNESS――10 の思い込みを乗り越え，データを基に世界を正しく見る習慣』上杉周作・関美和訳，日経 BP 社.

英文文献
Alexander, Karl L., Entwisle, Doris R., & Olson, Linda Steffel. (2007). Lasting Consequences of the Summer Learning Gap. *American Sociological Review*, 72 (2). 167-180.
Allison, Paul David. (2009). *Fixed effects regression models*. Los Angeles: SAGE.
Barnard, Wendy Miedel. (2004). Parent involvement in elementary school and educational attainment. *Children and Youth Services Review*, 26 (1), 39-62.
Bassok, Daphna, Finch, Jenna E., Lee, RaeHyuck, Reardon, Sean F., & Waldfogel, Jane. (2016). Socioeconomic Gaps in Early Childhood Experiences: 1998 to 2010. *AERA Open*, 2 (3).
Betancourt, Laura M., Brodsky, Nancy L., & Hurt, Hallam. (2015). Socioeconomic (SES) differences in language are evident in female infants at 7 months of age. *Early Human Development*, 91 (12), 719-724.
Bodovski, Katerina. (2013). Adolescents' emerging habitus: the role of early parental expectations and practices. *British Journal of Sociology of Education*, 35 (3), 389-

Bodovski, Katerina. (2010). Parental practices and educational achievement: social class, race, and habitus. *British Journal of Sociology of Education*, 31 (2), 139–156.

Bodovski, Katerina, & Farkas, George. (2008). "Concerted cultivation" and unequal achievement in elementary school. *Social Science Research*, 37 (3), 903–919.

Boudon, Raymond. (1974). *Education, opportunity, and social inequality: changing prospects in western society*. New York: Wiley.

Bourdieu, Pierre. (1977a). Cultural Reproduction and Social Reproduction. In Jerome Karabel & A. H. Halsey (Eds.), *Power and ideology in education* (pp. 487–511). New York: Oxford University Press.

Bourdieu, Pierre. (1977b). *Outline of a theory of practice*. Cambridge; New York: Cambridge University Press.

Bourdieu, Pierre. (1984). *Distinction: a social critique of the judgement of taste*. Cambridge, Mass.: Harvard University Press.

Bourdieu, Pierre. (1986). The Forms of Capital. In John G. Richardson (Ed.), *Handbook of theory and research for the sociology of education* (pp. 241–258). Westport, Conn.: Greenwood Press.

Buchmann, Claudia, & Park, Hyunjoon. (2009). Stratification and the Formation of Expectations in Highly Differentiated Educational Systems. *Research in Social Stratification and Mobility*, 27 (4), 245–267.

Carbonaro, William J. (1998). A little help from my friend's parents: Intergenerational closure and educational outcomes. *Sociology of Education*,71 (4), 295–313.

Carolan, Brian V. (2018). Extracurricular activities and achievement growth in kindergarten through first grade: The mediating role of non-cognitive skills. *Early Childhood Research Quarterly*, 45, 131–142.

Cheadle, Jacob E. (2009). Parent educational investment and children's general knowledge development. *Social Science Research*, 38 (2), 477–491.

Cheadle, Jacob E., & Amato, Paul R. (2011). A quantitative assessment of Lareau's qualitative conclusions about class, race, and parenting. *Journal of Family Issues*, 32 (5), 679–706.

Chetty, Raj, & Hendren, Nathaniel. (2018). The Impacts of Neighborhoods on Intergenerational Mobility I: Childhood Exposure Effects. *The Quarterly Journal of Economics*, 133 (3), 1107–1162.

Chetty, Raj, Hendren, Nathaniel, & Katz, Lawrence F. (2016). The Effects of Exposure to Better Neighborhoods on Children: New Evidence from the Moving to Opportunity Experiment. *American Economic Review*, 106 (4), 855–902.

Chin, Tiffani, & Phillips, Meredith. (2004). Social reproduction and child-rearing practices: Social class, children's agency, and the summer activity gap. *Sociology of Education*, 77 (3), 185–210.

Coleman, James S. (1988). Social capital in the creation of human capital. *American*

*journal of sociology* (94), 95–120.

Condron, Dennis J. (2007). Stratification and Educational Sorting: Explaining Ascriptive Inequalities in Early Childhood Reading Group Placement. *Social Problems*, 54 (1), 139–160.

Condron, Dennis J. (2011). Egalitarianism and Educational Excellence: Compatible Goals for Affluent Societies? *Educational Researcher*, 40 (2), 47–55.

Conway, Anne, Waldfogel, Jane, & Wang, Yi. (2018). Parent education and income gradients in children's executive functions at kindergarten entry. *Children and Youth Services Review*, 91, 329–337.

Covay, Elizabeth, & Carbonaro, William. (2010). After the bell: Participation in extracurricular activities, classroom behavior, and academic achievement. *Sociology of Education*, 83 (1), 20–45.

Cummings, William K. (1980). *Education and equality in Japan*. Princeton, New Jersey: Princeton University Press.

Daneri, M. Paula, Blair, Clancy, & Kuhn, Laura J. (2018). Maternal Language and Child Vocabulary Mediate Relations Between Socioeconomic Status and Executive Function During Early Childhood. *Child Development*, Early View.

De Graaf, Nan Dirk, De Graaf, Paul M, & Kraaykamp, Gerbert. (2000). Parental cultural capital and educational attainment in the Netherlands: A refinement of the cultural capital perspective. *Sociology of Education*, 73 (2), 92–111.

DiMaggio, Paul. (1982). Cultural capital and school success: The impact of status culture participation on the grades of U.S. high school students. *American Sociological Review*, 47 (2), 189–201.

Domina, Thurston (2005). Leveling the home advantage: Assessing the effectiveness of parental involvement in elementary school. *Sociology of Education*, 78 (3), 233–249.

Entrich, Steve R. (2015). The Decision for Shadow Education in Japan: Students' Choice or Parents' Pressure? *Social Science Japan Journal*, 18 (2), 193–216.

Freeman, Kendralin J., & Condron, Dennis J. (2011). Schmoozing in Elementary School: The Importance of Social Capital to First Graders. *Sociological Perspectives*, 54 (4), 521–546.

Fujihara, Sho, & Ishida, Hiroshi. (2016). The absolute and relative values of education and the inequality of educational opportunity: Trends in access to education in postwar Japan. *Research in Social Stratification and Mobility*, 43, 25–37.

Fujita, Hidenori. (2010). Whither Japanese schooling?: Educational reforms and their impact on ability formation and educational opportunity. In June A. Gordon, Hidenori Fujita, Takehiko Kariya, & Gerald K LeTendre (Eds.), *Challenges to Japanese education: Economics, reform, and human rights* (pp. 17–53). New York: Teachers College Press.

Gaddis, S. Michael. (2013). The influence of habitus in the relationship between cultural capital and academic achievement. *Social Science Research*, 42 (1), 1–13.

Galster, George C.（2012）. The mechanism（s）of neighbourhood effects: Theory, evidence, and policy implications. In Maarten van Ham, David Manley, Nick Bailey, Ludi Simpson, & Duncan Maclennan（Eds.）, *Neighbourhood effects research: New perspectives*（pp. 23-56）: Springer.

Gilkerson, Jill, Richards, Jeffrey A., Warren, Steven F., Montgomery, Judith K., Greenwood, Charles R., Oller, D. Kimbrough, Paul, Terrance D.（2017）. Mapping the Early Language Environment Using All-Day Recordings and Automated Analysis. *American Journal of Speech-Language Pathology*, 26, 248-265.

Golinkoff, Roberta Michnick, Hoff, Erika, Rowe, Meredith L., Tamis-LeMonda, Catherine S., & Hirsh-Pasek, Kathy.（2019）. Language Matters: Denying the Existence of the 30-Million-Word Gap Has Serious Consequences. *Child Development*, 90（3）, 985-992.

Gregory, Anne, & Huang, Francis.（2013）. It Takes a Village: The Effects of 10th Grade College-Going Expectations of Students, Parents, and Teachers Four Years Later. *American Journal of Community Psychology*, 52（1）, 41-55.

Groves, R. M., Fowler, F. J., Couper, M. P., Lepkowski, J. M., Singer, E., & Tourangeau, R.（2009）. *Survey Methodology*（2nd ed.）: Wiley.

Hallinan, Maureen T.（1994）. Tracking: From theory to practice. *Sociology of Education*, 67（2）, 79-84.

Hanushek, Eric A., & Woessmann, Ludger.（2006）. Does Educational Tracking Affect Performance and Inequality? Differences- in-Differences Evidence Across Countries. *The Economic Journal*, 116（510）, C63-C76.

Hart, Betty, & Risley, Todd R.（1995）. *Meaningful differences in the everyday experience of young American children*. Baltimore, MD, US: Paul H Brookes Publishing.

Heck, Ronald H, Price, Carol L, & Thomas, Scott L.（2004）. Tracks as Emergent Structures: A Network Analysis of Student Differentiation in a High School. *American Journal of Education*, 110（4）, 321-354.

Hill, Nancy E., & Tyson, Diana F.（2009）. Parental involvement in middle school: A meta-analytic assessment of the strategies that promote achievement. *Developmental Psychology*, 45（3）, 740-763.

Hirsh-Pasek, Kathy, Adamson, Lauren B., Bakeman, Roger, Owen, Margaret Tresch, Golinkoff, Roberta Michnick, Pace, Amy, Yust, Paul, K.S., Suma, Katharine.（2015）. The Contribution of Early Communication Quality to Low-Income Children's Language Success. *Psychological Science*, 26（7）, 1071-1083.

Holloway, S. D., Yamamoto, Y., Suzuki, S., & Mindnich, J.（2008）. Determinants of parental involvement in early schooling: Evidence from Japan. *Early Childhood Research and Practice*, 10（1）.

Ishida, Hiroshi.（2018）. Long-Term Trends in Intergenerational Class Mobility. 吉田崇（編）, 2015 年 SSM 調査報告書 3: 社会移動・健康（pp. 41-64）: 2015 年 SSM 調

査研究会.
Ishida, Kenji, Nakamuro, Makiko, & Takenaka, Ayumi. (2016). The Academic Achievement of Immigrant Children in Japan: An Empirical Analysis of the Assimilation Hypothesis. *Educational Studies in Japan: International Yearbook*, 10, 93-107.
Izzo, Charles V, Weissberg, Roger P, Kasprow, Wesley J, & Fendrich, Michael. (1999). A Longitudinal Assessment of Teacher Perceptions of Parent Involvement in Children's Education and School Performance. *American Journal of Community Psychology*, 27 (6), 817-839.
Jæger, Mads Meier. (2011). Does Cultural Capital Really Affect Academic Achievement? New Evidence from Combined Sibling and Panel Data. *Sociology of Education*, 84 (4), 281-298.
Jackson, Philip W. (1968). *Life in classrooms*. New York: Holt, Rinehart and Winston.
Kachi, Yuko, Kato, Tsuguhiko, & Kawachi, Ichiro. (2019). Socio-economic disparities in early childhood education enrollment: Japanese population-based study. *Journal of Epidemiology*, (in press).
Kariya, Takehiko. (2009). From credential society to 'learning capital' society: A rearticulation of class formation in Japanese education and society. In Hiroshi Ishida & David H. Slater (Eds.), *Social class in contemporary Japan: Structures, sorting and strategies* (pp. 87-113). New York: Routledge.
Kariya, Takehiko. (2010). The end of egalitarian education in Japan?: the effect of policy changes in resource distribution on compulsory education. In June A. Gordon, Hidenori Fujita, Takehiko Kariya, & Gerald K LeTendre (Eds.), *Challenges to Japanese education: economics, reform, and human rights* (pp. 54-66). New York: Teachers College Press.
Kariya, Takehiko. (2011). Japanese solutions to the equity and efficiency dilemma? secondary schools, inequity and the arrival of 'universal' higher education. *Oxford Review of Education*, 37 (2), 241-266.
Kariya, Takehiko, & Rosenbaum, James E. (1987). Self-selection in Japanese junior high schools: a longitudinal study of students' educational plans. *Sociology of Education*, 60 (3), 168-180.
Kariya, Takehiko, & Rosenbaum, James E. (1999). Bright flight: Unintended consequences of detracking policy in Japan. *American Journal of Education*, 107 (3), 210-230.
Kawaguchi, Daiji. (2016). Fewer school days, more inequality. *Journal of the Japanese and International Economies*, 39, 35-52.
Kloosterman, Rianne, Notten, Natascha, Tolsma, Jochem, & Kraaykamp, Gerbert. (2011). The Effects of Parental Reading Socialization and Early School Involvement on Children's Academic Performance: A Panel Study of Primary School Pupils in the Netherlands. *European Sociological Review*, 27 (3), 291-306.

Knipprath, Heidi. (2010). What PISA tells us about the quality and inequality of Japanese education in mathematics and science. *International Journal of Science and Mathematics Education*, 8 (3), 389-408.

Lareau, Annett, & Weininger, Elliot B. (2003). Cultural capital in educational research: A critical assessment. *Theory and Society*, 32 (5-6), 567-606.

Lareau, Annette. (1989). *Home advantage: social class and parental intervention in elementary education*. London New York: Falmer Press.

Lareau, Annette. (2003). *Unequal childhoods: class, race, and family life*: University of California Press.

Lareau, Annette. (2011). *Unequal childhoods: class, race, and family life, Second Edition, with an Update a Decade Later*: University of California Press.

Lareau, Annette, Adia Evans, Shani, & Yee, April. (2016). The Rules of the Game and the Uncertain Transmission of Advantage: Middle-class Parents' Search for an Urban Kindergarten. *Sociology of Education*, 89 (4), 279-299.

Lareau, Annette, Weininger, Elliot, Conley, Dalton , & Velez, Melissa. (2011). Unequal childhoods in context: results from a quantitative analysis. In Annette Lareau (Ed.), *Unequal childhoods: class, race, and family life, Second Edition, with an Update a Decade Later* (pp. 333-341) : University of California Press.

Larson, Kandyce, Russ, Shirley A., Nelson, Bergen B., Olson, Lynn M., & Halfon, Neal. (2015). Cognitive Ability at Kindergarten Entry and Socioeconomic Status. *Pediatrics*, 135 (2), e440-e448.

Lee, Chong Jae, Lee, Heesook, & Jang, HyoMin. (2010). The history of policy responses to shadow education in South Korea: Implications for the next cycle of policy responses. *Asia Pacific Education Review*, 11 (1), 97-108.

Lee, Jung-Sook, & Bowen, Natasha K. (2006). Parent involvement, cultural capital, and the achievement gap among elementary school children. *American Educational Research Journal*, 43 (2), 193-218.

Lin, Nan. (2002). *Social capital: a theory of social structure and action (structural analysis in the social sciences)*. Cambridge: Cambridge University Press.

Lucas, Samuel Roundfield. (1999). *Tracking inequality: stratification and mobility in American high schools*. New York: Teachers College Press.

MacLeod, Jay. (1995). *Ain't no makin' it: aspirations and attainment in a low-income neighborhood* (Rev. and updated ed.). Boulder: Westview Press.

Matsuoka, Ryoji. (2013a). Comparative analysis of institutional arrangements between the United States and Japan: Effects of socioeconomic disparity on students' learning habits. 比較教育学研究, 46, 3-20.

Matsuoka, Ryoji. (2013b). Learning competencies in action: Tenth grade students' investment in accumulating human capital under the influence of the upper secondary education system in Japan. *Educational Studies in Japan: International Yearbook*, 7, 65-79

Matsuoka, Ryoji. (2013c). Socioeconomic inequality between schools and junior high school students' non-academic behavior: a comparative investigation of compulsory education systems using TIMSS 2007. 比較教育学研究, 47, 140-159.

Matsuoka, Ryoji. (2013d). Tracking effect on tenth grade students' self-learning hours in Japan. 理論と方法, 28 (1), 87-106.

Matsuoka, Ryoji. (2014a). Disparities between schools in Japanese compulsory education: Analyses of a cohort using TIMSS 2007 and 2011. *Educational Studies in Japan: International Yearbook*, 8, 77-92.

Matsuoka, Ryoji. (2014b). An empirical investigation of relationships between junior high school students' family socioeconomic status, parental involvement and academic performance. 理論と方法, 29 (1), 147-165.

Matsuoka, Ryoji. (2015a). Gearing up for university entrance examination: Untangling relationships between school tracking and high school seniors' educational expectations and efforts. 早稲田大学高等研究所紀要, 7, 29-40.

Matsuoka, Ryoji. (2015b). School socioeconomic compositional effect on shadow education participation: evidence from Japan. *British Journal of Sociology of Education*, 36 (2), 270-290.

Matsuoka, Ryoji. (2015c). School socioeconomic context and teacher job satisfaction in Japanese compulsory education. *Educational Studies in Japan: International Yearbook*, 9, 41-54.

Matsuoka, Ryoji. (2017). Inequality of effort in an egalitarian education system. *Asia Pacific Education Review*, 18 (3), 347-359.

Matsuoka, Ryoji. (2018). Inequality in Shadow Education Participation in an Egalitarian Compulsory Education System. *Comparative Education Review*, 62 (4), 565-586.

Matsuoka, Ryoji. (2019a). Concerted cultivation developed in a standardized education system. *Social Science Research*, 77, 161-178.

Matsuoka, Ryoji. (2019b). The Vanishing 'Mass Education Society'. *Social Science Japan Journal*, 22 (1), 65-84.

Matsuoka, Ryoji, & Maeda, Tadahiko. (2015a). Attitudes toward education as influenced by neighborhood socioeconomic characteristics: an application of multilevel structural equation modeling. *Behaviormetrika*, 42 (1), 19-35.

Matsuoka, Ryoji, & Maeda, Tadahiko. (2015b). Neighborhood and individual factors associated with survey response behavior: A multilevel multinomial regression analysis of a nationwide survey in Japan. *Social Science Japan Journal*, 18 (2), 217-232.

Matsuoka, Ryoji, Nakamuro, Makiko, & Inui, Tomohiko. (2015). Emerging inequality in effort: A longitudinal investigation of parental involvement and early elementary school-aged children's learning time in Japan. *Social Science Research*, 54, 159-176.

McNeal, Ralph B. (1999). Parental involvement as social capital: Differential effectiveness on science achievement, truancy, and dropping Out. *Social Forces*, 78 (1), 117-144.

Merz, Emily C., Wiltshire, Cynthia A., & Noble, Kimberly G. (2019). Socioeconomic Inequality and the Developing Brain: Spotlight on Language and Executive Function. *Child Development Perspectives*, 13 (1), 15-20.

Morgan, Paul L., Farkas, George, Hillemeier, Marianne M., Hammer, Carol Scheffner, & Maczuga, Steve. (2015). 24-Month-Old Children With Larger Oral Vocabularies Display Greater Academic and Behavioral Functioning at Kindergarten Entry. *Child Development*, 86 (5), 1351-1370.

Morgan, Paul L., Farkas, George, Hillemeier, Marianne M., & Maczuga, Steve. (2016). Science Achievement Gaps Begin Very Early, Persist, and Are Largely Explained by Modifiable Factors. *Educational Researcher*, 45 (1), 18-35.

Muthén, Linda K., & Muthén, Bengt O. (1998-2017). *Mplus user's guide* (Eighth ed.). Los Angeles, CA: Muthén & Muthén.

Oakes, Jeannie. (1985). *Keeping track: how schools structure inequality*. New Haven: Yale University Press.

Oakes, Jeannie. (2005). *Keeping track: how schools structure inequality* (2nd ed.). New Haven, Conn.; London: Yale University Press.

OECD. (2013). *PISA 2012 results: what makes schools successful?: resources, policies and practices (volume IV)*: OECD, Paris, France.

OECD. (2014a). *Education at a Glance 2014: OECD indicators*: OECD Publishing.

OECD. (2014b). *PISA 2012 Results: Creative Problem Solving (Volume V): Students' Skills in Tackling Real-Life Problems*. Paris: OECD Publishing.

OECD. (2016). *PISA 2015 Results (Volume I): Excellence and Equity in Education*. Paris: OECD Publishing.

OECD. (2017a). *PISA 2015 Results (Volume III): Students' Well-Being*. Paris: OECD Publishing.

OECD. (2017b). *PISA 2015 Results (Volume V): Collaborative Problem Solving*. Paris: OECD Publishing.

OECD. (2017c). *PISA 2015 Technical Report*. Paris: OECD.

OECD. (2018a). *Education at a Glance 2018: OECD indicators*. OECD Publishing.

OECD. (2018b). *Education Policy in Japan: Building Bridges towards 2030*. Paris.

OECD. (2018c). *Equity in Education: Breaking Down Barriers to Social Mobility*. Paris.

Ono, Hiroshi. (2001). Who goes to college? features of institutional tracking in Japanese higher education. *American Journal of Education*, 109 (2), 161-195.

Pace, Amy, Luo, Rufan, Hirsh-Pasek, Kathy, & Golinkoff, Roberta Michnick. (2017). Identifying Pathways Between Socioeconomic Status and Language Development. *Annual Review of Linguistics*, 3 (1), 285-308.

Palardy, Gregory J. (2013). High School Socioeconomic Segregation and Student Attainment. *American Educational Research Journal*, 50 (4), 714-754.

Park, Hyunjoon (2008). The Varied Educational Effects of Parent-Child

Communication: A Comparative Study of Fourteen Countries. *Comparative Education Review*, 52 (2), 219–243.
Parker, Philip D., Jerrim, John, Schoon, Ingrid, & Marsh, Herbert W. (2016). A Multination Study of Socioeconomic Inequality in Expectations for Progression to Higher Education: The Role of Between-School Tracking and Ability Stratification. *American Educational Research Journal*, 53 (1), 6–32.
Pokropek, Artur, Borgonovi, Francesca, & Jakubowski, Maciej. (2015). Socio-economic disparities in academic achievement: A comparative analysis of mechanisms and pathways. *Learning and Individual Differences*, 42, 10–18.
Pong, Suet-ling. (1998). The school compositional effect of single parenthood on 10th-grade achievement. *Sociology of Education*, 71 (7), 23–42.
Potter, Daniel, & Roksa, Josipa. (2013). Accumulating advantages over time: Family experiences and social class inequality in academic achievement. *Social Science Research*, 42 (4), 1018–1032.
Powell, Douglas R., Son, Seung-Hee, File, Nancy, & San Juan, Robert R. (2010). Parent–school relationships and children's academic and social outcomes in public school pre-kindergarten. *Journal of School Psychology*, 48 (4), 269–292.
Putnam, Robert D. (2000). *Bowling Alone: the Collapse and Revival of American Community*. New York: Simon & Schuster.
Ready, Douglas D. (2010). Socioeconomic Disadvantage, School Attendance, and Early Cognitive Development: The Differential Effects of School Exposure. *Sociology of Education*, 83 (4), 271–286.
Ready, Douglas D., & Wright, David L. (2011). Accuracy and inaccuracy in teachers' perceptions of young childrens' cognitive abilities: The role of child background and classroom context. *American Educational Research Journal*, 48 (2), 335–360.
Rindermann, Heiner, & Baumeister, Antonia E. E. (2015). Parents' SES vs. parental educational behavior and children's development: A reanalysis of the Hart and Risley study. *Learning and Individual Differences*, 37, 133–138.
Rohlen, Thomas P. (1983). *Japan's high schools*. Berkeley: University of California Press.
Romeo, Rachel R., Leonard, Julia A., Robinson, Sydney T., West, Martin R., Mackey, Allyson P., Rowe, Meredith L., & Gabrieli, John D. E. (2018). Beyond the 30-Million-Word Gap: Children's Conversational Exposure Is Associated With Language-Related Brain Function. *Psychological Science*, 29 (5), 700–710.
Rowe, Meredith L. (2018). Understanding Socioeconomic Differences in Parents' Speech to Children. *Child Development Perspectives*, 12 (2), 122–127.
Rubie-Davies, Christine M., Peterson, Elizabeth R., Sibley, Chris G., & Rosenthal, Robert. (2015). A teacher expectation intervention: Modelling the practices of high expectation teachers. *Contemporary Educational Psychology*, 40, 72–85.
Sadovnik, Alan. R., Cookson, Peter. W., Semel, Susan. F., & Coughlan, Ryan. W. (2017).

*Exploring Education: An Introduction to the Foundations of Education* (5th ed.): Taylor & Francis.

Sandefur, Gary D., Meier, Ann M., & Campbell, Mary E. (2006). Family resources, social capital, and college attendance. *Social Science Research*, 35 (2), 525-553.

Sikora, Joanna, Evans, M. D. R., & Kelley, Jonathan. (2019). Scholarly culture: How books in adolescence enhance adult literacy, numeracy and technology skills in 31 societies. *Social Science Research*, 77, 1-15.

Snyder, Benson R. (1971). *The hidden curriculum*. New York: Knopf.

Sorhagen, Nicole S. (2013). Early teacher expectations disproportionately affect poor children's high school performance. *Journal of Educational Psychology*, 105 (2), 465-477.

Sperry, Douglas E., Sperry, Linda L., & Miller, Peggy J. (2018). Reexamining the Verbal Environments of Children From Different Socioeconomic Backgrounds. *Child Development, Early View.*

Stevenson, David Lee , & Baker, David P (1992). Shadow education and allocation in formal schooling: transition to university in Japan. *American journal of sociology*, 97 (6), 1639-1657

Sullivan Alice. (2001). Cultural Capital and Educational Attainment. *Sociology*, 35 (4), 893-912.

Tsukada. Mamoru. (2010). Educational stratification: Teacher perspectives on school culture and the college entrance examination. In June A. Gordon, Hidenori Fujita, Takehiko Kariya, & Gerald K. LeTendre (Eds.), *Challenges to Japanese education: Economics, reform, and human rights* (pp. 67-86). New York: Teachers College Press.

Tucker-Drob, Elliot M., & Harden, K. Paige. (2012). Intellectual Interest Mediates Gene ×Socioeconomic Status Interaction on Adolescent Academic Achievement. *Child Development*, 83 (2), 743-757.

Valentino, Rachel. (2018). Will Public Pre-K Really Close Achievement Gaps? Gaps in Prekindergarten Quality Between Students and Across States. *American Educational Research Journal*, 55 (1), 79-116.

Van Houtte, Mieke, & Demanet, Jannick. (2016). Teachers' beliefs about students, and the intention of students to drop out of secondary education in Flanders. *Teaching and Teacher Education*, 54, 117-127.

von Hippel, Paul T., Workman, Joseph, & Downey, Douglas B. (2018). Inequality in Reading and Math Skills Forms Mainly before Kindergarten: A Replication, and Partial Correction, of "Are Schools the Great Equalizer?" *Sociology of Education*, 91 (4), 323-357.

Willis, Paul E. (1981). *Learning to labor: how working class kids get working class jobs* (Morningside ed.). New York: Columbia University Press.

Woessmann, Ludger. (2009). International evidence on school tracking: A review.

*CESifo DICE Report*, 7 (1), 26-34.

Yamagata, Shinji, Nakamuro, Makiko, & Inui, Tomohiko. (2013). *Inequality of Opportunity in Japan: A behavioral genetic approach*. RIETI Discussion Paper Series 13-E-097.

Yamaguchi, Shintaro, Asai, Yukiko, & Kambayashi, Ryo. (2018). How does early childcare enrollment affect children, parents, and their interactions? *Labour Economics*, 55, 56-71.

Yamamoto, Yoko. (2015). Social class and Japanese mothers' support of young children's education: A qualitative study. *Journal of Early Childhood Research*, 13 (2), 165-180.

Yamamoto, Yoko, & Brinton, Mary C. (2010). Cultural capital in East Asian educational systems: the case of Japan. *Sociology of Education*, 83 (1), 67-83.

Yamamoto, Yoko, Holloway, Susan D., & Suzuki, Sawako. (2006). Maternal involvement in preschool children's education in Japan: Relation to parenting beliefs and socioeconomic status. *Early Childhood Research Quarterly*, 21 (3), 332-346.

Zarifa, David, Kim, Jeannie, Seward, Brad, & Walters, David. (2018). What's Taking You So Long? Examining the Effects of Social Class on Completing a Bachelor's Degree in Four Years. *Sociology of Education*, 91 (4), 290-322.

ちくま新書
1422

教育格差《きょういくかくさ》
――階層《かいそう》・地域《ちいき》・学歴《がくれき》

二〇一九年七月一〇日　第一刷発行
二〇二四年九月　五　日　第一七刷発行

著　者　松岡亮二（まつおか・りょうじ）

発行者　増田健史
発行所　株式会社 筑摩書房
東京都台東区蔵前二-五-三　郵便番号一一一-八七五五
電話番号〇三-五六八七-二六〇一（代表）
装幀者　間村俊一
印刷・製本　株式会社 精興社



ISBN978-4-480-07237-5 C0237

## ちくま新書

1337 **暴走する能力主義** ――教育と現代社会の病理　中村高康
大学進学が一般化し、いま、学歴の正当性が問われている。〈能力〉のあり方が揺らぐ現代を分析し、私たちが生きる社会とは何なのか、その構造をくっきりと描く。

742 **公立学校の底力**　志水宏吉
公立学校のよさとは何か。元気のある学校はどんな取り組みをしているのか。12の学校を取り上げた本書は、公立学校を支える人々へ送る熱きエールである。

772 **学歴分断社会**　吉川徹
格差問題を生む主たる原因は学歴にある。そして今、日本社会は大卒か非大卒かに分断されてきた。そのメカニズムを解明し、問題点を指摘し、今後を展望する。

809 **ドキュメント 高校中退** ――いま、貧困がうまれる場所　青砥恭
高校を中退し、アルバイトすらできない貧困状態へと落ちていく。もはやそれは教育問題ではなく、社会を揺るがす問題である。知られざる高校中退の実態に迫る。

817 **教育の職業的意義** ――若者、学校、社会をつなぐ　本田由紀
このままでは、教育も仕事も、若者たちにとって壮大な詐欺でしかない。教育と社会との壊れた連環を修復し、日本社会の再編を考える。

1091 **もじれる社会** ――戦後日本型循環モデルを超えて　本田由紀
もじれる＝もつれ＋こじれ。行き詰まり、悶々とした状況にある日本社会の見取図を描き直し、教育・仕事・家族の各領域が抱える問題を分析、解決策を考える。

1371 **アンダークラス** ――新たな下層階級の出現　橋本健二
就業人口の15％が平均年収186万円。この階級の人々はどのように生きているのか？　若年・中年、女性、高齢者とケースにあわせ、その実態を明らかにする。